Erasmus Francisi

Die alleredelste Rache der alleredelsten Gemüther

Erasmus Francisi

Die alleredelste Rache der alleredelsten Gemüther

ISBN/EAN: 9783743628335

Hergestellt in Europa, USA, Kanada, Australien, Japan

Cover: Foto ©ninafisch / pixelio.de

Weitere Bücher finden Sie auf **www.hansebooks.com**

Dem Hoch=Edelgebornen und
Gestrengen Herrn /
Herrn Frantz Balthasar
Heidenreich von Böhla ꝛc. ꝛc.

Meinem hoch=günstigem und groß=
geehrtem Herrn.

Hoch=Edelgeborner Herr:

NAch dem sich meine Einfalt bereden lassen / die lustigen Monats=Vnterredungen des Edlen und berühmten Teutschen Scribentens / Herrn Johannes Ristens / seligen / fortzusetzen: habe ich mir die alleredelste Rache zu einer Materi gewählet. Wozu mir insonderheit die leidige höchst=schädliche Selbst=Rach / so heutiges Tages / an manchen grossen Höfen /

Zuschrifft.

sen/ja fast aller Orten/regirt und durch den Glantz eines Rappiers/ daß sie die alleredelste sey/ bescheinigen will/ Vrsach gereichet. Würde mich mit meiner schwachen Feder/ wider eine so hitzige und stoltze Kämpfferin/ die mit blancken Klingen/ und rauchenden Kugeln gewaffnet ist/nicht wagen. Dafern ihre verderbliche Würckungen nicht selbst wider sie stünden/ und das adeliche Blut manches braven Cavalliers/ so eine Zeit her gantz unnütz-und Seelen-gefährlich vergossen worden/mir zeugt hülffe/dz sie vielmehr eine Feindin/ weder eine gute Freundin des Adels sey. Denn hie wird für die alleredelste Rache gerühmt/ was bey den wenigsten Edlen dieser Zeit etwas gilt; als lange mehr unbesonnene Jugend-Hitze und Reputation-Eyfer/ weder Vernunfft und wahre Klugheit ihres Gemüths Meisterinnen sind.

Solchem nach darff ich mir/ von
denen

Zuschrifft.

denen / welchen / wie dem Joab / das Schwert gern auß und eingeht/wenig Beyfalls hierinnen versprechen. Aber von Eurer hochadelichen Gestr. Auffrichtigkeit uñ bekandter Liebe zur Warheit/als um derer willẽ sie mit grossem Ruhm allhie in der Frembde leben/ und männiglichen ein Beyspiel des rechtschaffenen Christlichen und tugendhaften Adels gebẽ/verspreche ich mir schon ein anders Urtheil. Gestaltsam ich / des Absehens/dieselbe insonderheit vermittelst gegenwärtiger Zuschrifft hiemit begrüssen wollen / diese Unterredung in jhren Schutz zunehmen und zu gestattẽ/dz ich derselben/durch Fürsetzung jhres Adelichen Namens/gleich im Anfang einen guten Glantz anstreiche.

Weil auch hie selbst / von BlumenGewächsen/etliche Redẽ fallen: vermuthe ich/sie werde diesem Gespräch desto lieber ein paar freundlicher Augen ver-

Zuschrifft.

leihen: zumal weil ihr selbst eigener statlicher Zier-Garten/ mit seinen schönstē Blumen gnugsam bezeugt/ daß sie an dem Pinsel-werck der Natur/ eine sonderbare Ergetzung habe. Solte aber auch diese Entschuldigung zu schwach seyn/ meine hiemit begehende Kühnheit/ gnugsam zu vertretten : so hoffe ich doch/ E. hochadel. Gestreng. leutseliges Gemüth werde ihr selbst Beystand leisten/ und zu ihrer hocherwünschten Gunst den gesuchten Zutritt öffnen.

Bitte also unterdienstlich/ dieß Heumonats Discurslein wolgefällig auffzunehmen/ und mich so viel zu würdigen/ daß ich/ mit dero Erlaubnuß/ mich möge nennen

Nürnberg den 10.
Septemb. 1668.

Eu. Hochadel. Gestreng.
Dienst-begierlichsten
Knecht

Erasmus Francisci.

Vorbericht

Hochgeehrter werther Leser.

Als Apelles starb/ ehe denn er sein angefangenes Venus-Bild hatte außgemacht; ließ sich nirgends ein Künstler antreffen/ der es hätte zur Vollkommenheit gebracht: weil ein jedweder an seiner Geschicklichkeit verzagte/ und dieselbe ungern solchen Meister-Strichen beyfügen wolte/ welche den Unterscheid gar leichtlich entdecken könte. Daran sie dann nicht unweißlich gethan. Denn wann ein Purpur gegen den andern gehalten wird/ überhöhet ein Glantz den andern/ und eine Königliche Röte beschämt die andere. Gleicher Gestalt hätte auch ich/ nachdem den Wol-Ehrwürdigen/ Edlen/ und Hochgelehrten Herrn Johannes Riſt ein seliger Tod/ von seinen Monats-Gesprächen/ abgerissen/ da er eben mit selbigen biß auff die Helffte kommen war/ vielleicht fürsichtiger gehandelt/ daferrn ich die Fortsetzung der-

Vorbericht.

derselben nicht auff mich genommen/ noch meine Unvollkommenheit/ durch Ergäntzung seines so vollkommenen Anfangs entdeckt/ und meinen einfältigen Gans-kiel bey die Federn dieses verbliechenen Schwanens gesetzet hätte / durch deren Schnee-weissen Glantz jener eines tunck-len Schattens uberzeugt würde. Vorauß/ da manche andre Sinn-reiche Köpffe/ als etwan der beredte/ und so wol in freyer als gebundener Rede sehr glückselige Küran-dor/ oder ein andres geschicktes Glied des edlen Schwanen Ordens/ solches ver-muthlich rühmlicher solte hinaußgeführt/ und ein Schwan den andern / mit seinem Gefider/ am lustigsten entsetzet oder secun-dirt haben.

Nach demmal aber der Herz Verleger/ als mein guter alter Bekander und ge-neigter Freund/ mich darum ersuchet/ auch von vielen Liebhabern solcher Ristischen Monats-Gespräche/ die Fortstellung ge-wünschet worden : hab ich solchen Er-such und Wunsch mich nicht wol ent-ziehen können ; sondern dem so viel-
fälti-

Vorbericht.

fältigen Verlangen meine/wiewol schwache/ Hand bieten sollen. Und zwar um so viel williger/ weil der Wol-Edle Herr Georg Christopff Führer/ mein hochgewogener Gönner/ von seiner schönen Flora dieses Orts / mir einen freundlichen Winck nach dem andern / und alle beförderliche Gunst / hierzu versprochen; auch allbereit jetzo einen geneigten Anfang würcklicher Erfüllung gemacht: immassen hiernechst in der Unterredung selbsten/ die Person des Feliciano / mit so mancher Willfährigkeit im unterweisen / mercklich genug wird zu erkennen geben.

Die Haupt-Frage dieses Monat-Discurses wird seyn / von der alleredelsten Rache: und unterschiedliche Meinungen ans Liecht ziehen: in dem einer die schertzhaffte Blumen-Rache; der andere / die ernsthaffte Gerichts-Rache; der dritte/ die eigenthätliche Privat-Rache; der vierdte die Krieges-Rache; der fünffte eine/ durch Wohlverhalten wider den Neid erregte/ Rache; und endlich der sechste / die
wol-

Vorbericht.

wolthätige Rache/ mit seiner Lob-Rede/ am höchsten zu adeln/ bemühet ist.

Was nun für Erzehlungen hiebey vorlauffen/ so wol kurtzweilige als ernstliche; die seynd nicht/ wie zwar sonst/ in dergleichen Unterredungs-Arten/ von gelehrten Leuten unterweilen pflegt zu geschehen/ etwan nur zur Lust ertichtet: sondern alle mit einander/ in rechter Begebenheit vorgangen.

Der hochgünstige Leser wolle/ was hiebey irgend mangelhafft möchte sich eräugnen/ mit höfflichen Augen übersehen/ und die Unverständlichkeit der Rede/ oder falsche Schreib-Art/ so etwan durch einige Druck-Fehler mit einschleichen/ durch eigenes Nachsinnen verbessern. Denn ob ich zwar nicht zweiffele/ mein Hertz Verleger habe diese Unterredung fleissigen Leuten untergeben: so dörffte es doch nicht allemal eben/ nach ihrem und meinem Wunsch gerathen; fürnemlich weil meine ihnen noch unbekante Hand vielleicht mit dazu Ursach geben kan. In dem ersten/ mir von Franckfurt zugefertigtem/ Bogen/ habe ich gefunden/ daß am 10. Bl. lin. 5.

auß-

Vorberricht.

außsätziger für aufsätziger/am 18. lin. 6. Complimenten für Complementen am 23. bl. l. 2. der die Dinge für der Dinge/ꝛc. verdruckt wordē. Da nun/ wie zu besorgē/ solcher Fehler sich/ in den übrigē Bögen/ mehr solten einmengen: wird ein jedweder im Durchlesen/ nach seiner gutē Bescheidenheit/ dieselbe selbst corrigiren und im übrigen meiner Gutwilligkeit die Gunst schencken/ welche etwan meine Ungeschicklichkeit nicht gnugsam möchte verdienen. Wann ich solches/ bey diesem ersten Anfang der Fortsetzung/ spühre: würd es mir zu fernerer Außführung/ Lust erwecken. Indessen laß geneigter Leser/ diese Heu-Monats-Unterredung deiner Huld recommendirt seyn/ und
lebe wol!

Die

(1.)

DJe Sonne küssete den Löwen / mit so heisser Brunst/ daß alles / was Athem hatte / einen kühlen Ort suchte / da es im Schatten sitzen und für ihrer Flammen sicher seyn möchte; Als **Polydor** und **Francade** ihre mühsame Geschäffte ein wenig mit lustiger Ruhe abzuwechseln / und durch Besuchung guter Freunde das Gemüth zu erleichtern/ beschlossen: Weil ihres Bedünckens / die Hitze des Hew-Monats keine Freundin ernsthaffter und Kopffbrechender Gedancken / und die Mattigkeit der Glieder auch leichtlich eine Schwachheit der Sinnen nach sich ziehen könte. Dieses Vorhabens kehrten sie ein bey ihrem guten Bekandten/ dem **Philanthos**: Wohl wissende/ daß demselben ihre Einkehr ein angenehmer Dienst seyn / und hingegen dessen lustreiches Baum-Gewölbe/ im Garten hinter seinem Wohnhause/ sie gar anmuthig über-

A schatten-

schatten / auch darbey ein frischer kühler Trunck / und ergetzliches Gespräch / nicht ermanglen würde.

Die gute Vertrawlichkeit machte / daß sie sich nicht einmahl vorher anmelden liessen / auß Vermuthung / er würde / bey solcher warmen Zeit gleichfals keinen sonderlichen Angelegenheiten obligen: Sondern vielmehr unangesagt zu ihm hinspatzieren. Solche ihre Hoffnung hat sie auch nicht betrogen: Sie traffen ihn nach gehaltenem Mittags-Mahl an seiner mit Blumen und wolriechenden Kräutern bestreweten Tafel / unter besagter grünen und von etlichen Bäumen formirten Lust-Hütten: Uberschlichen ihn auch so artlich / - daß er ihrer zu gleich ansichtig und einhändig ward / und ihre freundlich dargebottene Hand die erste Andeuterin ihrer Ankunfft war. Welches doch gleichwohl nicht leicht dörffte angangen seyn / da ferner nicht damahls eben allein gewesen / und ein Büchlein zur Lust durchgeblättert. Wodurch jene Bequemlichkeit gefunden / ihn also zu überfallen. Dennoch wolte er seine Unschuld entschuldigen / und

bat

bat umb Verzeihung / daß er jhnen nicht entgegen gangen/ und gebührlicher massen sie bewillkommet hätte / mit Versicherung / sie wären jhm desto mehr willkommen / je unvermuthlicher jhre Gegenwart.

Sie baten gleichfals / einen so unverwarneten Uberlauff nicht verdrießlich zu empfinden / versicherten jhn dabenebenst / dafern sie hätten wissen sollen / dz er sich im lesen so andächtig vertiefft hätte / würden sie auff dißmahl nicht gekommen seyn. Wiewol Polydor bald darauf sagte: Es wäre jhm noch nicht leyd / daß sein / ob gleich vielleicht etwas unhöffliches hinein platzen jhm das Buch auß der Hand brächte / weil der Hundstern ein rechter Unstern der Speculirendē / hingegen ein guter Gönner und Patron der Feyrenden.

Philanthos antwortete: Das Büchlein könte jhm den Kopff nit so sehr schwächen/ als erfrischen: jedoch legte er selbiges / als welches jhm nur zur Zeitkürtzung dienē müssen / gar gern auß der Hand für dē Gespräch guter Freunde, und setzte allezeit die lebendige Stimme eines vertrauten Gönners

ners den stummen Zeit-vertreibern vor: Ohnangesehen jhm gegenwärtiges Büchlein sonst sehr lieb wäre.

Polydor fragte: Lieber! was ist es dan doch vor ein Buch? Und wer der Auhor. Philanthos sagte: Es ist die alleredelste Zeit-Verkürzung der gantzen Welt/ welche der berühmte Rist geschrieben/ und ich mir/ nebenst andern vorgehenden Monat-Gesprächen desselbigen/ habe in diesen Band lassen zusammen binden. Den Author selbst hat nunmehr der liebe Gott in das Bündlein der Lebendigen gebunden. Welchen unvergleichlich-edlen Band ich zwar seiner Seelen nicht mißgönne; aber doch gleichwol hätte wünschen mögen/ daß Gott das Leben jhm noch länger gefristet/ umb dieses lustige Wercklein/ welches viel ehrliche Leuthe sehr wohl vergnügt/ vollends hinaußzuführen.

Es ist freylich Schade/ sprach Francade/ daß er faulen soll: sintemahl er ein gar gelehrter/ geehrter und werther Mann gewesen. Gelehrt/ nicht nur allein auß den Büchern/ sondern auch auß vielfältiger

Er-

Erfahrung und Gemeinschafft mit manchen geschickten Leuthen / wodurch die Wissenschafften sich am besten zu perfectioniren pflegen. Geehrt / von hohen und fürnehmen Personen/gekrönten/und Fürstlichen / Gräf= und Freyherzlichen / von wegen solcher seiner Erudition und Geschicklichkeit / wie auch von dem günstigen Gestirn selbsten / welches jhm mancherley Güter als einen scharffsinnigen Geist und Verstand/ eine ansehnliche Verwandschafft/ eine schöne Bücherey / einen lustigen und außerlesenen Garten/ und dan auch gute Gaben des Leibes/ eine daurhaffte Gesundheit/ und ehrliches Alter (ob er gleich uns/ seinen Liebhabern/ und allen/ denen die Kunst werth ist / gar jung abgestorben) zugeneiget hat. Werth umb seines auffrichtigen / redlichen / und frölichen Gemüths willen: Welches diejenige an jhm loben/ die mit jhm umbgangen.

Mir hat/ die Warheit zu bekennen/ das Glück nicht wollen gönnen/ seines Grusses und Gesprächs / ob mich gleich die Gelegenheit darzu veranlasset hat / zu geniessen:

An=

Angesehen er/als ich einsmals vor ungefehr 12. Jahren/ von Hamburg nach Amsterdam reisete/und unser Schiff bey Wedel etliche Stunden anckerte/eben auch verreiset war / und nach Hamburg gefahren. Nichts destoweniger habe ich den Löwen längst allbereit/ auß einer und andern Klauen/den schönen Schwan an den statlichẽ Federn erkant/und offt gar lieblich singen hören.

Zweiffele auch gar nicht/dieser edle Lorbeerbaum werde auch in der Erden/und im Grabe grünen: Zumal weil fast wenig derselben übrig sind / der es ihm in teutschen Gedichten/ an Lieblichkeit/gleich thun. So viel Köpffe / so viel Sinnen. Meiner Einfalt hat / von allen Tichtern / die zu dieser unserer Zeit / geblühet/ (dan vom Opitz und Flehming / rede ich dißmahl nicht) nichts bessers gefallen / als des Tschernings Reinigkeit / Kaldenbachs gelehrte zierlichkeit/ Ristens fliessende Lieblichkeit / und Dachens auß dermassen nette Kunst- und Sinnreiche Anmuthigkeit. Wie wol ich andere geschickte Köpffe darumb unverachtet haben will.

Ge-

der gantzen Welt.

Gewißlich die schöne geistliche Lieder/so ruhmgedachter Hr. Rist seliger herauß gegeben/verdienen ein ewiges Lob / werden auch seinen Nahmen/in manches fromen Christen Gedächtnuß/ unverwelckt erhaltē: Und sind die rechte Warheit zu reden/unter allen seinen Schrifften / derer zwar viel löbliche herauß gekommen/in meinen Gedancken das allerpreißlichste Werck so diese Zier der Teutschen Scribenten jemahls auß ihrer glückseeligen Feder hat fliessen lassen/und der Welt mit getheilet. Dan gleich wie andere Sachen der menschlichen Curiosität und Nachsinnlichkeit annehmlich favorisiren: Also gereichet diese hauptsächlich / und zwar allein zur Ehre Gottes/ und zu Beförderung geistlicher Hertzens-Andacht: Daher sie auch allen andern billich vorzuziehen.

Daß er tieff gelehrt / wolberedt /unterschiedlicher Sprachen kündig/mit fürtreflichen Leuten befreundet / oder in Kundschafft/darzu von Kunstreichen Erfindungen/ein grosser Liebhaber und Besitzer vieler Raritäten/ein trefflicher Scheide-Künstler oder Chymicus, dazu höflich/ leuthselig/beliebt/

A iiij

liebt/und bey grossen Häuptern in Gnaden
gewest; Davon wird über hundert Jahr/
schwerlich vielmehr gedacht werden / ob
gleich so viel rühmliche Eygenschafften nit
auf eine jedwede Person zusammen schweren: Dan die eitle Neige der jetzigen Welt
liebt die Veränderungen gar zu sehr/ und
hat es zu schaffen/ dz ein berühmter Mann
jhre Gunst/ im Flor erhalte/ weil er noch am
Leben/ wil geschweigen/ wan jhn die Wür-
mer schon längst verzehrt haben. Aber daß
er/ der liebe Herr Rist seliger / vermittelst
geistreicher andächtiger Lieder / einen so
löblichen Wucher seines jhm verliehenen
herzlichen Talents abgestattet/ solches kan
jhn bey frommen und andächtigen Christen viel länger in guter Erinnerung fri-
sten: Solte es auch nur das einige Hertz-
bewegliche Lied seyn: **Jesu der du meine
Seele hast durch deinen bittern
Tod** ꝛc. welches so beliebt/ daß ich es auch
allerdings in Osterreich und Bayern/ von
etlichen Römisch-Catholischen habe singen hören. Wie dan auch der sehr hold-
seelige Gesang: **Jesu/ du mein liebstes
Leben/** ꝛc in unterschiedlichen Evangeli-
schen

schen Kirchen des Ober-Teutschlandes/ offentlich gesungen wird.

Und was ist doch erbaulichers/als das werthe Buch die verschmähete Eitelkeit / und verlangte Ewigkeit / getituliret? Was der Ewigkeit und eines unvergänglichen Ruhms würdiger / als das/ wodurch der eitele Mensch / von dem vergänglichen / zu der Unvergänglichkeit / wird angewiesen? Wohl dir / du edler Rist! wan dein Hertz und Feder hierin eines Sinnes gewesen: Du hast gewiß/nach dem die Eitelkeit nit dich/sondern du sie verschmähet / die verlangte Ewigkeit erlangt/und nicht von eines sterblichen/ sondern unsterblichen Käysers Hand die rechte/wahre und ewig-grünende Lorbeerkrone empfangen.

Ich zweifele gar nicht/sprach Polydor es sey sein gantzer Ernst gewesen: Dan ein Man/ der sein Lebtage / so manche Eitelkeiten gesehen und erfahren/muß ihrer müde werden/und nach einem solchen Wandel Verlangen tragen/dabey man sich keiner widrigen Abwechslungen besorgen darf/ vermuthlich hat Gott der Herr jhm auch /

zu solchen feinen Gedanckē selbst Anlaß gegeben/uñ jemaln ein schmertzhaftes Creutz-Dörnlein in den Lust-Gartē geworffen. In Summa / es hat beydes ein gelehrter und Christlicher Mensch dieses ruhm-werthen uñ höchstbegabten Mañs Gedächtnuß zu Ehren/und jhm vor jetzt angezeigtes Büchlein/darinnē Zier und Andacht ohne Vermischung einiges eitelē Wörtleins zugleich herfürleuchtē/noch in der Erden zu danckē.

Das ist wol wahr/sprach Philanthos: Ich möchte aber wünschen/dz dieser Stern der Geschicklichkeit noch länger hätte geleuchtet.

Polydor sagte. Sterne gehören an den Himel: darumb hat jhn der liebe Gott nit länger hie/sondern bey sich haben wollen.

Das ist wol wahr/versetzte Pilanthos: aber wer wird hinfüro so fein mehr nützen und ergetzen? Wer die Zeit so lustig mehr kürtzen? Gewißlich ich bin dem Tode nie außsetziger gewest/als jetzund / da er diesem edlen Schwan die Federn außgerupfft und nidergelegt/von welchē ich mich noch manches raren Stückleins vergeblich habe getröstet/vergeblich gehofft/ sie solten die liebliche

liche Blumen-Zier und Gewächs seines trefflichen Gartens noch weiter beschreibē/ und gleichfals auß dem blühenden Garten seiner vielbelesenen Gedächnuß / nach wie vor / manche Discurs-Blümlein mit unterstreuen. Aber solche meine Hoffnung ligt nun mit jhm/begrabē. Dan solte sich gleich ein anderer gern darüber machen / und die Gespräche fortsetzen wollen: so zweiffle ich doch/ob er seinen Fußstapffen würde folgē können. Dan nit ein jeder hat solchen Verstand auff die Gewächse / noch einen so trefflichen Garten an der Hand / wie er gehabt.

Hierauff antwortete Polydor. Der Herr Philanthos führet wol redlich den Nahmen mit der That/ und ist ein rechter Blumen-Verliebter. Daß ein jedweder/ der gleich sonst noch wohl eines und andres Discurslein im Vorraht hätte/ des Garten-Wesens/ also kündig seyn solte/ wie die Blume dieser und vieler anderen Wissenschafften/ehren-gemelder Herr Rist seliger gewesen: daran trage ich selbst einigē zweifel. Aber weil mein Hr. selber diesē schönen Garten allhie besitzt; solte ich vermeinē/

der-

derselbe hätte jhn selbsten vor längst schon
zur Erkantnuß allerhand schöne Gewächse
so viel Anleitung gegeben/daß er keines ferneren Unterrichts bedörffte.

Anlaß/sprach Philanthos/und Trieb
gibt er mir zwar genug/aber nit die Zeit und
Gelegenheit/dz ich hierin mich selbsten/auß
den Naturkündigern und Botanicis oder
Kräutlern / solte genugsam können unter-
richten. Dan meine Geschäffte lassen mir/
wie die Herzen wissen/ nit viel Weile dazu.
Aber einem solchen Büchlein / wie diesem
Ristischen zu gefallen / kan man ohne sonderlichen Einbuß anderer Angelegenheiten/
noch wol ein Stündlein abbrechen. Da ich
auch gleich weitläufftige Authores hierüber
durchzublättern gedächte / und die Zeit daran wenden wolte: So läst sich doch nit alles practiciren/was man vor diesem geschrie-
ben/weil die Erfahrung als eine Tochter der
Nachzeit vielmahls ein anders gewiesen :
Und muß man das gewisseste von solchen
Leuten haben/die mit ansehnlichen Gärten/
und vielen Gewächsen / häuffig versehen
sind. Dan in diesem meinem Gärtlein
findet sich nicht viel sonderliches.

Wan

Wan es daran mangelt (erwiederte
Polydor) warumb besucht mein Herr
denn nicht den Herrn **Feliciano**? Wel=
cher/ wie jhm nicht unbewust seyn kan/ nicht
allein ein fürtrefflicher Liebhaber sondern
auch Besitzer seltener Pflantzen ist/ und einē
Garten hat/ darinn sich die Indianische/
Italiänische / Niederländische und Teut=
sche Flora gar anmuhtig küssen; Auch/ un=
ter solchen seinen Blumen / eine sonderba=
re höffliche Leutseeligkeit blühen läst / den
jenigen/ mit freundlicher Unterweisung/ zu
begünstigen der von der Zucht / Art/ und
Tugend edler Gewächse / einen Discurs
zu hören verlangt. Gestaltsam er dan
desto besser/ in einem so lustigen Gespräche/
einen vergnügen kan / weil er nicht allein
manches schönes Buch darüber gelesen;
sondern über das die Ehre gehabt / mit un=
terschiedlichen Italiänischen Marquisen /
und andren fürnehmen Personen die in
köstlichen Garten jhre Recreation suchen/
schrifftlich deswegen zu correspondiren ,
und dan endlich durch einige tägliche Er=
fahrung viel gemercket. Derwegen / so
mein Herr **Philanthos** hierin einige An=
füh=

führung wünschet / wüste ich ihm keinen bessern Führer zu weisen / als eben diesen Herrn Feliciano: Welcher mir selbsten mehr / als einmahl / die Ehre und Gunst erwiesen / mich mit einer solchen Materi zu unterhalten. Zweiffle nicht / mein Herr werde gleichfals von seiner Höflichkeit / hiemit zur Gnüge contentirt werden.

Anführung / sprach Philanthos / begehre ich zwar nicht: Sintemahl es meine Gelegenheit nicht leidet / sonderbahre Gewächse / in meinem schlechten Garten / zu ziehen / als welche auch sonderbahre Auffsicht und Pflege erfordern: Aber dennoch ist meine höchste Lust / ein schönes Blümlein zu kennen / auch dessen Natur und Krafft zu erlernen. Daß der edle Feliciano / mit natürlichem Mahlwerck / und Garten-Kleinodien / trefflich bereichert sey; Ist mir wohl wissend: Aber seine Discurse davon zu hören / hat mir das Glück noch nie gegönnet.

Ich vermeyne / sprach hierauff Francade / es sey nicht das Glück / sondern der

Herr

Herz ihm selbsten so mißgönstig gewesen/ daß er ein so annehmliches divertissement und Gespräch nicht gesucht/ welches doch/ bey der Gutherzigkeit Ruhm erwehnten Herrn Feliciano / sich gar leichtlich läst antreffen. Meines erachtens/ könte ihm und auch uns / solches Glück noch heut zu Theil werden. Ich gebe einen Gefährten : Monsieur Polydor wird vermuthlich auch gern mit spatzieren.

Warumb nicht? sagte dieser: Es ist ohne das jetzt eine warme Zeit/ darin man das Gemüth vielmehr mit Ergetzlichkeit/ als ernstlichen Gedancken / anfüllen soll.

Philantos antwortete. Ich werde ja so unhöfflich nicht seyn/ und die Herrn heut von mir lassen. Es kan noch wohl Morgen / oder Ubermorgen geschehen.

Nein/ erwiederte Francade: Ich weiß schon/ daß wir weder Morgen / noch Ubermorgen recht kommen / ja ihn wohl gar nicht antreffen. Aber heut fällt die Gelegenheit am besten. Denn
er

er ist/ wie ich vor einer Stunde/ von seinem Diener verstanden / im Garten jetzt persönlich; und eben in der Fürsorge begriffen/ daß einer und andrer Pflantzen/ durch seinen Gärtner / ihre gebührliche Nothdurfft wiederfahre. Da wird ihm unsere Ankunfft und Gesellschafft nun nicht zu wieder / sondern gar gefällig seyn / und die beste Veranlassung fürfallen/ ihn auff solche Discurse füglich zu bringen. So darff mein Herz auch nicht sorgen/ daß wir ihm mehr zur Unhöfflichkeit / weder zur Vertraulichkeit rechnen solten / wan er unsren Vorschlag beliebte/ und sich mit uns dahin verfügte: Denn wir können ja auch so beysammen bleiben. Wir sind kommen/ mit seiner Person / und nicht eben mit seiner Wohnstätte zu conversiren: Wenn jene uns Compagnie leistet / was liegt daran/ ob wir gleich den Ort der Conversation heut verwechseln?

Ich dörffte mich schier lassen bereden; sagte Philantos.

Ey ja! versetzte Francade: Er laß mich so red- und bittseelig seyn/ und resolvire sich.

Gleich

Gleich darauff fügte Polydor diese Worte bey: Er muß sich kurtz und hurtig erklären: Dan ob gleich der Tag anjetzo ziemlich lang ist; so verlieret sich doch bald ein Stündlein nach dem andren. Die Zeit hat keine Füsse; Sondern nur Flügel.

Wolan: sagte Philantos; ich habe mich entschuldigt / wie eine mannbare Jungfrau / gegen dem ersten Antwurff ihres Freyers. Es mag denn endlich seyn; Ich gebe den dritten Mann: wiewol mit diesem Bedinge / daß meine Herren / und wehrte Freunde / erster Tagen / wiederumb bey mir einkehren / und mich dadurch versichern / es sey mir dieses von ihnen nicht übel außgedeutet. Aber es würde ein schlechter Spaß seyn / so wir in dieser Hitze gehen / und einen Schweiß außgehen wolten: lieber will ich lassen anspannen. Denn ich liebe keine Lust / die Unlust und Beschwerlichkeit bey sich hat.

Gleich hiemit ließ er / durch seinen Diener / welcher unterdessen zur Auffwartung war hinbey getretten / dem Kutscher befehlen / daß er geschwinde den Wagen fertig machen

machen solte. Inmittelst truncken sie einander ein Glaß zu / und schwatzten von allerhand Novellen: Biß der Kutscher kam / und ansagte / er hätte schon vorgespannet. Worauff sie alle drey / ohne Complimenten / hurtig auffsassen / und zur Stadt hinauß gerades Weges / nach dem schönen Lust-Garten des Feliciano zufuhren.

Wie sie daselbst vor dem Lust-Hause / welches auff die Land-Strasse zuschauet / abgestiegen: Bewillkomnte sie Herr Feliciano gar höfflich / mit Versicherung / ihre Einkehr wäre ihm sehr lieb: Führte sie auch / nach dem etliche Ehren-Worte beyderseits gewechselt / in seinen Garten: Da ihnen unvermuthlich noch etliche andere gute Bekannte / namentlich Leander / und Gentian / entgegen tratten; als welche / kurtz vor ihnen / gleichfals / den Herrn Feliciano zu besuchen / kommen waren.

Wie Polydor dieselbe erblickt hatte / sprach er: Siehe da! unverhofft kommet offt! Begrüste und umbfieng sich mit ihnen

nen / hierauff gantz freundlich. Desgleichen thaten auch seine Gefährten.

Gleich im Eingang des Gartens / winckten jhnen die liebliche Graß-Blumen oder Topff-Nägelein sehr lieblich zu/ welche daselbst/ in jhrer Ordnung/ und verwechselten Farben / umb das Bild Proteus herumb stunden. Philantos ließ alsobald seine Augen auff jetztgenanntes Bild schiessen/ und forschete/ was für ein GOtt oder Mensch dadurch fürgestellet wäre? Und empfieng / vom Feliciano / die Antwort: Es wäre der gebundene Proteus von welchem die Poeten tichteten / daß er sich in mancherley Gestalten und Farben verwandeln könte. Was aber sagte er weiter von demselben sonst geschrieben / und warumb jhm so wohl diese Gestalt-Wandlung/ als andre Eygenschaffte/ zugeeygnet werden/ das mögen die Herrn Polydor und Francade meinem Herrn am besten erklähren / wann es jhm nicht vielleicht vorhin schon genugsam bewust.

Nein/ sprach Philantos ich bekenne hierin meine Unwissenheit/ und wünsche/
von

von diesen meinen geneigten Freunden /
Unterricht. Denn ich habe sonst / von
dem **Proteus** weiter nichts vernommen /
als / daß er selten Farbe halte / und derhal=
ben mich umb ihn / als einen falschen Kerls /
nicht sonders viel bekümmert. Weil ich
aber jetzt allhie / in dem Garten meines
hochgeehrten Herrn Feliciano/ seiner an=
sichtig werde / machet mich die Vermuh=
tung / daß mehr dahinter stecken müsse /
begierig ein mehrers davon zu lernen.

Hierauff hub **Polydor** an: **Proteus**
ist / bey den Poeten / ein See-Götz / so
des Neptunus Wallfische oder Meer-
Hunde speiset: In der Wahrsagerey und
Weissagen / trefflich erfahren/ und so wun=
derbarlicher Natur / daß er sich in alle Ge=
stalten verbilden kan. Die Latiner haben
ihn Vertumnus deswegen genennet / und
ihm die Erstlinge der Früchte zugeeyg=
net.

Es läst sich aber ansehn / daß die Alten
Poeten dieses Gedicht entliehen / von der
Egyptischen Könige Gewonheit: welche /
wie Diodorus schreibt / mancherley Köni=
gliche Ehren-Zeichen / auff dem Haupt ge=
tragen:

tragen: Bald das Bildnuß eines halben Ochsens / oder Drachens / oder eines Baums / oder des Feuers: jemahlen auch wohl rechten wolriechenden Balsam. Und solches haben sie / theils / für einen Königlichen Schmuck / theils aber darumb gebraucht / daß die Anschauenden sich darüber verwundern / und ihnen eine fast Göttliche Ehrerbietung erweisen möchten. Inmassen darauß das Mährlein entsprungen / Proteus verwandle sich in alles dasjenige / was er auff dem Kopff trage.

Der Lateinische Poet Horatius hat diese des Proteus Gestalt-Wechselung / auff die Unbeständigkeit des gemeinen Pöfels gezogen: Virgilius auff den Verstand / welcher sich gleichsam in allerley Gestalten verbildet. Plato verglich damit die betriegliche Spitzfindigkeit der Sophisten und Klügler / im disputiren. Andre haben es vielmehr / auff die Warheit selbst / wollen bequemen. Wie von solchem alten Natalis Comes, im 8. Buch seiner Mythologiæ, imgleichen Calcagninus, und Bochius, in seinen Quæstionibus Symbolicis, weitläufftiger handeln.

Mir /

Mir/ sprach Francade; gefällt fast die Meynung derer am besten/ welche durch dē Proteus / die Zeug-Mutter aller Cörperlichen Dinge / nehmlich die Natur / verstehen; Und unter denen sonderlich wohl die Erklärung des gelehrten Grafen von Verulamio / Francisci Baconi: Der in seiner Schrifft von der Alten Weißheit / ungefähr also davon redet. Die Tichter melden Proteus habe dem Neptun für einen Hirten gedient / sey alt und unter den Wahrsagern der allerberühmteste gewesen / so wohl in gegenwärtigen / als vergangenen und zukünfftigen Dingen. Er hatte seine Wohnung in einer grossen Höle/ und pflegte daselbst/ umb die Mittags-Zeit / seine Wallfisch-Heerden zu zehlen / folgends sich in den Schlaff zu begeben. Wer seiner in einer Sache sich wolte bedienen; Könte auff keine andre Weise zu seinem Zweck kommen / als daß er ihn bey den Armen ergriff / und an eine Kette schmiedete. Da pflegte er sich denn listig umbzuformen/ in mancherley wunderbare Gestalten; Als in Feuer/ in Wasser/
in

in wilde Thiere; zu letzt aber wieder in seine recht eygentliche Gestalt.

Unter des Proteus Person / wird der Stoff bedeutet das älteste auß allen Dingen nach GOtt. Der Stoff wohnt unter dem Gewölbe des Himmels / als in einer Höle: und ist ein Knecht des Neptunus; Dan alle Würckung und Außtheilung des Stoffes / übt sich fürnehmlich in denen fliessigen Sachen. Des Proteus Heerde / ist nichts anders / als die gewöhnlichen Arten der Thiere / Gewächse / und Aertze / in welche es scheint daß sich der Stoff ergiesse und gleichsam verzehre / also / daß / nach deme er diese Arten geformt und verfertigt hat / es scheinet als schlaff und ruhe er. Und dieses bedeutet des Proteus Zehlung seiner Heerden / und sein schlaffen legen. Und geschicht solches / umb den Mittag / nicht des Morgens noch Abends; Dan die Erzeugung / wie auch die Verwesung der Dinge / geschicht nicht als in der bereit reiffen und rechtmässigen Zeit / wan der die Dinge Arten / von dem behörig-zubereiteten und

und zum vorauß wolangeordneten Stoffe herfür gebracht werden.

Und diese Zeit muß das Mittel seyn / zwischen der Dinge ersten Anfänger / und deren letzten Alter: massen wir eben auß H.Schrifft wissen daß solche Mittel-Zeit / in der ersten Schöpffung / einer jeden Art gewesen seye. Dann in Krafft des Göttlichen Wortes / es werde! ist der Stoff seines Schöpffers Befehle / nicht erst seinem Umbschweiffe nachgegangen / sondern alsbald zugeloffen / und hat sein Werck augenblicklich verrichtet / und die Art gemacht.

Biß hieher reicht das Mährlein vom freyen ungebundenem Proteus / mit seinem Viehe / dan dieses alles / mit seiner gewöhnlichen Zusammenfügung / ist ein gewöhnlicher Bau / und das uneingezwängte unverbundene Angesichte des Stoffes / ist von der Heerde der Stoffbahren oder Materialischen Dinge.

Nichts desto minder / wan irgend ein gefangener Diener der Materien einigen Zwang anthut / und selbige überlästigt / gleichsam willens dieselbe zu nichts zu machen /

machen/ so wird sich selbiger Stof hingegē (weil die Zernichtigung und gäntzliche Zerstörung ausser Göttlicher Allmacht nicht geschehen kan) wan er in solche Noth gerahten/ in wunderbahre Verwandlungen und Gestalten verkehren/ und hin und her windē/ so lang biß er letzlich seinē Kreyß schließt/ und nach erstreckung seines Zieles/ gleichsam wieder in sein altes Wesen kehrt/ wo anders die schickbare Gewalt anhält. Und die Art selbigen zu binden und zu zwingen/ wird am leichtest- und schleunigsten seyn/ wan der Stoff bey denen Armen/ das ist/ bey denen äussersten Enden ergriffen wird.

Was folgends das Mährlein vom Protrus hinzusetzt/ daß er ein Wahrsager und der dreyerley Zeiten kündig gewesen/ schickt sich auch solches gar fein zum Stoffe/ oder zur Materie. Dan/ es ist vonnöthen/ daß wer eine vollkommene Kündigung der Eigenschafft und Zunehmung des Stoffes hat/ auch zugleich die Summa aller Dinge begreiffe/ die bereit geschehen seyn/ die geschehen/ und hinfüro geschehen werden: Ob schon solche

B Er-

Erkantnuß sich nicht auff die Stücke und ein jedes Ding insonderheit erstreckt.

Also erklährt besagter Graff das Geticht vom Proteus. Unterdessen glaube ich gantz gern/ daß die Tichter von den Aegyptischen Königen/ zu solchem Sinnbildungs-Getict Anlaß genommen; auch selbiges sich zu allerhand andren Sachen gar wohl vergleichen lasse. Fürnemblich auff die falsche und ungetrewe Gemüther der Welt-und listige Köpff-Füchse/ die heut so/ morgen anders/ und stets mit zweyen Zungen reden: Heut grosse Dinge versprechen/ morgen unter einer angenommenen Farbe/ und gesuchtem Schein/ ihr Versprechen umbziehen/ und weniger als nichts halten. Gestaltsam Pharao ein solcher Proteus gewesen/ in dem er dem Mann Gottes Moses eben so offt wieder verweigert den Außzug Israelis/ als er denselben hatte bewilliget. Es hieß nach der Weltlinge Sprache und Stylo: Morgen: Biß er wiederumb hatte Lufft bekommen: Dan hielt er wie ein falscher Boge/ dan fand sich in seiner Zusage immer ein Widerhacke/ ei-

ne Condition und solche Bedingung /
so den gantzen Außzug hemmete: Bald
solte man in seinem Land opffern / bald
die Kinder / bald Schafe und Rinder zu
rück lassen. Dan der arglistige König gedachte: Ehe sie Weib und Kind lassen für
Hunger verschmachten / werden sie schon
wiederkommen/ und sich nach den Fleisch-
Töpffen umbsehen. Das waren ja rechte
Proteus stücklein/ welche auch noch zu unsern Zeiten / mehr als zuviel vorgehen.

Was manchem Schande halben/ nicht
gar rund und glatt mag abgeschlagen werden / das wird mit solchen Umbständen
endlich zugelassen / daß ers lieber gar stecken / und die hoch-empfindliche Kühl-
Kräuter gantz unberührt läst. Nach eben diesem Pharaonischen Stylo werden
auch ach wie viel Majestät- und Freyheit-
Briefe auffgesetzt/ unterschrieben/ und versigelt! Sie bleiben so lang in ihren Kräfften/
biß die ungestümme Frösche der klagende
und beschwerte Unterthanen in etwas geschwichtiget/ oder gar abgeschafft / biß das
Hagelwetter der Aufruhr vorüber: Alsdan

B ij   stost

stost man sie getrost wieder unter das Joch.

Also führen die meiste Statisten Hoff- und Weltkluge den Proteus im Schilde: Wissen jhre Intention und Vorträge gar artlich zu bemänteln und färben: sind auß- dermassen verschmitzt/sind Füchse/die man schwerlich vor einem Loch allein fangen kan. Aber dennoch weiß Gott endlich sol- che Füchse zu fahen/ und gleich wie jenem Aegiptischen Proteus dermassen zu binden und verstricken/ daß sie die Wallfische des rothen Meers den Behemoth und Le- viathan speisen müssen mit jhrer Seelen; wan sie das Unglück/ wie eine Wasser- Fluth überfällt und überschwämmet.

Nichts destoweniger kan auch wol ein redlicher uud verständiger Welt-Mann/ ja so gar auch wohl ein guter Christ/ auff gewisse Art / des Proteus Vielförmigkeit practiciren: Wan er sich fein Dispost fin- den läst/ zu mehr als einerley wichtigen Verrichtungen/ und so wohl in die Zeit / als Personen / fein klüglich zu schicken weiß.

Worauff aber unser Herr Feliciano
gezielet

gezielet habe/ als den Proteus allhie gleich im Anfange des Lust-Gartens/ setzen lassen; mag ich so eigentlich nicht wissen: Vermuthe aber/ es seye deswegen geschehen / weil die alte Legenden der Poeten fabuliren / es sey in die Italiänische Nymphe/ und Garten-Göttin/ Pomona, Lieb-brünstig entzündet / und dadurch angetrieben worden/ sich in mancherley Figur zu verstellen/ damit er nur seiner Liebsten Anschauung geniessen möchte: (Wie etwan heutiges Tages unsere Galanen und Pflaster-Treter/ ihren Schätzlein zu Gefallen ein newes Kleid nach dem andern anlegen/ eine närrische Mode uber die andere ersinnē.) Endlich habe er sich/ in eine alte Kupplerin verwandelt/ und die Pomona mit vielen schönen Worten/ Beweißthummern/ und Verheissungen bereden wollen/ dem Proteus ihre Liebe zu schencken: Nachdem aber solches alles nicht geholffen/ und die Heucheley der runtzelichten Mutter auß dem Stein ihres Hertzens kein einiges Füncklein der Liebe herauß locken können; habe er/ das Fewer mit Gewalt zu schlagen und selber einzulegen sich unterwunden; seine

vorige

vorige Gestalt wieder angenommen / und die Pomona überwältiget: Welche sich auch nicht sonders viel gewehret / und also endlich mit ihm gepaaret.

Hierauff antwortete Feliciano. Der Herr hat zwar nicht gar weit vom Ziel geschossen / aber doch noch nicht recht das Schwartze getroffen. Ich habe eigentlich darumb dem Proteus diesen Platz angewiesen / weil die Topff-Negelein allhie / wie meine Herren sehen / ihren Stand haben: und bin am allermeisten darzu bewogen / durch die Rede des Ferrarius / welcher spricht: Gleich wie die Natur die Vielheit vermischter Farben unter den Zwiebel-Gewächsen / am meisten in den Tulpen spielen lasse / also sey unter den Zäserichen Pflantzen / an den Nägeln-oder Gras-Blumen / der rechte Proteus zu finden.

So gebühret auch meines Begriffs / den Negel-Blumen billich die wohlgelegene erste Stelle/unsern von dem Eintritt des Gartens: Weil / nach des Vincentius Tanara Lob-Rede/unter den Blumen die Negelein mit allem Recht den Titul

tul des Königs führen / wie die Rosen / der Königin.

Und meinem Herrn Feliciano (sprach Philanthos) gebühret / mit allem Recht der Titul und Nahm eines Glückseeligen: Sintemahl jhn die Flora und der Proteus so günstig / daß sie unter diesen schönen Blumen / so mancherley Farb-Wandlungen und zierliche Bildungen zu wegen gebracht / als ich fast nie / auff einmahl gesehen. Es muß je sehr viellerley Arten der Negelein geben.

Vor etliche dreissig Jahren / versetzte Feliciano / gab es derselben wenig genug: und wurden damals das gantz schwartzrothe / so man insgemein das Würtz-Negelein nennet / wie auch der Brüßler / welches dunckel-roth mit Schneeweissen Flammen / desgleichen die Käyserin / so auff weißlechtroth getüpffelt / gestriemet / und gefärbt ist unter allen vor die vornembsten gehalten. Nachmals hat sich jhre Zahl fast jährlich vermehrt / wächset und nimbt noch immerdar zu / mit sampt unserer menschlichen Curiosität welche auch unter

ter den Blumen / die Veränderung liebet.

Wieviel / fragte Bentian/ mögen derselben dan wohl seyn?

O sprach Feliciano / man zehlet jhrer gar viel Gattungen. Doctor Heinrich Muntinus hat in seiner Gröningischen Garten-Beschreibung / so Anno 1646. außgegangen / allbereit hundert vier und zwantzig Sorten auffgezeichnet. Doctor Leonhard Beer / in seinem zu Leipzig gedruckten Melckē-Catalogo und jhren Beynahmen/ giebet derselben noch mehr. Vom Herrn D. Johann Sigismundo Elsholtz/ Churfürstlichem Brandenburgischē Hof-Medico zu Berlin / werden in seinem Anno 1666. gedrucktē Gartē-Baw/ hundert fünf und dreysig nahmkündig gemacht. Jetziger Zeit wird man derer gar wol auff die zwey hundert Arten/ von gemeinen und schönen / zusammen bringen mögen: Darunter vor die edelsten geachtet werden Apollo / Astræa: Bischoff von Cölln: Böhmische Kron: Castilien Hof/ General Leutenant/ Der Han oder der Bunde Han: Isabella: Herren- Jagd: König in Franck-

der gantzen Welt.

Franckreich: König in Portugall: Morgenstern: Oelschlager: Rechts-gelehrt: Schencken Schantz/ Steinheimer/ Wein-verlader ꝛc. und wie sie alle heissen.

Leander sagte: Meine Gedächtnuß wäre viel zu schwach/ alle solche Nahmen zu behalten. Und wie ists doch wohl möglich/ eine solche Menge auß einander zu kennen.

Müglich? sprach Feliciano: das geschicht gar leicht. Sie unterscheiden sich selbst/ und zwar auff mancherley Arten. Erstlich an dem Laub: Welches bey einigē gar schmal/ bey einigen etwas breiter. Gestaltsam dan von diesen dreyen Unterscheidungen die erste sich/ (wie meine Herzen sehen können) am Han besbachten läst; Die andere/ am Herren-Jagt; und die dritte/ am Türckischen Käyser. So gibt es sich auch/ daß bey einer Art/ die Stengel-Blätter an denen Wirbeln gerad/ die anderen aber gekrümmet stehn.

Zum andern/ an der Farbe des Laubs: die entweder gar liecht-grün/ oder etwas mehr grünlichter/ oder dunckel-grün ist.

Vors dritte / an der Gestalt der Blumen-Knöpffe. Diese fallen entweder kurtz/ und dick / oder lang und dick; oder kurtz / und zugespitzt: oder lang / und dünn.

Vierdtens; an der Grösse jhrer Blumen: Unter denen / immer eine grösser / dan die andere / und von etlichen in vielerley Gattungen / abgetheilet werden.

Fünfftens; an der Blumen-Blätter Menge: Angeschawt / eine mehr als die andre / hat.

Zum sechsten / an jhrer Legung: Sintemal einige sich schön außbreiten / und die Blätter übereinander legen / andere aber kurtz bleiben / und über sich stehen.

Zum siebenden / an der Farbe. Wan entweder die Blumen einfärbig / oder zwey/ drey- und mehr-färbig sind.

Zum achten / an solcher Farben Vermischung: Wan Schnee-und grauweiß / Rosenfarb / Pfersigblüht Farb / Colombin / bleich / liecht und hochbrennend Leibfarb liecht hoch oder Zinober / dunckel und Carmosin-roth / licht und dunckel Purpur-braun / licht und dunckel Violetbraun / wunderlich durch einander vermenget seynd.

Zum

der gantzen Welt.

Zum neundten; an der Form sothaner Vermischung oder Vermengung: Wan von einer Farben mehr ist/ als von den andren; und entweder/ an den Spitzen/ eingebordet/ oder an den Blumen gesteinelt/ oder getüpffelt/ oder gestriemt/ oder geflam̄t; oder von zweyen auß diesen vermengt/ geschawet wird.

Als hiernechst **Philanthos** fragte: Von was Orten/ dan solche newe Arten doch herkämen? bekam er zur Antwort: sie würden wie die Tulpen/ auß Franckreich und Niederland/ nach Teutschland gebracht: woselbst die fleissige Wartung und Wissenschafft selbiger Gärtner/ durch die Außsähung deß Saamens/ jhnen jährlich neue Arten gäben/ welche sich nachmals durch die Verpflantzung/ mehrten.

Philanthos wünschte ferner zu wissen/ auff welche Weise solche Vermehrung zugienge? Und erlangte diesen Bescheid. Unter der Außsaat (also fielen ungefehr die Worte des Herrn Feliciano) kan es geschehen/ auff dreyerley Manier. Erstlich/ durch das Einsencken/ oder anhencken der Zweige. Hiervon gibt obgemeldter

B iij Herr

Herr D. Elsholtz/ diese Anweisung: Die fertigste Art allerhand Topff-Neglein zu vermehren durch das Sencken oder Ablegen/ geschicht folgender Gestallt: Im Junio drey Tage nach dem Newen-Mond/ er falle gleich kurtz vor oder nach Johannis/ erwehlet an einem blühenden Stock einen starcken Neben-Schoß/ welcher noch keinen Blumenstengel getrieben/ reisset jhm behende hinweg die zwey untersten Blätter bey der Erden/ so bleibet das Gelenck oder der Wirbel bloß. Zu nechst über demselben Wirbel spaltet mit einem scharffen Federmesser den Stengel biß in die Mitten / und fahret mit dem Schnitt also aufftwerts biß durch den nähesten andern oder auch dritten Wirbel hindurch: Lüfftet alsdan das näheste Erdreich in dem Topff oder im Lande / und drücket das abgespaltene Ende mächlich darein/ und zwar vom Stocke abwerts / jedoch also daß es nicht abreise: Jm fall auch der Schoß sehr starck/ so stecket ein Häcklein darzu: Bedecket es folgends mit der Erde/ und lasset es also stehen biß auff den August. Alsdan im vollen Mond

scharret

scharret die Erde oben etwas weg / und schneidet mit einem starcken Messer das überbliebene Theil/ dardurch der Säugling bißher die Mutter-Nahrung gesogen/ auch hinweg: Hebet jhn herauß/ so werdet jhr sehen / daß er nunmehr eigene Wurtzeln gesetzet/ und pflantzet jhn auff ein ander Gefäß. Dergleichen Seuglinge kan man von einem Stocke etliche ziehen/ und also in kurtzer Zeit zu einer grossen Menge köstlicher Topff-Neglein gelangen: Jedoch wollen die gar Alten Stöcke endlich nicht so gute Seuglinge mehr geben / als die mittelmässige.

Vors andere/ kan es geschehen / durch das Oculiren und äuglen: Welches/ nach eben desselbigen Authoris Anleitung/ also verrichtet wird: Etwas vor Bartholomæi treiben die alten Stöck junge Augen an jhren Schossen: Solche Aeuglein schneidet man mit einem scharffen Messer auß/ jedoch also daß die Seele oder das Hertzlein darin bleibe: setzet sie so fort in andere Schosse ein / und verbindet sie / wie sonst bey den Aeugelein bräuchlich. Es erfordert aber diese Arbeit eine leichte und fertige Hand/

Hand/ als welche ein solch Meisterstück/ daß auff einem Neglein-Stock zugleich weisse/ rothe/ und gesprengelte Blumen zu sehen sind/ verrichten könne: Weil solches H. Georg Viescher im 8. Cap. seines Blumen-Gartens bezeuget. Auch stünde es zu versuchen / ob durch das Spalt-Pfropffen vielerley Blumen auf einen Neglein-Stock zu bringen wären.

Nach der dritten Art/ welche hie bey uns gemein ist / verfährt man solcher Gestalt. Umb Johannes bricht man / mit beobachtung des Mondes/ einen tauglichen Schoß oder Zweig ab / spaltet denselben bey dem Wirbel/Glied/ Gleich/ oder Gelenck/ in der mitten/ über sich; stösset in den Spalt etwas Erden/ setzet und druckt jhn alsdan in die Erde / beschneidet auch die Blätter oben fein gleich/ und lasset jhn also stehen/ biß er angewurtzelt. Wan hernach der Frühling folgenden Jahrs herbey gekommen/ so hebet man auß und versetzt jhn/ in ein andres Gefäß.

Ich möchte aber wol gerne/ sprach Philanthos/ meines hochgeehrten Herrn Bedüncken vernehmen/ welches dan die beste
und

und rathsamste Weise/unter diesen dreyen sey?

Das Aeuglein/sprach Feliciano/wird am wenigsten gebraucht. Durch das Anhencken/oder Einsencken/kompt man/in wenig Monaten/zu newen Stöcken/und geschwinder Blühung: Aber diese Zucht hat nur unten/auf der einen Seiten/Wurtzel: dan die andere Seite bekomt keine. Die Eingepflantzten erfordern zwar mehr/nemlich auf die 9. Monat zeit/und blühen allererst nach Verfliessung eines Jahrs: weil sie aber bey der Seiten unten anwurtzeln/werden die Stöcke viel daurhaffter/dan jene.

Bentian sagte. Ich erinnere mich/in des Hrn. Francade neulich außgangenē Ost- und West-Indischen Lustgarten/gelesen zu haben/dz man den erst außbrechenden Rosen-Knöpfen ihre Stenglein mit einem Pfriemen durchboren/und in das Löchlein mancherhand Farben/nicht von Mineralien/sondern von Pflantzen hineinthun solle/als nemlich die Säffte vom Lack von der Sonnenkron (Heliotropio) von der Röte/(Rubia) und von dem Ochsen-Zungē Kraut (Anchusa) nachfolgends wā solches

solches geschehen / die Löcher (mit Erlaubnuß zu reden) Kühe-Mist und Töpffer-Erde zustreichen: Alsdan werde die Rose selbiges Jahr über/ so manche unterschiedche Farben an sich blicken lassen / als viel der selben dem Stengel-Loch eingeschüttet worden. Nun möchte ich wohl gern wissen/ ob solches nicht auch / an den Neglein solte zu practiciren seyn.

Francade antwortete: Ich weiß mich zu erinnern daß mir solches einsmahls auß der Feder geflossen/ wiewohl ursprünglich nicht so sehr auß meiner eigenen/ als des berühmten Jesuitens/ Herrn Patris Kircheri: welcher mit vielen erfahrnen Blumen-Künstlern umbgangen. Kan zwar den Herrn nicht versichern / ob es mit den Negelein auch angehen würde / weil ichs nicht geprobiret habe/ vermuthe doch gleichwohl/ es könne gleichfals den Negelein so thane Farbe auch werden beygebracht/ wan einer fein behende und subtil damit umbgienge. Man hat aber noch andere Mittel nicht allein die Rosen / sondern auch Tulpen und Nägelein/ nach beliebiger Lust zu coloriren / also daß man des Stengel

durch

der gantzen Welt.

durchborens eben nicht bedarff. Weil aber mein Hertz meinen beschriebenen Lust-Garten/ wie ich höre/ des Durchspatzierens gewürdigt; so zweiffele ich nicht/ er werde auch dieses allbereit daselbst gesehen haben/ wie man grüne/ und gelbe Negelein/ schwartze blumen/ und sonst andere Farben derselben/ möge erzielen: derwegen unvonnöthen seyn wird/ solches allhie zu wiederholen.

Philanthos überhörte diesen Discurs, in dem ihn Feliciano mit Gespräch unterhielt/ würde sonst nicht unterlassen haben/ bey dieser Materi/ mit fernerer Nachfrage/ sich anhängig zu machen. Es redeten aber diese beyde unterdessen von der besten Art der Negelein-Cultur: Darüber Feliciano ungefehr diese Worte führte. Man siehet (sagte er) in den Gärten/ mancherley Form-Arten der Töpfe oder Scherben/ darin sie gesetzt werden/ und daß manche in gar kleinen stehen/ andere in mitteln/ andere in sehr grossen imgleichen/ daß die Vermischung und Begiessung der Erden unterschiedlich falle.

Hiervon führen nun die Garten-verständige

dige ihre besondere Meinungen/ und bringet jeder seine Ursachen/ warumb er sich entweder der grossen/ mitlern/ oder kleinern Scherben bediene: Und also auch warumb dieselbe mit vielen kleinen Löchern auff dem Boden oder mit einem einigen Daumensdick/ in der Mitte des Bodens (wiewol mit einem Schifferstein bedeckt/ damit die Erde nicht außfalle) gemacht werden: Wie auch/ warumb er entweder gantz gefaulte Späne/ oder Weidenkoppen oder dergleichen Mist=Erden/ nehme/ oder von einem dieser Art die andere gemeine Erde untermische.

Muß also hierinnen/ weil nicht jedwedere Erde einem Gewächs wol bekompt/ der verständige Gärtner sehen/ wie er durch eine allein/ oder aber durch eine vermischte/ der Pflantze ein bequemes Scherben=Bettlein zu bereite/ auch was solche vor Form der Töpffe oder Scherben erfordere; und wie man sich mit der Begiessung/ darnach richten müsse.

Wie man die Blumen der Negelein/ zu einer ungewöhnlichen Grösse bringen könne; das beschreibt Ferrarius/ im 15. cap. des dritten Buchs: nemlich/ daß man die

Er=

Erde/zu gewisser Zeit/ mit Rinderblut begiessen; des Winters aber mit solchem Wasser/darin Hüner- oder Tauben-Mist geweichet. Frater Augustinus Mandirola meldet/ in seinem Handbüchlein: daß die Vergrösserung der Blumen auch könne erlangt werdē; so man die Stöcke/mit Wasser/darinnen Fleisch gewaschē worden/ begiesse. Dazu hilfft auch viel/ wan man dem Stock wenig Tragschösse läst/ die Nebenknöpffe fleissig außbricht / und in Zeit der Blühung an einen der Mittag-Sonnen abgelegenen Ort setzet.

Ich will schier lieber/sprach hierauf **Leander**/ein schön gefärbtes Negelein von mitler Grösse sehen/weď eine von ungemeiner: weil diese gemeiniglich auffspringen/ und dadurch die Gunst des Anschawers fast verschertzen.

Dem stehet auch zu helffen / versetzte **Feliciano**. Man darff nur ungefehr zween Tag vorher/ehe man vermeint/ daß sie sich werden aufthun/einen zwirns Faden zwey- oder dreymal herum windē und binden/danebenst jhr gezäneltes Mündlein jhnen erweitern/durch ein Federmesser womit man jhnen etliche subtiele und gleiche Schnitte gibet.

gibet. Solche Verwundung und Lufft-Lässe wird ihnen dermassen zu statten kommen/ daß gleichsam gantze Püschlein von Blumen-Blättern werden herfürgehen.

Weiln aber eine Art des Unziefers/ so man bey uns Teutschen/ die Ohrhöllerer nennet/ diesem Gewächse sehr gefehr ist/ in dem sie in die Hülse der Blumen kriechen/ die Blätter abfressen und verderben: So nehmet einige von Holtz gedrähete Tütichen/ wie man sie allhier nennet/ und stecket selbige bey den Stock: darin kreucht dieses Unziefer bey Nacht zusammen. Morgens frühe/ hebet mans weg/ schüttet die Würmlein auß/ und zutritt sie. Andere setzen die Scherben in irdene mit Wasser angefüllete Tiegel: wodurch das Geschmeiß an den Stock zukommen verhindert/ auch der Stock wider die Hitze/ in stetiger Feuchte erhalten wird. Und dieses Mittel wird jenem vorgezogen.

Wan aber außgesäete Negelein auffgangen/ (fragte Philanthos) und die Pfläntzlein etwas erstarcket seyn: Woran erkennet man doch alsdan die Einfachen/ von denen die gefüllt blühen wollen?

Feliciano gab zur Antwort/ die jenige/ so nur zwey Blättlein getrieben / versprechen nur einfache Blumen / welche aber mehr haben / dicke oder gefüllte zu geben.

Leander fieng an zu reden: Mich wundert / daß mein Herr Feliciano bey seinen so vielfältigen wichtigen Geschäfften/ dennoch so viele Weile findet/ daß er das jenige/ so fleissig beobachten kan / was zu glücklicher Erziehung und Erspriessung der Pflantze und Blumen vonnöthen thut. Dan meiner Einbildung nach / erfordert ein solcher edler Garten drey Sonnen / die natürliche am Firmament / und dann die beyde Augen des Herrns / dem er gehört / welche ihm gleichfals / mit offtermahliger Beschawung / günstig und beförderlich erscheinen müssen. Für mich wäre es nicht: Ich würde schwerlich meine Gedancken / unter dem Blumenwerck/ so offt und viel können herumb lauffen lassen.

Jener gab zur Antwort. Der Mensch muß doch eine Recreation haben/ und kan nicht stets an dem Ernst gebunden seyn. Wo kan ich dan meine Erfrischung besser antref-

antreffen/als unter den Blumen? Worauß
saugen die herumbfliegende Bienlein unserer Gedancken eine bessere Krafft zur Stär-
ckung des Gehirns/ als eben von dem lieb-
lich-vermischten Geruch eines Gartens/
fürnemblich wan ein kleines Lüftlein webe/
und uns gleichsam einen lufftigen Balsam
in die Nasen streicht? Ich will nur jetzt
von diesen Negelein Blumen reden: wie
so lieblich erquicken sie doch/ mit ihrem
außerlesenen Geruch/ das menschliche
Haupt! wie stärcken und erfrewen sie das
Gehirn! inmassen sie wider den Schwin-
del/ Schlag/ fallende Sucht/ Krampff/ und
viel andere Haupt-Schwachheiten sehr gerühmet werden.

 Sind demnach diese meine Gewächse
gar danckbar / für die Mühe/ so ich theils
selber / theils durch meinen Gärtner und
dessen Leuthe/ auff sie wende: In dem sie
meine unter ihnen herumbspielende Gedancken und Sinnen stets ernewen/ und
zu ihrer vorigen Ernsthafften Obligation
oder Ampts-Verbindlichkeit geschickter
wieder zurück schicken.

Was

Was höre ich? sprach **Philanthos**/ solten die Negelein dem Haupt und Gehirn so ergetzlich fallen? So muß ich die wiewohl nicht so gar köstliche / wie diese hier / jedoch gleichwohl häuffige Negelein-Blumen in meinem wenigen Gärtlein / mir nach diesem etwas besser zu Nutz machen: Sintemahl mein Kopff auch der Stärcksten keiner.

Wan das ist / versetzte **Feliciano** / kan der Herr nicht allein mit der Nasen / sondern auch mit dem Munde eine gute Haupt-Erquickung/ auß diesen Blumen ziehen / vermittelst des Conserven-Zuckers / so darauß zu machen steht: welches jhm seine Eheliebste selbst wird auff solche Weise zurichten können. Sie nehme 1. Theil der besten und kräfftigst-riechenden Blumen/schneide dieselbe von jhren Negeln ab/lasse sie eine Nacht zwischen gedoppeltem leinen Tuch verdeckt / und zerstosse sie hernach/ mit 3. Theilen Zuckers / in einem steinernen Mörser. Dafern die Blumen zu trucken seyn / kan man sie im stossen / mit Betonien-
Wasser

Waſſer/ ein wenig anfeuchten. Dieſer Zucker gibet nicht allein dem Haupt groſſe Krafft/ ſondern auch dem Geſicht eine ſonderbar wunderbarliche Stärcke.

Sinn/ Vernunfft/ und Gedächtnuß werden dadurch bekräfftiget/ und inſonderheit das Hertz/ in hitzigen Fiebern damit geſtärcket.

Nicht weniger läſt ſich/ von den Negelein/ ein guter und nutzlicher Hauß-Syrup machen: ſo man nemblich die kräfftigſt-riechende Blumen nimbt/ wan ſie in ihrer beſten Blüte ſeyn/ und ſelbige in eine zinnerne Kanne/ oder verglaſürten Hafen thut: Man gieſſe ſo viel heiſſes Waſſers darüber/ daß es ein wenig über die Blumen ſtreiche: Darnach verwahre man die Kandel wol/ alſo daß kein Dampff herauß kommen kan/ und laſſe es alſo wohl verwahrt 1. Stunde oder acht ſtehen/ darnach ſeyhe man das Waſſer ab/trucke die Blumen wohl hart auß/ und werffe dieſelben hinweg. Darnach muß man andere friſche Negelblumen in das vorige Gefäß thun/ das vorige Waſſer heiß machen/ und daſſelbige über

über die frische Blumen schütten/ wie zum erstenmahl geschehen / das muß ein mahl oder fünffe nach einander geschehen mit frischen Blumen / nach dem man jhn gut und starck begehrt: als dan nehme man das gesiegen Wasser/ thue darzu des besten Hut-Zuckers/ wenig oder viel/ nach dem des Wassers ist/ lasse also Zucker und Wasser über einem gelinden Kohlfewer gemachsam auffsieden/ biß es dick wird wie ein schöner geläuterter Honig wan er erkaltet/ fasse man jhn in ein Glas oder verglastes Geschirr/ und vermache solches wohl: An statt des Zuckers kan man schönen geleuterten Honig nehmen.

Dieser Syrup ist eine sonderliche Hertz-Stärckung beyde in scharpffen Fiebern und in andern Schwachheiten/ damit das Hertz geschwächet und matt worden ist/ stärcket die Leber und den Magen/ er kan aber mit andern Aquis cordialibus eingenommen werden. Als in hitzigē Schwachheiten nehme man Sawerampffer/ Seheblumen und Ochsenzungenwasser jedes 4. Loth/ des Syrups von Negelein Blumen 3. Loth/

Loth / solches unter einander gemischet / und dem Krancken darvon zu trincken gegeben.

Im Herbst/ wird auch ein guter Neglein-Blumen-Wein zubereitet : Im Sommer / wan die Gras-Blumen vorhanden / soll man der Rothen wohlriechenden sammlen/und außtrucknen/so viel man derselbigen zu einem Wein haben will/alsdan soll man umb Herbst ein kleines bereitetes Fäßlein nehmen / in dasselbige äschern Spän und die Blumen nach einander legen/ guten Most darüber schütten / und alsdan verjähren lassen / und ihn zum Gebrauch auffheben : Dieser Wein ist zu vielen Gebrechen dienstlich/ stärcket das Hirn und Haupt / und nutzet allen kalten Gebrechen desselbigen. Ist gut den Ohnmächtigen Menschen/ so durch langwirige Schwachheiten matt und krafftloß worden seyn/ bekompt wol dem kalten Magen und der blöden Mutter/ zu zeiten einen guten Trunck darvon gethan.

Der Essig/ von diesen Blumen gemacht/ wird gleichfalls in vielen Fällen / gar heilsam befunden/ und also zugerichtet. Man

nehme

nehme eine Maß / guten / scharffen Wein-Essig / thue darin ein gut theil Näglein-Blumen / die zuvor am Schatten außgetrücknet seyn / (oder zwischen leinen Tüchlein ein wenig verwelcket / thue daßelbige in ein Glaß / stelle es an die Sonne / oben wohl verwahret / damit kein Dampff herauß komme / fast vier Wochen lang. Will man jhn stärcker und krässtiger haben / so nehme man die vorige Blumen / wan sie verblichen seyn wiederumb herauß / und thue andere frische hinein. Dieser Essig hat viel guter Tugend bey sich. Wan ein Mensch in Ohnmacht fällt / so nehme man dieses Essigs / bestreiche jhm damit die Nase und Puls-Adern / so wird jhm bald wieder geholffen oder ein Federlein darin genetzet / und in die Nase gestoßen / hilfft dem Krancken bald wieder auff.

Das Negelein-Oel lobet man / wider die Biße der wütenden Hunde und Schlangenstiche: Heilet auch die durchlöcherte flüssige Schäden / und Fisteln / und hilfft vielen andren Gebrechen mehr.

Einige halten darfür / daß man die
C ij Blu-

Blumen auch/ ob sie gleich ihre Krafft gar leichtlich verliehren/ dennoch in Balneo Mariæ gelind und gemachsam mit einem gelinden Kohlfewer distilliren könne/ sonderlich wan man Kraut und Blumen zusammen nimbt/ und nicht hart außbrennet: Es soll aber der Kolben und das gantze Gefäß wohl verwahret seyn/ dieweil die Krãfften der Blumen gantz subtil/ und durch den Dampff leichtlich verschwinden können. Diß Wasser ist gut zu den innerlichen Gliedern/ stärcket und kräfftiget das Haupt und Hirn/ thut wohl dem blöden Gesicht: ist ein sehr kräfftig Augen-Wasser/ nicht allein die flüssigen Augẽ zu trücknen/ sondern auch das Gesicht zu schärffen und läutern. An die Schläffe gestrichen/ stillet das Hauptwehe/ benimbt den Schwindel des Haupts mit einem Sawerampffer-Safft oder mit dem Syrup Aceto Citri eingenommen/ bekompt wohl dem Ohnmächtigen Hertzen/ und mit Ochsen-Zungen oder Borragen-Zucker genützt benimbt es das Klopfsen und Zittern des Hertzens/ desgleichen die

die Trawrigkeit so von verbrantem Me-
lancholischen Geblüth verursacht wird:
So thut solch Wasser auch dem Magen
wohl/ bringt die Schmertzhafften Wunden der Nerven und Geleich wieder zu
recht / die Binden darin genetzet / und zu
weilen solche Wunden damit gewa-
schen.

Massen diese / und noch andere Nutz-
barkeiten der Neglein / vom Tabernamontano, mit mehrerm erörtert werden.

Hiermit verliessen sie den Stand der
Topff-Negelein/ und setzten den Fuß tieffer in den Garten hinein: biß Philanthos,
nebenst manchen andern / an allen Seiten
lieb-äuglenden Blumen/ eine Art erblickte/
die mit ihrer zierlichen hochrothen Farbe
ihn bemüssigte/ zu fragen nach jhrem Nahmen. Worauf Feliciano anzeigte/ es wäre das Trachelium Indicum, oder America-
num ; sonst die Cardinal-Blum genant.
Ohn zweiffel/ sprach jener / pranget sie mit
solchem hohen Nahmen/ wegen jhres rothen Glantzes.

Nein / versetzte Feliciano : Mein
Herz

Herz siehet / daß sie zwar der Granaten-Blühe / in der Röthe / sich vergleiche: Aber der Cardinal-Titel ist jhr gegeben / zu Ehren / dem Cardinal Barberini: weil sie in dessen Garten am ersten auß West-Indien / gekommen. Ob sie nun gleich auß America herüber geschifft / find man sie doch nunmehr in Teutschland / vieler Orten: Sintemahl jhr unsere Europæische Lufft und Erdreich mit der Zeit erträglich geworden. Daß sonst/ auch bey uns in Europa vielerley Gattungen von dem Trachelio wachsen; werden die Herren ohn mein Erinnern / vielleicht wissen. Johannes Bauhinus hat dieselbe in seinem ersten Tomo sämptlich beschrieben: Von dieser Americanerinnen aber / kan man Fabium Columnam, Clusium, und Ferrarium, insonderheit lesen.

Schaw dort! sprach Francade zum Philanthos / stehet die Anthora oder Antithora, welche der Herz/von dem edlen Rüstigen weittläufftig findet beschrieben.

Diesen Monat/ sagte Feliciano / ist sonst jhre Blühe von der Natur geschenckt; und so gar selten nicht/sondern vielen Garten

ten gemein: Gleich wie auch der Garten-
Mohn den Hewmonat hilfft schmücken.

Ich sehe/ sagte Philanthos/ denselben
allhie zwar in ziemlicher Menge/ von Ein-
fachen und gefüllten Blumen/ in vielerley
Farben/ florien: Aber doch gefällt mir je
unter allen keine Art besser / als diese hie/
welche was nidriger von Stammen/ und
kleiner von Blumen/ dan die andere: aber
an Schönheit und Anmuth viel grösser ist/
auch sehr lieblich schattiret wird/ und von
ferne den Tulpen gleichet.

Meines Herzen Augen(also begegnete
ihm Feliciano) sind hierin/ mit den meinigen eins: Dan ich halte sie gleichfals für
die schönste unter allen. Jenes ist das Papa-
ver erraticum majus Casparis Bauhini:
Der grosse wilde Mon/ mit gefüllten Blu-
men/ so man sonst Klapperrosen/ bey uns
Blitsch-Rosen nennet: Dieses der gehörnte Mon / von dreyerley Gattung; nemblich mit rothen/ braunen/ und gelben Blumen. Dort jener/ mit den rothen Blumen / ist eine andere gehörnte Art. Und
da steht der dornichte Mon/ dessen Blätter
voll gelben Saffts gleich dem Scheelkraut.

C iiij   Le-

Leander sagte. Die Mon-Blumen verdienen einen Platz im Garten. Ob sie gleich keinen Geruch / auch vielleich in der Artzeney keinen sonderbaren Nutzen geben: so recommendiren sie sich doch mit jhren zierlichen Blättern / welche dem allerschönsten rothen oder braunen Safft / mit jhrem Glantze Trutz bieten.

Ich zwar / antwortete **Feliciano** / suche an den meisten Blumen und andern Gewächsen / anders nichts / als die Betrachtung Göttlicher Güte / welche auß jhrem unergründlichem Meer etliche Tröpflein auch den Kräutern angesprengt / in dem sie dieselbe mit Zier / Geruch und Tugend / zu unserm Nutzen begabet: und dan auch jhrer Schönheit; die zwar eine solche Sonne / daß sie von diesen unsern sterblichen Augen nicht mag angeschawet werden; jedoch aber vielen Creaturen / und also auch den schönen Blutrothen / Schneeweissen / Goldgelben / Türckis-blauen / und andern Blümlein / etliche Füncklein mitgetheilet. Wan ich diese Zier / diese Lieblichkeit und Anmuth / an einer Blumen finde / so ist sie meinen Augen werth / und meinem Garten angenehm:

genehm: ob sie gleich sonst nicht eben allezeit raar/ und weder zum Geruch/ noch zur Artzeney dienlich.

Jedoch muß darumb mein Herz nicht vermeinen/ als ob der Mon nur allein die Augen ergetzte/ und sonst weiter keinen Nutzen schaffte. Unsere Apothecken würden anders darzu sagen/ so man sie darumb fragte. Man koche nur fünff oder sechs Köpffe des wilden Mons/ in dreyssig Untzen Wein/ und lasse den dritten Theil einsieden: Solches wird den verstopfften Leib fein gelind erweichen. Andere mischen die Körner in Honig-Küchlein: so thut es ihnen eben das. Die Blätter dieses Mons/ sampt den Kelch- und Körnlein der Häupter/ werden für die Inflammation gebraucht: So aber jemand mit dem decocto, oder gesottenem Wasser derselben begossen wird/ soll es ihm einen Schlaff machen.

Galenus will nicht rahten/ daß man die Körner allein esse; Sondern mit Honig vermischt: Weil sie sonst gar zu sehr kälten: Und solches soll gleichfals den Schlaff befördern.

Plinius/ sprach Francade/ sagt zwar anders dazu/ wan er schreibt/ die Monkörner/ oder der Magsaamen werde so nur allein gegessen. In Preussen/ und etlicher anderer Orten/ verkaufft man die Monkuchen gar häuffig/ und gibt sie den Kindern/ zum Früh-Brod. Wiewol einige sich des Mons darumb enthalten/ daß er das Haupt schwächt.

Der rothe wilde Mon/ (also fieng Feliciano wiederumb an/) oder die Klapper-Rosen/ sollen gleichfals gut seyn/ für Entzündungen/ und insonderheit für das Rothlauff/ oder (wie mans in Nieder-Sachsen nennet) Heilige Ding/ auch den Frawen die übermässige Blut-Flüsse/ und so man sie auff die Leber legt/ das Schweissen der Nasen stillen. Wan die Kähle und der Schlund inflammiret ist/ der wäschet die Zunge in gesottenem Klapper-Rosen-Wasser. Nicht weniger rühmt man sie denen/ die Hitze und Schmertzen in den Augen haben/ oder mit dem hitzigen

Fieber/

der gantzen Welt.

Fieber/ und mit der Rothen-Ruhr behafftet sind. Ich geschweige vieler anderer Heilsamkeiten/ so den andern Mon-Gattungen zugeeignet werden: Dan wir spatziren hie im Garten/nicht in der Apothecken: Dahin wir auch vielleicht alle mit einander so langsam/ als immer möglich/ zu kommen/ wünschen. Unterdessen mag man wohl sagen/ daß die Mon-Häupter/ von niemand höher geachtet werden/ als von den Tyrannen: Dan sie halten dieselbe/ mit Menschen-Köpffen/ in gleicher Würde: Wers nicht glauben will/ der trette ihnen nur zu nahe. Und wie der Saamen des Mon-Kopffs den Schlaff gibt: Also legt ein Wüterich sein Haupt selten sanfft/ oder zur Ruhe/ bevor man ihm den Kopff dessen/ dem er gram ist/gebracht hat.

Sonst aber pflegt man der Unwissenheit den Mon zuzueignen: Vielleicht deswegen weil die Wissenschafften durch viel Wachen erworben: durch schläfferige Trägheit aber der Mensch in der Unwissenheit stecken bleibt.

Einige wollen den Mon für eine Anzeigung der Liebe halten. Wobey mir einfällt/

C vj

fällt/ was Petrus Valerianus erzählt:
Nemblich/ daß die Alten/ wan sie erfahren wolten / ob der liebende Theil wieder geliebt würde / sie die Blätter des blühenden Mons genommen/ und solche auff die lincke Hand gelegt; hernach mit der Fläche jhrer rechten Hand / auß gantzer Krafft / auff die Blätter geschlagen/ und auß dem Geräusch/ so dieselbe unter dem Schlagen machen/ entweder Ja oder Nein geurtheilt. Wiewohl ich meines Theils/ solches vor eine schlechte Probe halte.

Ich/ sprach Polydor/ setze sie in gleicher Würde / mit der Magnet-Probe / wodurch etliche lächerlich vermeynen zu erkennen / ob ein Eheweib dem Mann getrew sey / oder nicht; wan man jhr nemblich einen Magnet-Stein unter jhr Haupt-Küssen lege: Welches so viel wircken soll / daß / wan sie erwacht / sie alsobald jhren Man umbfahe/ wofern jhr Hertz anders rein / unbefleckt/ getrew und auffrichtig gegen jhm ist. Solte sie aber nicht just seyn; würde sie vor
grosser

grosser Furcht und schreckhaffter Einbildung/vom Bette herabfallen.

Wie närrisch und ungründlich solches auch immer mehr seyn mag/sagte Francade; so hat dennoch Albertus Magnus es für eine gewisse natürliche Eygenschafft des Magnets dörffen außgeben / und Porta (Lib. 17. Mag. Natural. cap. ult.) sothane seine Meinung auch nicht verworffen. Wiewol ich / meines Theils/wan je etwas daran wäre / es für ein aberglaubisches Zauber-Stücklein achten wolte. Derselbe Albertus hat sonst gleichfals dem Magnet die Krafft zugeschrieben/ daß ein Mann seine Fraw und sie ihn wiederumb lieben müsse : auß welchem Wahn / obiges vielleicht herrührt.

Hiernechst deutete Philanthos / mit Fingern auff ein andres Gewächs / und sagte : Das sind gewiß Feigbonen.

Ja /sprach Feliciano/ aber auch nicht einerley Art. Dan da siehet der Herr die /, so weisse Blumen tragen; Hier die gelbe und riechende geben : Dort jenes / so mit gar grossen blauen Blumen bewach-

wachsen/ und Lupinum exoticum, Hirsutum, Æthiopicum, oder Indicum genannt wird: Sintemahl diese Pflantzen vor viertzig und etlichen Jahren/ auß Indien nach Europa gebracht/ und anfangs wie Cornutus, in seiner Historia Plantarum Canadensium erwehnt/ trefflich beliebt gewesen/ umb der lieblich-blauen Krone willen / so diese Blume formiret: Worauff dan die Schötlein folgen. Und diese kleine hier/ mit weiß und blaue Blumen/ ist die Feigbone von Montpelier. Dem wilden blauen Lupino thut man die Ehre nicht an / daß man ihn in den Garten kommen läst: Da er doch/ so man auff den Nutzen sehen wolte/ solches besser meritirte, dan die andern. Geht ihm also/ wie dem Bawren / der uns alle nehren muß/ und doch der unwürdigste bleiben. Dan solcher gemeiner und wilder Lupinus düngetd as Feld / darauff er wächst/ mit seinem Kraut und Stengel/ wie auch die Weinberge trefflich wohl : Deswegen wird der Danckbarkeit ein Zweiglein von Feigbonen in die Hand gepinselt / zu bedeuten/ daß wir den Beforderern unserer Glückseligkeit uns sollen
danck-

dänckbar erweisen / wie diese Pflantze thut. Uberdas gibt er / im Königreich Neapolis / sonderlich in Campanien / ein sehr gutes Futter für das Vieh / in Tuscan aber / und etlich anderer Orten ist er Gallbitter: und darumb hat das Vieh daselbst einen Abschew darfür.

Alle diese Geschlechte geben sich zu erkennen an jhrem Saamen: Der von dem Weissen ist eckigt / und Fleischechtig: Der von den gelben / grawlecht und dunckelbraun gesprengt: Der von den grossen blawen fällt auch eckigt und braunroth gefleckt: Der von Montpelier / nur halb so groß / als der gelbe / aber sehr schön / mit schwartz und dunckelbraun gewässert.

Eins hätte ich schier vergessen / zu sagen: Daß diese Pflantze / insonderheit die wilde / der Bawren richtigste Uhr sey. Dan sie wendet sich täglich mit der Sonnen herumb / und zeiget die Stunden / ob der Himmel auch gleich von Wolcken schwartz und finster wäre. Spielet also uns Christen ein feines Gleichnuß in die Augen / daß wir so wol in Trübsal / als Frewde unser Hertz beständig zu Gott kehren / auch wie

diß

diß Gewächs zwar/ die Erd-Schollen
lieb hat/ und sich doch gleichwol von der
Erden nicht will bedecken lassen/ also wir
zwar der jrdischen Güter/als eines Göttli-
lichen Segens/uns erfrewen/aber keines
weges das Gemüth gantz darin vergraben/
und das himmlische Verlangen darunter
ersticken lassen sollen.

Was mag doch aber (fieng Leander
an) der Römische Tichter Horatius damit
wollen anzeigen/ mit diesem seinem Verse:

Nec tamen ignorant, quid distent
æra Lupinis.

Mir hat mans in Schulen und Gym-
nasien/ Sprichworts-weise also erkläret:
Sie wissen dennoch wohl das Schwartze
unterm Weissen zu erkennen.

Es hat auch fast (also beantwortete
ihm Francade) dieselbige Meinung/wie
wohl es eine nähere Erklährung leidet.
demnach rühret eigentlich daher: daß die
Knaben/ bey den alten Römern/ auß den
Feigbonen/ Müntze und Rechenpfennin-
ge zu machen pflegten. Wil demnach angezogener Poet/ mit solchem seinem Vers/
so viel anzeigen: Sie wissen wohl die
rechte

rechte wahre Müntze / von erlichteten Schein- und Spielpfenningen zu unterscheiden; und also auch rechtschaffene/ehrliche Biedermänner / von nichts-werthen Gesellen. Wiewol Salamon Albertus (daß ich solches hiebey obiter mit erinnere) erva Lupinis leset: massen Iohannes Bauhinus gedencket. Der gelehrte Schauspiel-Schreiber Plautus nennet die Feigbonen: Aurum Comicum, Comœdianten-Gold auß eben derselbigē Ursach: weil die Comœdianten / bey den Schauspielen / selbige für güldne Müntzen gebrauchen.

Feliciano bestättigte solches / in dem er berichtete / daß noch heutiges Tages / in Italien die Feigbonen der Kinder Pfenninge und Rechen-Pfenninge wären.

Da haben wir (also fuhr er fort beydes zu spatzieren und zu reden) die Rittersporn: welche / ob sie zwar in mancherley Art und Farben hie stehen / ich dennoch / als eine fast gemeine Blume / mit Stillschweigen gern vorüber gangen wäre / wan des Herrn Francade seine Gesichts-Schwachheit mich nit hätte veranlasset / sie mit wenigem

zu

zu berühren/ und jhn zu bitten / daß er ihnen seine Augen gönnen / ja gar offt zuwenden wolle: weil man darfür hält / das stetige Anschawen derselben stärcke das Gesicht: massen man es deswegen in den Gemächern / auffzuhencken pflegt. Etliche legen die Blumen in Wein / und trincken stets davon / umb dadurch jhren dunckeln Augen zu succurriren / wie Tabernamontanus meldet. Wie heilsam sonst diese Pflantze bey den Munde-Träncken sey/ das wissen unsere Wund-Aertzte am besten.

Ich wolte sagen / sprach Philanthos/ dieses hier! das wäre Scorpion-Kraut / wan es mir nicht grösser fürkäme/ als das so in meinem Gärtlein stehet.

Mein Herz hat dennoch nicht geirret / versetzte Feliciano/ es ist eine andere Gattung. Und diese zwar / die grössere/ Scorpioides, vergleicht sich/ mit jhren Blättern/ den Basilien-Blättern/ohn daß sie grösser/ weisser/ und rauher seyn. Hier aber steht die kleinere: welche der Herz in seinem Garten haben wird.

Leander sagte: Es werden vielleicht
die

der gantzen Welt.

die Scorpionen diesem Kraut feind oder günstig seyn/ weil es von jhnen den Nahmen hat.

Sie seynd jhm/ sprach Feliciano/ Spinnen-feind: also gar/ daß etliche schreiben/ so man mit einem Zweigelein dieses Krauts/ umb das Loch/ darin der Scorpion wohnet/ einen Circkel zeucht/ gehe das gifftige Ungeziefer nimmer herauß/ sondern müsse darin verderben. Matthiolus berichtet/ es sey gleichfals den Ameissen hefftig zu wider/ und jhrer aller Tod/ so mans auff den Ameis-Hauffen legt/ und die Löcher damit verstopfft. Doch es hat seinen Nahmen nicht allein nur von der Würckung und Krafft/ sondern auch von der äusserlichen Gestalt des Saamens und der Blumen/ welche einem Scorpionen-Schwantz ähnlich gebildet. Wiewol es sonst auch Raupen-Kraut und Krebsblum in den Kräuter-Büchern benahmet wird. Die Artzeney-Erfahrne rahten/ man solle etliche Körner eine Stunde vor dem Antritt des Fiebers/ in Wein eintrincken: und zwar vier wider das Viertägige/ drey/ wider das Dritttägige: wie Tabernamontanus meldet. Aber

Aber ich sehe/ unsere Außländische Böhnlein haben sich mit ihrer Blühe auch herfür gemacht.

Gewiß/ sprach **Bentian** / werden es Türckische seyn.

Nicht alle (versetzte **Feliciano**) jenee die eine Leib-Farbe Blüthe weisen / das sind Türckische. Ihr Saamen ist braun und schwartz gefleckt. Diese aber / die mein Herz meinet / das sind Kandische: und bringen Schneeweissen Saamen; gleich wie auch diese ihre Blumen weiß sind.

So sind dan/ fragte **Philanthos**/ alle Leibfärbig-geblühmte Türckisch?

Nein erwiderte **Feliciano**: Dan jene Bonen-Pflantze trägt auch Leibfarbene Blumen: ist aber dennoch keine Türckin, sondern eine Aegypterin: und ihre Böhnlein fallen schwartz.

Ich habe (fieng **Francade** an) bey dem Prospero Alpino, wo mir recht ist / gelesen/ daß in Aegypten zweyerley Arten vorhanden : Eine die man Lablab nennet/ und sich schwartz besamet/ von welcher zweiffelsfrey diese hier ist. Selbige

der gantzen Welt.　69

bige soll so hoch und groß / als ein Weinstock wachsen / auch sich mit Reisern und Reben gleicher gestalt außbreiten; Jedoch sonst den gemeinen Bonen-Pflantzen am Laubwerck gleich gestaltet seyn/ und zweymal des Jahrs bluhen/ nemblich im Frühling und Herbst/ hernach lange und sehr breite Hülsen oder Schoten bringen; darinnen aber nicht allein schwartze / sondern auch wol schwartzbraune Böhnlein sitzen. Selbiger Aegyptischer Faseln-Baum wird über hundert Jahre alt / und bleibt immerdar grün. Der Aegypter braucht den Saamen/ nit allein zur wolschmeckendē Speise: sondern auch/ zur Artzeney/ für den Husten/ für die Engen / und für die Verstopffung des rinnenden Zapffens/ (wodurch ich gleichwol den in Oesterreich/ da ein reiches Kloster dieses Namens ligt/ nicht meyne) die Weiber aber sieden ein Getránck mit Saffer darauß/ umb ihre Monat-Rosen dardurch blühend zu machen.

Hierbey fällt mir ein/ was Veslingius / in seinen Observationibus über jetzt angezogenen Alpinum de Plantis Ægypti erinnert: daß nemlich die Blumē solcher Aegyptischē

Faseln

Faseln (dan also mag man sie / mit dem Tabernamontano füglicher nennen / zum Unterscheide der gemeinen Bonen) anderswo auch Milchweisse herfürkommen: auch daß der Saamen wan er braunroth fällt / gemeiniglich mit schwartzen Flecklein beworffen / und mit weissen Tüpfflein gezeichnet. Der Mann Lablab wird hergeleitet (wie derselbige Veslingius gedenckt) von dem Arabischen Wort Laab: welches ein Spiel bedeutet / und derwegen Lablab vermuthlich so viel / als Spiel-Böhnlein. Dan das gemeine Volck in Aegypten braucht solcher Faseln auch zum Spielen / wirfft etliche Schindeln / oder Steine / gegen die nechste Wand / und rucket darauff diese / in gemachte Grüblein gelegte Faseln / ein umb die andere fort: Gleich wie im Brettspiel / die Stein versetzet werden / nach dem die Würffel fallen.

Die andere Aegyptische Art Abrus genannt / wächst auff einem Stock / der noch höher steigt / weder der erste / und wie die Tamarinden belaubet ist / auch eben also / wie die Tamarinden / mit der Sonnen Auffgang seine Blätter auffthut / mit derselben

selben Mier ergang zuschleußt/und nicht ehe wieder öffnet/ als biß das schöne / grosse Welt-Auge wieder erwachet. Woran wir Menschen ein Beyspiel unserer geistlichen Beschaffenheit finden. Dan gleich wie diese Blätter zu Mitternacht / gerad unter sich nach der Erden zu hangen/ aber umb die Mittagszeit / wan die Sonne am höchsten / jhre äusserste Spitzen gerad über sich in die Höhe richten: also ist nichts verächtlichers / als der Mensch/ wan er sich nicht über Menschliche und irrdische Sachen / zu Gott erhebt / und jhm die Göttliche Erkantnuß nicht leuchtet. Wiewohl solches seine natürliche Ursachen hat/daß etliche Blätter und Blumen bey Tage sich auffschliessen / und bey Nachte zu / andere aber/bey Nachte öffnen/ und bey Tage zusammenziehen: so ich jetzo aber unerörtert lasse.

Der Saamen dieser zweyten Art fällt Corallen-roth: Außbenommen an der Stelle / welche dem Hülslein angesessen/ dan da weiset er ein schwartz-glänzendes Flecklein. Vestingius meint / man solte
ihn

ihn füglicher den Erbißen/ als Bohnen/ vergleichen/wan er nicht ein wenig dicker / und fast Ey-rundlich wäre: Er ist / auß Arabien/ erstlich nach Aegypten gebracht; woselbst die Mägdlein/ diese Körner/ umb der schönen Korallen-Farbe willen / zum Schmuck anhencken: dan zu essen/ sind sie fast ungesund / sonderlich denen / die mit dem Seiten-Wehe behafftet: Wiewohl die Aegypter sie dennoch auch/ in der Brühe/ anrichten und geniessen.

Ich sehe aber / daß mein geehrter Herz Feliciano noch mehr Arten der Faseln/ oder Außländischer Bohnen habe.

Freylich/ antwortete jener. Es seynd noch unterschiedliche Indianische Geschlechte da: aber wir wollen uns damit nicht auffhalten: Dan ich spühre/ daß der Herz Philantos sich allbereit nach einer andern Blumen umbsiehet. Gleich hiemit wandte er sich zu demselben/ und sagte: Was betrachtet mein Herz/ an dieser Blumen?

Philanthos antwortete. Mich dünckt ich solle diß Geschlecht vor mehr gesehn haben: kan aber auff ihren Namen nicht kommen;

der gantzen Welt.

men; wie sehr ich auch darauff sinne.

Feliciano sprach: Es ist die Lychnis hirsuta flore major: zu Teutsch: **Die Jerusalem-Blumen.** Unter welchen die hoch-Zinnober-färbige und gefüllte den Preiß führen. Die andere einfache so wohl von dieser Art als auch die mit weissen und Leibfarbenen Blumen/werden wenig geachtet/und sind den Apothecken angenehmer als den Gärten: Gleich wie an diesen hingegen nichts/ als das Auge/ seine Ergetzlichkeit findet.

Philanthos hätte sich gern des Herrn **Feliciano** seiner Gutwilligkeit länger bedient/ und war eben fertig/ von dem nidrigen gestalten Palm-Baum Chamæriphes und andern frembden Stauden einen Discurs zu erregen/als er merckte/ daß den andern vorab **Bentian**/als welcher kein sonderlicher Blumen-Freund / hierüber die Weile zu lang werden dörffte/ und deswegen mit fernerm fragen/ einhielt. Dan besagter **Bentian** hatte unversehens/ im Garten sein Schweiß-Tüchlein fallen lassen/sein außbündig-guter Schieß-Hund aber solches auffgehebt/und ihm/ als seinem

D Herrn/

Herrn / wiedergebracht: Da nun Leander solche Trew und fleissige Auffwartung des Hundes lobte / wolte Bentian / denselben noch mehr in Verwunderung bringen: Warff derhalben das zusammen geknüpffte Schnuptüchlein über die Garten-Mawr: Worauff der Hund / nach einem genommenen starcken Zulauff hinüber sprang / auch endlich / nach dem er das Wisch-Tüchlein gefunden / ungeachtet etlicher Fehl-Sprünge / mit gantzer Gewalt wieder herüber setzte / als ob er flöge / und das Schnup-Tuch einreichte. Durch solchen Spaß / zog Bentian nicht allein den Leander / sondern auch allgemach die übrige Gesellschafft von dem Blumen-Gespräch ab / auff die Abrichtung der Hunde / Pferde / und anderer Thiere. Polydor erwehnte / daß er einen Hund gehabt / der fast alle Lectionen der Pferde nachgemacht: Worfür er dessen Lehr-Meister zehen Reichsthaler / zur Vergeltung der gehabten Mühe bezahlet.

Francade sagte / daß in Aegypten und Arabien / auch die Böcke und Ziegen eben also von den Arabern / also abgerichtet / würden;

der gantzen Welt.

würden: welche ihnen/ nach Bellonii Bericht/ Reit-Sättel aufflegten/ und einen Affen an Reuters statt darauff setzten: Da alsdan die Ziegen den Rossen allerdings gleich trabten/ courbelirten/ galoppirten/ sich auffbäumten und wie die Pferde hinten außschlugen/ daß es eine Lust zu sehen: Desgleichen wurden die Esel gewehnet/ sich niederzulegen/ herumb zu weltzen/ und zu stellen/ als ob sie tod wären.

Der Faden dieses Gesprächs solte sich noch länger hinauß gezogen haben/ dafern er nicht/ durch ein grosses Getümmel/ welches sich draussen vor dem Garten erhub/ wäre gähling abgerissen. Dan solches bewegte den Feliciano/ seinen Knecht hinauß zu schicken/ daß er vernehme/ was das Gelöff und wilde Geschrey zu bedeuten hätte? Unterdessen spatzirten sie/ durch die gar zu heiß stechende Sonne gedrungen/ allgemach auch hinvor: Jedoch nicht gar biß an die Pforte/ sondern nur biß an die Scherben Stube: da Feliciano sie sämptlich hinein führte/ und ihm destowilliger gefolget ward/ weil dieses Gemach der allerlieblichsten Lust-Höle/ mit ihrem

O ij frischen

frischen und kühlen Schatten nichts bevor gab und jhre Gäste/ für dem Gewalt der Sonnen/auffs allerbeste beschirmte.

Kaum waren sie hineingetretten; da sieng **Polydor** an: Ich sehe wohl/ weil der Proteus / von welchem wir zuvor geredet/ dieser Lust=Stuben Nachbar ist; so theilt er jhr auch etwas mit / von seiner Natur.

Wie so? fragte Feliciano. Jener sagte: Darumb / daß sie des Winters voller Scherben / Pflantz=Kasten / und Baum=Kübeln; jetzo aber im Sommer mit zierlichem Getäffel gefüttert und mit den allerschönstē Gemählten außgeschmücket ist: also gar/ daß sie Zierathshalben / den schönsten Lust=Saal / mit Anmuth aber die allerlustreichsten Schatten=Hölen außfordert.

Es ist nicht mehr als billich/sprach Feliciano / daß man der Natur nachfolge; welche / in jhren Würckungen / die Veränderung liebet. Und weil sich diese mit jhrem natürlichen Mahl=Werck im Frühling hinauß begibt/ in den Garten; so muß jhre Affin/ die Kunst/ ein anders unter-

der gantzen Welt.

unterdessen in den Platz stellen. Wofern aber die Herrn übers Jahr dieser Grotten/ welche des Winters die Blumen/ und jetzo des Sommers die Menschen unter jhren Schatten nimbt wiederumb jhre Einkehr gönnen werden: sollen sie/ wo mich Gott gesund läst/ hie am Ende derselben eine Scene oder Schaw-Bühne finden/ die dem Proteus noch besser nachaffen/ und sich viermahl verändern wird.

In dem nun die gantze Gesellschafft an einem zierlichen Pinselwerck mit verwundrendē Augen hing/ allernechst/ bey einem Kunstbrunnen/ welcher nebenst andern künstlichen Figuren/ auch die Heldenthatē Herculis fürstellete: siehe da lösete der gebildete Jäger/ welcher auff selbiger Wasser-Kunst stund/ unvermuthlich sein Bürsch-Rohr unter die Gäste/ und schoß dergestalt mit Wasser unter sie/ dz sie genöthiget wurden/ sich etwas zurück/ nach der Taffel zu retiriren. Welche jhnen dan nicht allein/ für dieser nassen Salve, gute Sicherheit/ sondern auch überdas unterschiedliche zierlichschöne Blumen-Kräntze anbott. Mitten auff derselben/ stunden etliche übergüldete/

D iij   zier-

zierliche / grosse Schmecken-Krüge / die oben mit den liebreichsten Blumen angefüllet / und an den viell-löcherichten Seiten gleichfals mit den anmuthigsten Natur-Farben überall befleckt wären. Neben bey warteten etliche Chrystalline Gläser / biß man zu dem in Porcellan ligendem Allmer-Brod / Weixseln / Kirschen und Johannes-Beerlein / einen kühlen / klaren / und reinen Rhein-Safft möchte einschencken.

Sehet da ihr Herrn! sprach Feliciano das geringe Offert, womit unser Flora ihre Gutwilligkeit / an statt der Schuldigkeit / zu bezeugen wünschet und bate / sie solten sich niedersetzen.

Philanthos antwortete: des Herrn Feliciano seine Flora bewiese sich höflicher und leutseliger weder man von ihr vermuthet und gesuchet hätte: Seines Theils wäre er derselben vorhin schon mehr als zu viel verpflicht / wegen der schönen und günstigen Blicke / so sie ihm draussen im Garten überflüssig geschenckt.

Nach dem sie niedergesessen / und Francade unter andern auch etliche Myrten-Kräntze

Kräntze erblickte/ sagte er:·Unser Herr Feliciano accommodirt uns nach alter Römischer und Griechischer Manier.

Womit/ fragte jener? Vielleicht mit diesen Gräntzen? Wan dem also/ so wird mein Gärtner einen guten Antiquarium geben. Aber/ so viel mir bewust/ haben die Alten/ in dem Belagen ihre Kräntze auffs Haupt gesetzt.

Vielleicht/ sprach Francade/ umbs Haupt.

Aber zu was Ende? Fragte Bentian. Ohn zweiffel/ sprach Leander/ zu Lust. Francade: Nicht allein Lust und Ergetzlichkeit halben: sondern hauptsächlich darum/ daß sie nicht so bald möchten truncken werden/ auch der starcke Trunck ihnen nicht schaden.

Ich wüste nicht/ versetzte Bentian/ was ein Myrten-Kräntzlein darbey sonders viel würcken könte.

Sie trugen nicht allein (war Francade Nach-Antwort) Myrten/ sondern auch Rosen/ Stein und Honig-Klee/ fürnemlich aber den Ephew/ welcher der Trunckenheit widerstehet. Dan/ wie man

D iiij beym

beym Plutarcho und Athenæo lieset/ so waren die alten gute Poculisten/ pflagen sich mit den Thränen des lieben Weins gar sehr zu beweinen: davon jhnen dan nachmals der Kopf schwer ward/ und wehe that; wie gemeiniglich/ wan der Magen überladen worden/ das Haupt die Last mit tragen muß. Davor fanden sie nun nichts dienlichers als die Schläfe fest zu bindē. Solche Bändlein seynd anfangs nur von Flachs oder Wolle gewest: nachmahls aber/ wie man gesehen/ dz es gut gethan/ haben sie der Nothwendigkeit einen Schmuck angeleget/ uñ andere Schlaf-Gürtel erfunden/ die sowol der Lust als Gesundheit köntē ersprießlich fallen/ nemblich die Kräntze von vorgenanten Blumen/ und andern wolriechenden Kräutern/ an deren Geruch und Farbē sie sich erquicken/ und überdas / wider die Hitze des Weins damit erkülen möchten. Gleich wie aber gemeiniglich die Uppigkeit sich mit Pracht suchet zu vermählen: Also liessen sie bey solcher Wollust es nicht bewenden: sondern fiengen auch an/ die Blätter der Kräntze zu übergülden oder versilbern/ und mit köstlichen Salben oder edlen

der gantzen Welt.

len Waſſern anzufeuchten: Banden alsdan die Kräntze umbs Haupt/od' auch wol
umb den Hals/mit Bändlein/ſo von zar-
tem Linden-Baſt/nemlich von dem Häut-
lein/das zwiſchen der Rinden und dē Holtz
ſelbiges Baums ſitzt/gemacht waren. Und
welches ſonderlich zu merckē/ ſo pflegten ſie
etliche Vöglein an ſolchen Kräntzen feſt zu
machen/ die mit ihrem ſtetigem Geſange/
und durch offtermahliges Kratzen ihrer
Klawen ihnē das ſchlaffen verwehrten: wie
Muretus/ bey dem Epigrammate Catulli,
cœnabis bene mî Fabulle apud me, auß
dem Feſto errinnert.

Das hat dan/ſprach Philantos/wohl
redlich geheiſſen/ in Floribus trincken!

Das Geſpräch von dieſen Zech-Kronen
verwelckte aber gar bald: Weil der auß-
geſandte Knecht widerkam/ und anzeig-
te/ der Tumult und das Geſchrey drauſ-
ſen auff der Landſtraſſen wäre entſtan-
den/ durch einen Bawren/ der nicht anders außgeſehen/als ob ihm das Angeſicht
über eine Hechel wäre gezogen: Und
hätte der gute Kerl ſich an einen Leuchter
mit fünff Pfeiffen dermaſſen geſtoſſen/daß

D v ſein

sein gantzes Antlitz mit seinem **alleredelsten Maß**/ wolte sagen/ mit seinem eigenem Blut/ fast überschwemmet worden:
In seiner Hand hätte er eine grosse Schaff-
Scheere getragen/ willens/ den Parcen
in jhr Ampt zu fallen/ das Leben entweder
nicht zu haben/ oder seinem Feinde/ der
jhn also in der Contribution gehabt/ zu
nehmen/ und jhm den Faden seines A-
thems damit abzuschneiden: Weswegen
diesem wütenden Dorff-Hercules ein
grosser Hauffen Volcks nachgeeilet wäre/
umb jhn/ wo möglich/ auffzuhalten/ und
Unglück zu verhüten.

Bald hernach kam auch des **Feliciano** Diener/ und erzehlte den gantzen Handel außführlich: Gestalt ich hie/ solche Begebenheit wiederholen will. Fortunam
Priami cantabo, & nobile bellum! Sar-
menti scurræ pugnam, Meßique Cicerri!
Musa mihi causas memora &c.

O Musa! wollest uns die Ursach doch
vermelden/ die solchen Krieg erweckt hat/
unter diesen Helden! Den sie ist gar wich-
tig/ und trifft gewaltig viel an.

Ein

der gantzen Welt.

Ein Gärtner hat in acht genommen/ daß ein Bawr ein paar Zwiebeln/ wie man unter den Salat schneidet/ vor etlichen Wochen gestolen. Diesen ehrbaren und auffrichtigen Gärtner/ und grossen Zwiebeln-Eyferer führte/ an diesem Tage sein Glück oder Unglück in ein Wirths-Hauß auff dem Dorff/ woselbst auch der Bawr eben zu gegen war/ mit seinem krancken Pferde/ welches jhm ein anderer wolte abkauffen. Ob nun zwar obberührter Zwiebeln-Diebstall den Gärtner selbsten nichts angienge/ entbrante er doch / bey Erblickung dieses Bawrens/ wider jhn mit einem hefftigen Eyfer/ trat hin zu dem Käuffer/ und sagte: Wie er doch nur immermehr mit einem solchen Diebe/ möchte was zu schaffen haben?

Als der Bawr sich so trefflich rühmen hört: macht er eine Echo / läst auß dem Walde wieder zu rück schallen/ was man hinein geschrien/ und heist den Gärtner wieder einen Dieb. Darüber entrüstet sich der Gärtner dermassen / daß er dem Bawren alsobald eine tapffere Maulschellen gibt. Aber dieser verstehet die Sach

O vj unrecht

unrecht/erwischt den Herrn Gärtner beym Kopff/ wirfft jhn unter die Banck/ und hebt an/ nicht anders als ob er ein Bund Korn-Garben auff die Tennen geworffen hätte/ frisch darauff zu dreschen: worüber der Gärtner eine ziemliche Schrammen in den rechten Backen/und für solcher groben Drescher-Speise bald einen Eckel bekompt. Wie der Wirth höret/ daß in seinem Hause ein newer Bawren-Krieg entstanden und solche Polter-Geister darin rumoren: eilet er hinzu/ interponirt sich/ und macht Friede: der doch gleichwohl nicht lang wärete. Dan kaum war der Gärtner vor die Thür hinaußgangen/ mit der Kannen/ umb auff solche harte Bawren-Knödel einen guten Trunck zu thun/ und hatte eben das Geschirr an den Mund gesetzt/ als der tapffere Flegel-Fechter unversehens herfürsprang/ und dem ehrlichen Gärtner hinterwerts mit einem auffgerafften starcken Spahn/ oder Holtz-Scheitlein/ einen harten Streich ins Gesicht versetzte/ und unten am rechten Backen jhm solcher gestalt traff/ daß derselbe nicht allein darvon aller

ge-

der gantzen Welt.

geschwollen aufflieffe/ sondern auch zween blutige Risse bekam.

Nach dem er ihm solcher gestalt den Trunck gesegnet/ gieng er damit/ als einer/ der seine Sachen nun gar wohl außgerichtet zum Hause hinauß: hatte aber den gesegneten alsobald zum Nachfolger/ welcher gantz hitzig war/ solchen Backen-Streich zu rächen/ und dem Bawren zuschrie: **Komm du Dieb/ ich will dir dein Diebs-Gesicht kreutzigen!**

Jener ließ sich bald antreffen/ hielt Stand als ein Ritter/ und tratt also dieses edle Paar mitten im Fuhrwege/ zusammen/ raufften und schlugen einander grewlich mit Fäusten: dabey dan ihrer beyder Angesichter sonderlich Noth litten/ heßlich zerkrellt/ zerkratzt/ zerraufft/ blutrüstig/ und sehr übel zugerichtet wurden. Doch wolte keiner vom andern ablassen: Sie wurden wie zween böse Hunde/ nur immer beissiger und grimmiger/ warffen und wältzten sich also/ eine gute Weil/ im Sande herumb.

Weil dan die Fäuste nicht mächtig genug schienen / den Kampff zu schlichten / es faste der Bawer einen Stein / schlug damit den Gärtner genau umb die Schläffe / und hätte jhn gewißlich gar erschlagen / wan er dieselbe recht getroffen hätte. Der Gärtner aber / welcher durch diesen Schlag / wie ein Ochs / dem der Metzger einen Fehlstreich gegeben / nur allererst wild worden / greifft zu seinem Krummen Messer oder Hipplein / fällt hiemit dem Bawren an die Gurgel / und gibt jhm drey Schnitte in den Hals. In dem der Bawer fühlet / wie jhm jener am Halse arbeitet / und den Proviandt-Paß abschneiden will / nimbt er seine Zähne zu Hülff / erdappt damit seines Gegners Daumen / und beißt jhm denselben fast Lahm: schnappte gleichfals nach der Nasen / vermeinte dieselbe jhm abzubeissen / welches auch gewißlich wäre geschehen / dafern dieselbe sich nicht behende ein wenig retirirt hätte. Jedoch gieng auch dieser Biß so gar leer nicht ab / sondern gantz gifftig in die obere Leffkten.

Gewißlich würden sie einander todt geschmissen / gebissen / gerissen / geschnitten /

und

und gewürget haben / wan nicht endlich des Bawren Tochter zu gesprungen / und den Gärtner bey den Haaren weggerissen hätte. Damit nahm der gefährliche Zwey-Kampff dieser beyden groben Klopf-Fechter ein Ende.

Laſt uns aber auch von der Außbeute/und wer das beſte darvon getragen/ etwas vernehmen. Der Gärtner gieng hinein/ mit zwey blauen Augen/dreyen Schrammen im Geſicht / zweyen Ritzen auff der Stirn/ einem Loch an dem Schlaff/ zweyen Biſſen/deren einer an dem Mund/ der andre in den Daumen gangen / einem geſchwollenen Backen/vielen Beulen auff dem Kopff/ imgleichen mit Verluſt vieler außgerauffter Haar / war auch ſonſt hefftig zerſchlagen/ zerkratzt und verblutet.

Der Bawer hatte drey Schnitte im Halſe/ ein gleichfals übel zerritztes/ und Blutbeſudeltes Angeſicht / deſſen rechtes Auge ſo geſchwollen/ daß es mehr einem Ochſen-dan Menſchen-Auge gleich / und ſehr abſchewlich ſahe: ſo war jhm auch der Kopff/ ſcharff gelauſet und übel zerzauſet. Deſſen ungeachtet/ wolte dieſer doch nicht
ruhen:

ruhē; sondern lieff heim/holte eine Schaff-
Scheer/uñ nahm selbige in die eine Hand:
in die andere aber/einen Stein/ und ließ
sich verlauten/ er wolte seinem Widersacher das Liecht außlöschen. Der Gärtner a-
ber gieng zu allem Glücke/ einen andern
Weg: sonst hätte es jhn das Leben dörffen
kosten. Unterdessen lief der raachgierige Bu-
der uñ blüllete wie ein Ochs: biß das Volck/
welches den Gärtner gewarnet hatte/ jhn
ereilte/und wieder zu rück führte.

Nach dem der Diener allen solchen Verlauff hatte erzehlt/ sagte Polydor: Wie
daß die Leute doch so heftig nur brennē mö-
gen/ von Raache/ umb ein Ding/ so
kaum einen Kräutzer antrifft! Die Zwibeln sind ja so viel nicht werth gewe-
sen/ daß der Gärtner darum jhm selbsten/
welchen es dazu/ wie ich höre nichts an-
gangen/solche Ungelegenheit/und zerrisse-
ne Haut verursachet hat.

Feliciano sprach: Wan mein Gärt-
ner/umb ein paar Zwibeln so viel Wesens
machte/ würde es mir nicht gefallen.

Darnach als die Zwiebeln sind/sprach
Le-

Leander. Wan ich eines so schönen Gartens Herz wäre/ wie mein Herz Feliciano/ es käme aber alsdan einer/ und raubte mir ein paar rare Blumen-Zwibeln/ oder die schöne Blume selbst: so wüste ich nicht ob der Prügel vor solchen Verdienst/ nicht würde sein Lohn werden.

Blumen (versetzte Feliciano) muß man nicht gleich mit dem Knüttel rächen; es möchte dan einer gar zu grob/ und eine rechte Garten-Dieberey darauß machen: Dan auff solchen Fall/ könte es nicht schaden/ daß man dem betretenen Rauber eine gute scharffe Lauge von ungebrannter Aschen über den Rücken schüttete. Aber/ für die jenige/ so auß Fürwitz mir eine edle Blume brechen/ oder auß Näscherey frembde Früchte abbrechen/ kan man schon gelindere Straffen ersinnen. Ich pflege mich an denen/ so mir eine seltene Blume abreissen/ davon ich gern Saamen hätte erhebt/ mit andern Blumen/ oder Krautern zu rächen. Wie ich dan einsmahls einem sehr unhöfflichen Blumen-Schawer/ der gantz unverschämt
ab-

abbrach / was jhm gefiel / neben dem auch so grob und unverständig war / daß er die Würckungen der Kräuter verachten / und für nichts halten durffte / die Blumen der Laureolæ (oder des Kellerhalses) gerne commendiret / jhn versicherend / er würde nach Versuchung einer oder zweyer / müssen bekennen / daß eine sonderbahre Krafft darinnen wäre. Der thumkühne Mensch gedacht gar nicht / daß im Garten auch Dörner seyn könten / sondern nahm ohn mein Geheiß / noch ein paar Blumen dazu / schluckte sie ein / und sprach: Ich spühre doch keine Krafft nicht. Ich aber: er solte nur ein wenig harren / biß jhm die Zeit Rosen brächte. Uber kurtze Weile hernach fieng er an grosse Hitze im Halse zu klagen: muste auch bald gar seinen Abschied nehmen und heim eilen. Woselbst dieses Purgier-Gewächs dermassen unter und über sich getrieben / daß er endlich / da ich nach jhm fragen lassen / seine Thorheit bekant / und geschworen / sein Lebtage keiner Blumen mehr zu trawen. Weil er nun fast sehr darüber erkrancket / habe ich ihm etwas geschickt / welches den auffrührischen

der gantzen Welt.

rischen Leib beruhigte / und den Magen wieder zu recht brächte.

Andern Personen/ so etwas zarter von Complexion / und doch nit zart in der Anmuthung/sondern nur gar zu kühn und undiscret mit dem Blumen-Werck umbgeh/ soll man ihr allzu lüstrende Nase/ durch einen unlustigen widrigen Geruch / züchtigen. Als zum Exempel: wan einer so incivil wäre daß er mir meinen Sinesischen Rosen-Stock / der zwar noch zur Zeit keine Blumen trägt/ seiner Zier entblöste: wolte ich ihm dagegen ein wüst-riechendes Kraut zu particiren/ und mich / mit solcher Revanche, begnügen.

Gleich damit winckete er dem Gärtner/ eines von solchen Kräutern zu holen: und tranck unterdessen dem Philantho eins zu. Wie nun der Gärtner bald etliche Pflantzen gebracht/ præsentirte er demselben eine davon / und fragte / wie ihm dieser Geruch gefiele?

Philanthos hatte sie kaum an die Nasen gebracht / da rieff er: Pfui! was macht dieser Teuffels-Dreck (S. V.) unter dem Biesem? Dieser übler Geruch / unter dem wohlwolriechenden Athem so mancher holdseliger Blumen und Kräuter? Wäre ich der Pythagorischē Sect anhängig; so würde ich wähnen/es wäre die Seele eines geilen Huren-Hengstes/in dieses Kraut gefahren/oder ein alter Ziegen-Mann darin verwandelt.Stinckt es doch natürlich/wie ein Bock.

Eben darumb/sprach Feliciano/hat es von solchem seinen schönē Spruch/ auch den Nahmen/daß man es Bocks-kraut heist.

Aber/versetzte Philanthos / warumb hegt des Hrn.Feliciano seine fürtreffliche Flora einen solchen Schewsal in jhrē Busem? Warumb leidet sie einen solchen Gestanck? Ich meynte sie wäre nur allein der Anmuth und Lust gewidmet : was macht sie dan/mit diesem Unlust.

Feliciano gab zur Antwort: Eben deswegen weil dieser Garten der Lust gewidmet ist; so räumt er auch dieser also wiederlichriechenden Pflantzen ein Ecklein ein. Dan gleich wie mancher visirlicher Mensch mit seiner Abenthewrlichen Gestalt/eben so wol die Augen der Anschawer aufmuntert/

als

als einer/ der außbündig schön gebildet ist: Also kan ein sehr heßlich riechende Pflantze unterweilen ja so bald wo nicht eher eine Lust erwecken / dan die wohlberuchte. Diß ist ein Vexier-Kraut: Wan in diesem meinen Garten die gebalsamirte und angestriechene Jungfrawen oder auch Junge nach lauter Livet schmeckende Stutzer und Damen-Putzer kommen / so pflege ich jhnen / zur Vergeltung/ daß sie mir die Lufft allhie so lieblich würtzen / mit diesem Bocks-Kraut hingegen die Hände oder Handschuch balsamiren: vorab wan sie mir die Blumen-Scherben gar zu kahl machen / und mit fürwitziger unhöfflicher Hand ohn Unterscheid abreissen / was jhnen nur gefällt. Die genäschige Mäuler aber kan man sonst auch auff allerhand andere Weise bezahlen. Unweit von dieser unserer Stadt Nürnberg/ wurdē die auf die Strasse hangende Früchte weggenomen. Solchem zu begegnen/uñ sich gegen die Thäter zu rächen / hat man auff einen Holunder-Baum Pflaumen oder Zwetsché-Reiser aufgepeltzet: welche

che Früchte dem/ der sie gegessen/ den Leib eröffnet und purgiret haben.

Wiewohl solches auch/ auff andere Art außzuwürcken steht/ und zwar viel krässtiger: So man nemblich Rhabarbar/ Koloquinten/ Scammonien/ und andere dergleichen purgierende Säffte/ in die gespaltene Wurtzeln thut/ auch täglich das Erdreich an der Wurtzel damit begeußt: Dan dadurch werden auch die erwachsende Früchte eine Purgierungs-Krafft gewinnen. Insonderheit steht solches wohl/ an dem Weinstock zu practiciren/ so man denselben in eine Erde/ so mit dergleichen Kräutern/ oder mit dem Antimonio, angefüllt/ pflantzet: Sintemal er alsdan solche Trauben bringt/ die trefflich wohl den Leib reinigen. Jedoch muß solches jährlich wiederholet werden: Dan sonst verleurt sich endlich die Medicinalische Krafft / und nimbt der Baum seine natürliche Eigenschafften wieder an sich.

Es wurden vor einigen Jahren/ in meinem andern Garten/ unterschiedene frembde Arten der Erbsen außgestossen / derer Namen man gern gemehret sehen wolte.

Weil

der gantzen Welt.

Weil aber die verleckerten Zähne solche nicht unangefochten liessen / und es dennoch niemand wolte gethan haben: Wurden solches Schlecken ihnen ein wenig zu pfeffern / und die Erbsen / fur dergleichen Verhörer zu behüten / an statt einer Salvaquarde, die schwartze Purgier-Erbsen mit darunter gemengt. Da dan der jenige / so sich der Beraubung nicht konte enthalten / bey dem Abbrechen der Schoten / gar leichtlich eine purgierende erdappte / und dadurch ohne Gepränge mit dem Doctor ohne Bemühung des Apotheckers / unverhofft eine gählinge Leibes-Reinigung bekam / welche den geschehenen Raub alsdan / durch eine so unhöffliche Begegnuß alsdan entdecken / und zugleich bussen müste. Nachdem hieran ihrer etliche das Maul verbrandt; sind mir meine Gewächse hernach stehen und von solchen Garten-Mäusen unangebissen blieben.

Wan (fieng Polydor an) die Raache bey dem Herrn Feliciano so fertig ist: haben wir uns fürzusehen / für seinem Untwillen / und dörffen keine Blume anrühren.

Frey-

Freylich (erwiederte jener in Schertz) meine Blumen sind gar raachgierig doch nur wider jhre Beleidiger/ welche gantz keine Discretion zu brauchen wissen: Aber nicht wider höffliche Finger / denen sie gantz willig in die Hand gehen. Und das halte ich für die edelste Raache: wan einer durch eben das jenige / daran er sich vergreifft/ gestrafft wird / und die Straffe/ mit eigener Hand/ zu sich zeucht.

Mein Herz/ sprach Bentian/ ich sehe nicht / was für ein sonderlicher Adel / in dieser Raache stecken könne. Wan ein Garten-Dieb in die Fuß-Angel / oder spitzige Fuß-Eissen / fällt; solte das eine edle Raache seyn? Wan einer/ in Teutscher Haut sich niderlegte/ und in Frantzösischer oder Neapolitanischer/ wieder auffstünde/ wäre nicht vielmehr eine abschewliche / als edle Raache? Man hat Exempel/ daß etliche Diebe jhnen die Pestilentz an den Hals gestolen / in dem sie in ein Hauß/ so mit dieser Seuche angesteckt/ eingebrochen: Welches zwar eine gerechte Raach/ aber darumb keine edle heissen mag.

Warum nicht? sprach Feliciano. Die
Ge-

rechtigkeit/ ist es eben/ woburch die Raache am meisten geadelt wird: also gar/ daß sie offt desto edler ist/je unedler/ abschewlicher und straffwürdiger die Person/ auff welche sie trifft. Was kan edler und zugleich gerechter seyn/ als die Göttliche Schickung? Von derselben aber/ rührt eine solche Raache her. Sie führt die Weisen in ihrer Weißheit/ und fügt es wunderbarlich/ daß der Gottlose/ in dem Werck seiner Hände verstrickt werde: Läst ihn angehn/ auf den Hamen/ biß er das Cöder sampt dem Angel verschluckt/ und sich selbsten/ wie die Mauß am dem Speck-Schwärtlein in der Falle fähet. Dieselbige Raache ist desto edler/ weil sie den raach-würdigen Verbrecher doppelt schuldiget/ und am leichtesten erkennen macht/ er sey seines eigen Unglücks Ursacher und Schmid: Damit er in sich schlage zur Rewe und zu besserm Fürsatz greiffe. Also gibt sie den unreinen Unreinigkeit/ Kot und Würmer/ das ist Frantzosen und Außsatz zu Lohn; den Söffern uñ Trunckenbolden/ Gigt/ Krampff/ Fieber/ Wasser und Gelbesucht; den Eigensinnigen/ Halsstarrige und Unvorsichtige/ allerhand
Scha-

Schaden und Unfall: als einen Lohn/den sie selbst durch jhre Arbeit jhnen erworben: Alles zu dem Ende daß sie künfftig solcher bösen Arbeit müssig gehen/ und kein Unrecht säen/ damit sie nicht Mühe erndten mögen.

Wie kan nun der Mensch/ so es je soll uñ muß gerochen seyn/ ein edlers Muster der Raache nehmen/ ohn von dem/ dessen die Raache eygentlich ist? Wie kan er eine artlichere Raache ersinnen/ als diese/ dabey der beleidigte sich nicht eyfern/ noch bemühen darff/ dem Beleidiger die Raache beyzubringen/ sondern nur bloß die Mittel der Raache bereite/ und hernach die Application dem jenigen heimstellet/ so dieselbe verdienet.

Gentian sagte. Wan das die edelste Raache ist/ dieselbe also anzustellen/ daß einer jhm selbsten solche würcklich zueigne/ und an dem jenigen seine Straffe finde/ woran sein Fürwitz sich vergriffen: So möchte mancher zu loben seyn/ daß er seinem Widersacher tödliche Stricke legt/ darin er sich selbsten fahen/ und verderben muß. Und wird die edelste Raache als-

der gantzen Welt.

alsdan am allermeisten bey dem Kriegs-Wesen anzutreffen seyn: Weil man in demselben / sonderlich heutiges Tags / vielerley List practiciret / den Feind zu körnen / und zu seinem Unglück zu reitzen. Ich erinnere mich gehört zu haben / daß in dem verwichenē Kriege der Cron Schweden mit Dennemarck ein Schwedischer Fewerwercker einen schönen Hut mit Federn auff die Erden gesetzt: Welchen bald hernach ein Dänischer Reuter auffgehoben / und für gute Beute mit sich nehmen wollen / hoffend / dieser Hut würde ihm das Ansehen eines braven Cavalliers oder vielleicht Zeugnus geben können / daß er einen solchen herunter gebüchset / und hernach den Hut des Erschossenen mit sich genommen hätte / welches ihm aber übel bekommen / sintemahl er den Hut kaum von der Stelle gerührt; als augenblicks ein darunter verdecktes Fewerwerck den Schlag gegeben / und den guten Kerl gantz zerschmettert hat.

Ja es könte alles das Unglück / als die Lufft-Sprünge / so vielmahls die arme Lands-Knechte thun müssen / wan sie einminirtes Bollwerck eingenommen / und andere dergleichen blutige Auffopfferung der Menschen / den Namen einer edelsten Raache führen.

Feliciano versetzte / Wan der Feind eine böse Sache hat / und mit Gewalt nehmen oder zu sich reissen will / was jhm kein billiches Recht zusprechen kan: so ist es freylich eine sehr edle Raache/daß man jhn dergestalt läst anlauffen. Wie es dan nicht mehr / als Lobens werth / daß die Besatzung in Candia eine solche edle Raache den Sturm-Llauffenden Türcken zum öfftern glücklich beygebracht / und viel hundert der Hunde in die Lufft gesprengt.

Ich schewe mich nicht / alles Unglück / allen Schaden und Ruin / so dem Urheber und Stiffter auff seinen eigenen Kopff fället / eine edle / ja recht Göttliche Raache zu nennen. Aber so weit wollen wir nicht gehen. Ich gestehe auch / daß nicht alle solche Kriegs-Stücklein die einem Unfürsichtigen seinen Hals zerstücken / für eine edle Raache passiren können. Sintemal sie nit alle / auß gerechter Ursach / herfliessen.

fliessen. Zu dem lassen sich dieselbe auch
deswegen mit dem Adel dieser Raache /
davon ich rede nicht allerdings vergleichen: Weil sie gemeiniglich den Widersacher reitzen / seinem Verderben nach-
zugehen / und darinnen umbzukommen:
da hingegen die Raache so ich bißhero für
die edelste gepriesen habe / den Menschen
nicht ankörnet / etwas böses fürzuneh-
men / sondern ihn nur alsdan / wan er
ihr ungeladen zu nahe tritt / überfällt /
und abstrafft.

Gott hat den Gottlosen Pharao nicht
geheissen / die Kinder Israel durch das rothe Meer / zu verfolgen; vielmehr sein eigener Boßhaffter tyrannischer Siñ: wiewol die Raache unter dem Schein der Sicherheit / mitten im Schoß der Gefahr /
und im Busem des Untergangs / seiner ge-
wartet / biß er freywillig ihr in den Rachen
gemarschirt / und von ihr plötzlich ver-
schlungen worden.

Vor allen Dingen aber / muß ein ge-
wisses Ebenmaß oder Proportion beob-
achtet werden / zwischen der Raache und dē
Verbrechen. Dan so ich in meinem Gar-

E iij ten/

ten ein solches Fewerwerck legte/ von welcher Herr Bentian erwehnte / oder durch List solche Gewächse zurichtete / daran die unzeitige Mäscher und Garten-bestehler/ ihnen den Tod an den Hals fressen könten: wäre solches eine Blutschuld / und keine billiche / will geschweigen edelste Raache. Wie ich dan meine Art der Raache sonderlich deswegen edel rühme / daß sie nur eine kurtze Unlust/ und keinen sonderlichen Schaden stifftet. Sie wünschet die fürwitzige Beleidiger nit umbzubringen / sondern nur ein wenig zu züchtigen: und laufft gemeiniglich auff ein kurtzweiliges Gelächter hinauß. In Summa / es ist nur eine Schertz- und Vexation Raache. Solte sich aber die Beleidigung zu hoch erstrecken; so müste auch die Raache erhöhet und geschärffet werden.

Ich gebe zu / sprach **Polydor**/ daß eine solche kurtzweilige Raache/ ihrer Erfinnung halben edel heissen könne. Aber daß sie darumb/ weil der Beleidiger sich selbst dadurch abstrafft/ die edelste seyn soll; dem kan ich nicht beystimmen. Ohn zwar ist es nicht/ daß mancher/ der an statt der
Sün-

Sünden/die er zu vollbringen suchet/ eine Straffe findet/ oder daß auß derselben Sünde/ so er begangen/ die Raache erzeuget werde/ und solches jemahlen dem Verbrecher zur Besserung/andern Leuten aber zum Spaß und Kurtzweil gereicht. Wie man dan solcher Exempel mehr/ als Lust und Weille hat/dieselbe anjetzo zu erzehlen. Ich will nur etlicher weniger gedencken.

Da ich mit etlichen fürnehmen Personen/ auff der Peregrination begriffen war/ wurden wir eines Tages von einem andern jungen Cavallier/ zu Gast geladen/ und mit Gesundheit-Trincken ziemlich warm gehalten/so lang biß der Spanische Wein/ wie auch der gezuckerte Rhein-Brandwein uns allesämptlich/ den Wirth sampt den Gästen übermeistert und der eine hie/ der ander dorthin sich auff die Banck gelagert hatte. Indem wir nun also/ wie Leuthe/ so der Vernunfft abgestorben/ im Wein (leider!) ersoffen/un im Schlaff begraben/ da ligen: Heben unsere Diener das Liedlein anzustimmen/welches jene Holofernische

sche Soldaten in der Opitianischen Judith gesungen.

 Komm / Bachus / komm! du must uns auch erquicken.
 Komm / Bachus / komm / es will sich übel schicken /
 Daß Hertzen voll / und Diener nüchtern sind.
 Babacta komm / du nasses Hüffte-Kind.

Dieser ihr angeruffener Patron erhörte sie auch bald. Es waren noch etliche Flaschen voll Wein und Brandwein überblieben: dazu lassen sie den Hauß-Knecht (dan es war in einem Wirthshause) noch etliche frische reichen / für ihr Geld / begeben sich damit in ein andres Gemach / und bringens einander so trewlich auff ihrer Herrn Gesundheit / daß sie endlich ihren Hertzen gleich werden. Unter ihnen fand sich einer / der sonst frommer / und blöder Natur / aber bey dieser Rencontre, vom Wein gantz überschwemmet / und so kühn gemacht war / daß er auff Buhlerische Gedancken kommen (wie dan Venus und Bachus nicht selten in einem

Quar=

der gantzen Welt.

Quartier logiren) sich heimlich von seinen Zech-Brüdern außgeschlichen / und in eine Kammer gekrochen / da seines Wissens / das Gesinde schlieff: allwo er gehofft / es solte ihm eine von den Mägden ihre Bett-Decke ein wenig leihen / und dazu weiß nicht was für ein Unter-Bett hergeben.

Aber was geschicht? Der gute Tropff verirret sich / kommet für das Bette eines alten garstigen Weibs / und zwar zu ihren Füssen / hebt die Decke auff / und gibt ihr zum Gruß einen Kuß; wiewohl (vielleicht auß verblendeter Trunckenheit) auff den unrechten Mund / darauff man pflegt zu sitzen: Gestaltsam sie des andern Tages selbst erzehlete. Hiernechst will er sich weiter beliebt machen / und fängt an den verborgenen Geheimnüssen nachzugrübeln.

Die alte Mutter erschrickt; weiß nicht ob ein Mensch oder Gespenst / solche Phantasey mit ihr vorhabe / hebt derowegen an Hülffe zu schreyen. Worauff zur Stunde die beyde Mägde aufwischen / ihre

E v   Rock

Rock überwerffen / und den Knechten ruf-
fen / so in der nechsten Kammer ihre Ruhe hatten / auch alsobald dem vermeintem
Diebe die Thür verrennen / damit er nicht
möge entwischen. In dessen torckelt /
taumelt / und poltert unser guter und (ohn
Ruhm zu melden) züchtiger Hirkan im
Finstern herumb/tappet und tastet hin und
wider an den Wänden/ und suchet die ver-
lohrne Thür so lange vergeblich / biß ihn
zween hinein stürmmende Knechte beym
Schopf erwischen/ jämerlich zausen/pläut
und nicht anders tractiren / als wie dort/
beym Reincken Fuchs / Monsieur Ruste-
viel / mit seinen Bawr-Knechten / den
Bruhn (oder Bären) accommodirt(n/
da derselbe Honig lecken wolte / und im
Baum war stecken blieben.

Ich glaube/ sie hätten ihn gar erwürgt/
oder zum wenigsten zum Krüppel geschlagen / dafern nicht die dusserste Noth/ und
Furcht unter ihren groben Fäusten und
Prügeln zu sterben / ihn hätte reden ge-
macht/ und anzeigen/ wer er wäre. Worauff sie ihm dannoch ein paar hin-
auff lauffen liessen; Vermuthlich auß Ey-
fersüchti-

fersüchtiger Einbildung / er wäre kommen/ ihnen bey ihren liebsten Mägden / die Schuhe außzutretten. Endlich/nach dem er wol gediſciplinirt und deponirt worden/ stieſſen ſie ihn über Hals und Kopff zur Kammer hinauß.

Des andn Tages erregte ſein/wie ein Hüner-Ey/dick auffgeſchwollenes Auge/ und überall blutrüſtiges Geſicht/ an ſtatt Mittleidens männiglichen ein Gelächter. Und iſt gewiß/wan alle dergleichen Buhler/von ihrer Buhlſchafft/ alſo abgefertiget würden/ daß ihrer wenig einen Schritt darnach gehen dörfften.

Faſt nicht viel beſſer gieng es einem jungē Edelman/ der zu meiner Zeit auff einer hohen Schul ſtudirte; aber fleiſſiger nach den ſaubern Mägdlein/ als nach den Büchern/ ſich umbſahe. Er hatte unter andern auf eines ehrbaren Manns nicht gar zu ehrbare Tochter ſeine Augē geworffen/ und die Einbildung gefaſt/ erſter Tagen auch wol ſeinē unkeuſchen Leib auff ſie zu werffen. Dazu favoriſirte ihm die leichtſinnige Schweſter ſo weit/ daß ſie ihn/ bey ſpäter Abends-Zeit heimlich ins Hauß lies/ vermuthend/
E vj   Vatter/

Vatter/Mutter und alles was im Hause/ das wäre schon fest eingeschlaffen. Jedoch trug sie Bedenckē/diesem verliebten Schaf-Dieb die rechte Stallthür zu öffnen/besorgend/ es dörffte das gar zu grosse Geräusch im Hause einen Lermen erregen: Zumahl weil die stille Nacht gar leise Ohren hat: Sperzete ihm derhalben einen kleinen Fensterladen auff/ da er sich mit gantzer Gewalt mußte hindurch schmiegen.

Gleichwohl schien ihm der Venus-Stern hiebey nicht glücklich: Er konte so heimlich nicht hinein kommen/ daß die Mutter es nicht hätte gemerckt. Dan diese/ welche wohl wuste/ daß ihr Jungfräulein Tochter eine solche Wein-Traube/ die schon ziemlich reiff/ und alle Tage den Liebhabern gleichsam winckte/ sie abzureissen: hatte die Tochter hören aufstehen/ und war ihr nachgeschlichen/umb auff ihr Vorhaben achtung zu geben. Als sie nun beym Mond-Liechte/ wiewohl von fernen/ zugesehen/ daß der Lecker durchs Fensterlein hereingekrochen: laufft sie eylends hinzu/ und gibt erst der Tochter eine tapffere Maulschelle;

er-

erwischt darauff den unglückseeligen Galan / welcher sich / nach vermercktem Unrath / kurtz drehete / und durchs selbige Loch / wodurch er herein gedrungen / wieder hinauß wolte / auch allbereit mit dem vordern Theil des Leibs hinauß war / bey einem Fuß / hält jhn also auff / daß er weder vor noch hinter sich kan / und schmiert jhm mit einem Mangel-Holtz / welches sie hatte mitgebracht / die Lenden und Schenckel / eine gute Weil / tapffer ab. Hätte auch gern jhrem Herrn und Gesinde geruffen / da sie nicht so wohl jhrer Tochter Ehre / als des Buhlers / der jhr gar nicht unbekant war / Geschlecht / in Betrachtung gezogen.

Endlich / nach dem sie jhres Bedünckens / den Stock-Fisch mürb genug geklopfft / erließ sie jhn des verdrießlichen Arrests / und hinauß auff die Erde fallen: richtete sich darauff über die Tochter / und maß jhr gleichfals mit derselbigen dicken Elen / die Schultern.

So kahl kam der gute Kerl davon! Jedoch schmertzten jhn nicht so sehr / die erlittene Streiche; als der Schimpff / dz solches zuletzt

Die alleredelste Raach
zu letzt außkam/ und man nicht allein deswegen jhn überall mündlich agirte: sondern auch Lieder und Vexier-Reimen/ womit das Pürschlein auff Academien fertig/ darauff gemacht wurden/ und er sich fast alle Wochen balgen muste/ ja endlich gar die Academi quittiren/ und nach einer andern weit-abgelegenen ziehen.

Wer nun fragen wolte/ dieses wäre nicht eine artliche und listige Raache gewest/ der müste wohl unartig und ein unlustiger Mensch seyn. Ich/ meines Theils/ wil es gar gern für eine edle Raache halten: Nicht darumb/ daß sie einem Edlen wiederfähren: sondern vielmehr deswegen/ daß er sie selber geholt/ darnach gerungen und gedrungen/ auch hoffentlich dardurch gewitziget worden/ das Nachtgehen einzustellen/ und nicht mehr im finstern zu wandeln: ja das galanisiren gäntzlich zu unterlassen/ und eine löblichere Buhlschafft mit rühmlichen Künsten/ und Adelichen Ubungen/ zu pflegen. Aber darumb kan ich dannoch gleichwol sie nicht die edelste heissen: sintemahl solche Raache/ die der Verwürcker ihm/ durch sein Verbrechen/

brechen/und zwar gleich auff frischer That/
zu zeucht/ nit eben allezeit so lustig abläufft;
sondern jemahlen grossen Jammer und
Mitleiden erregt/ und den jenigen/ welchen
sie trifft/ zeitlich und ewig verdirbt.

Solchem nach bedünckt mich/ die selbst
außgewürckte Raache sey so edel nicht/daß
ihr der Nahm der Edelsten gebühre: sintemahl sie offt erbärmlich genug fällt.

Wolan! sagte Feliciano: Weil der
Herz mir diese Raache nicht will für die
alleredelste lassen passiren/ so wünsche ich/
von ihm zu vernehmen/ welche Raache
dan doch wohl seiner Meinung nach mit
Recht diesen Titul führe?

Polydor antwortete. Mein geehrter
Herz Feliciano erwartet vielleicht von
mir/ anjetzt eine sonderbare Art der Raache/
aber vergeblich: Dan weil ich die alleredelste ihm soll nahmkündig machen/ so weiß
ich keiner andern meine wenige Beystim-
mung zu geben/ ohn der jenigen/ die insgemein von allen Verständigen und Zwei-
fels-ferzn auch von meinem Herzn selbsten/
wan derselbe sonder Schertz davon reden
will/ für die alleredelste wird gehalten :
Memb-

Nemblich der Gerichtliche Raache/die von einer ordentlichen Obrigkeit außgeführt wird.

Unvonnöthen ists/ zu beweisen/ daß der Sonnen-Liecht das allerhellste sey: sonst würde ich den Ursprung des Adels dieser alleredelsten Raache von Göttlichem Befehl und Ordnung herleiten/und sagen/der Allmächtige habe Gericht und Gerechtigkeit zu hegen eigentlich darumb so hart befohlē/ auch die Obrigkeit deswegen eingesetzt/daß sie die Boßheit straffen/ und die Unschuld schützen: das Gute belohnen/ und das Übel rächen solle. Viel weniger wird die gute gesunde Gestalt dieser Meinung einiger Redner Schmincke bedürffen: Die man auch bey mir nicht suchen muß. Diß ist ein Gemähl dessen Taffel die gantze Welt: will sagen aller Völcker Weise/ Gewohnheit und gut Befindē Allen Völckern/auch den allerwildesten/hat Gott und die Natur dieses eingepflantzt/dz die Raache der Obrigkeit die allerehrwürdigste/ beste und edelste sey. Dan ob gleich manche Barbiern/ und zwar welches zu beklagen / auch allerdings viel Christen sich selbst thätlich (de Facto)

gerne

gerne rächen: Erkennen sie doch den höchsten Adel des Gerichts / in dem daß sie sich demselben/wan es von jhnen deswegē Rechenschafft fordert / gehorsamlich unterwerffen/ und durch jhre Demuth die Fürtrefflichkeit der Obrigkeitlichen Raache bekräfften. Ja der Adel dieser Raache ist so mächtig und gewaltig / dz er auch die wildē Canibalen und Menschen-Schlinger zu seinem Gehorsam bezwinget: sintemal diese den Straffen jhrer Oberhäupter sich nit widersetzen dörffen.

Ob nun gleich der Handel so klar und richtig/wil ich doch noch etwas weiter davon reden: ob vielleicht die andere Herrn dadurch angeleitet würden/jhre Quota nachmals / in dieser Materi / auch beyzutragen.

Wan die Gerichtliche Raache nit die alleredelste wäre / würde sie nicht durch die weiseste und klügeste Menschen/ ja mancher Ortē auch durch die alleredelste fürgenommen. Vor alters war sie ein Geschäfft der Könige und Potentaten selbst/so wol glaubiger / als Unglaubiger. Sie sassen persönsönlich zu Gerichte: damit die Ungerechtigkeit sich schewen möchte, in ihrer Gegenwart das Recht zu beugen / und eine unbillige Raache zu üben. Salomon schämte sich nicht, bey seiner grossen Pracht und Majestät / die Huren-Händel persönlich zu schlichten. Sein Nahmens- aber nicht Religions-Genoß / der Türckische Käyser Soliman (oder Salomon) saß in einem Gemach / da alles / was die Richter und Räthe / so wohl in Rechts- als Reichs-Sachen verabscheideten / durch seine Ohren passirte: ließ auch selbst offt die Partheyen / Türcken / Juden und Christen / vor sich kommen / und sprach ihnen das Recht. Der grosse Indianische Mogol præsentirt sich täglich dem Volck / auff dem Tribunal / umb eines jedweden Klage anzuhören. Also haben gleichfals viel Käyser und Könige in Europa der Gerichts-Hegung persönlich beygewohnt.

Nunmehr ist leyder! dieses / gleich wie viel andere Tugenden bey den Fürsten und Herrn / ziemlich gefallen. Man läst den Cantzler / und die Secretarien / den Richter und Schöpffen nebenst den Sachwaltern /
mit

mit der Gerechtigkeit/ mancher Orten / allein schalten und walten / besucht davor desto fleissiger die Jagten/ die hochkostbare Schawbühnen/ und dergleichen thewre Ergetzlichkeitē. Wiewol es auch allemal sich nit schicken wil/dz der Printz allen Privat-Sachē seine Gegenwart verleihe/auch nicht von ihm erfordert wird/ wan er nur redliche und gewissenhaffte Leute zu Richtern setzet/ und derselben Eyfer/ unterweilen mit einem Einblick oder Nachfrage/ anzündet. Dan hierumb ist dem Adel der Gerichtlichen Raache noch nichts benommen: vielmehr gereicht es derselben zu noch grösserm Glantz/daß hingegen solche unmüssige Potentaten ihre eigene Sachen und die Verletzungen ihrer Majestät/ den Parlamenten und Gerichten untergeben: damit die Raache einen desto klahrern Schein des Rechtens gewinne.

Wan gleich nimmermehr ein König selbst den Richterstuhl bekleidete: ist dannoch die Gerichtliche Raache darumb die alleredelste/weil das Gericht/wie der fromme König Josaphat erinnerte/ dem Herrn gehalten wird/ und Gott selber mit im Gerichte.

richte ist. Lieber! wo mag doch eine edlere Raache gesucht oder gefunden werden/ als an dem Ort / wo der König aller Könige/ mit dabey ist.

Sie ist hiernechst auch darumb die alleredelste: weil sie die weiseste und vernünftigste. Dan zu Richtern / und Gerichts-Beysitzern/ nimbt man nit leichtlich Schuster/ Schneider/ Börstenbinder/ und dergleichē Leute/ die keinen Verstand der Rechten haben / es möchte dan seyn / in Sachen von geringer Importantz. Ein Richter soll weder zu scharff/ noch zu gelinde seyn. Die wahre Gerechtigkeit nimbt / zwischen der Strengheit und Gelindigkeit / die Mittel-Stelle ein: Sie sucht weder in der Schärffe noch in der Güte und Gnade einigen Ruhm: Sondern urtheilet nach reifflicher Erwegung und wohlbedachtem Rath/ was das Recht und die Billichkeit der Sachen mit sich bringe: massen l. 11. ff. de Pœnis errinnert. Solches Mittel weiß ein gemeiner Pöfel-Verstand nicht wohl zu treffen. Es erfordert Leuthe/ die entweder mit außbündig guten Naturalien/ Klugheit/ Scharff-
sinnigkeit/

sinnigkeit/Erfahrung/Standhafftigkeit/
und andern/ zum Richterlichem Ampt be-
hörigen Qualitäten gezieret/oder welches
noch rühmlicher und dienlicher ist/die auß
den Gesetzen/und Rechtsbüchern/fürnem-
lich auß den Käyserlichen Rechten/die rechte Klugheit der Rechten gesogen/und nach
denselben die Gerichtliche Raache also zu
temperiren wissen/daß keinem Theil zu nahe geschehe. Gestaltsam deswegen nit allein
im Römischen/sondern auch andern Rei-
chen/fürnemblich in Franckreich/Spaniē
und Italien/ die Käyserlichen Rechte von
den Rechtsgelehrten fleissig gelesen werden/
auch (welches uns Teutschen fast verweiß-
lich) das Corpus Juris in Französischer und
Spanischer Sprache vorhanden seyn sol:
wiewol mir dergleichen nie zu Augen kom-
men/noch wissend ist/wer der Dolmetscher
gewesen: ohn allein/ dz ich einsmals beym
Duardo Nonio Leone, einem Portugisi-
schen Rechtsgelehrten/ in seinem Buch de
vera Regū Portugalliæ Genealogia, gelesen:
Es habe Johannes von Aregis, ein berühmter Soldat uñ Jurist guter Schwert-
und Feder-Fechter/ Kriegs- und Rechts-
Erfahrner / welcher den Bartolum selbsten

sten gehört / auff Befehl des Königs in Portugall / Johannis des Ersten / den Codicem Justiniani in Portugallische Sprache umbsetzen / und etliche Anmerckungen Accursii und Bartoli hinzuthun müssen/und solcher übersetzter Codex sey so hoch authorisirt worden/daß er so krässtig gehalten / auch so genaw observirt als ob der König in Portugall ihn selbst hätte lassen zu einer Reichs und Gerichts-Satzung stellen.

Jedoch bekenne ich gar gern / daß die Gefässer / so auß diesem Brunnen der Justinianæischen Rechte schöpffen wollē/von Betrug und Partheylichkeit unangesteckt/ über das mit einem guten Gehirn begabet seyn müssen: da sie anders die Leges den Casibus, die Gesetze den Fällen recht appliciren wollen.

Hierauß fleußt unter andern/ auch der Beweiß / daß die Gerichtliche Raache die allergerechteste / und folgends / der Gerechtigkeit wegen / die alleredelste sey. Wo mag der Justitz eine bessere Satisfaction geschehen/ als wo die Raache mit gutem Rath/Bedacht/Vernunsst und Billichkeit ange-

angestellet wird? Bey der Selbst-Raache regirt die passion/der Eyfer/Zorn/Haß/ Neid/Verdruß: daher dieselbe selten/ohne Ungerechtigkeit werckstellig gemacht wird: Das Gesetz weiß von keinen Affectē/ spricht keinem zu Liebe noch zu Leyde: Und so verfährt auch das redende/lebendige Gesetz/ nemblich die gerichtliche Obrigkeit/ wan das Gericht anders mit gewissenhafften Leuthen bestellet ist/ oder nur von einer höhern Obrigkeit/ die umbs Recht eyfert/dependirt: die gibt viel genawere achtung/ob die Wag-Schalen der Justitz gleich stehen oder nicht/ wie groß oder gering der Außschlag sey. Dan das Recht muß jhr für eine Regul und gleiches Lineal dienē/ wornach der Urtheil-Spruch gezogen wird. Und dieses ist so offenbar/daß auch die jenige/ so über die Gesetze sind/ nemblich die Majestäten/dannoch jhren wider jhre Beleidiger gefaßten Zorn und Unwillen/dem Gericht/ zur Raache/ überlassen müssen: dafern sie den Verdacht der Tyranney wollen vermeyden. Dan ob gleich das Schwert in jhrer Hand/lassen sie es doch billig durch Urtheil und Recht zum Streich
dirigi-

dirigiren; damit es einē desto bessern Glantz
der Gerechtigkeit von sich gebe.

Bentian sprach: Mein Herr Polydor erlaube mir eine kleine Zwischen-Re-
de.

Mein Herr/ sagte Jener/ rede nach seinem Belieben.

Hierauff fieng dieser an: Der Herr erwehnte zuvor: Die Gerichtliche Raache
sey darumb desto edler/ weil man lauter
verständige und fürnehme Personen/ und
keine Schuster oder Bürsten-Binder und
Pfannen-Flicker/ zu Gerichts-Beampten
oder Beysitzern/ bestellete. Dieses findet
sich aber nicht aller Orten/ und daher würde folgen/ daß die Gerichtliche Raache
auch nit allenthalben die alleredelste sey. In
dem Hertzogthumb Holstein/ habe ich un-
terschiedlicher Orten gesehen/ daß wan einer von den Land-Leuten das Leben ver-
würcket hat/ die gantze Bawrschafft selbiges Ampts zusammen kommen/ und das
Urtheil über jhn fällen und stellen muß. Gestaltsam ich dan selber solches einmahl mit
angehört habe/ als es einem den Kopff gal-
te/ da sich das Urtheil/ mit diesen Nieder-
Teut-

der gantzen Welt.

Teutschen und Bäwrischen Worten: So sprecken wie leven framen Holsten ꝛc.

Ob nun gleich mein Hertz diesem Vorwurff wieder entgegen werffen möchte / daß dannoch solche Bawren Sententz / an ein Ober-Gericht / und zwar mehrentheils an das Fürstliche Hof-Gericht / zur Iustification überschickt / und allda reformirt / oder bekräfftiget werde: Vermeyne ich doch / es könne Beklagtem jemahln leicht darüber eine Verkürtzung an seinen Rechten wiederfahren. Wie mir dan desfalls ein Exempel noch in frischer Gedächtnuß schwebt: so geschehen in einem Stättlein / dessen Nahmen ich gewisser Ursachen halben nicht mag nennen. Allda begab sichs / vor einigen Jahren / daß einem sein Pferd plötzlich verreckte. Worauff er hingehet zu dem Hundschlager und Scharffrichter (welcher selbiges Orts diese beyde reputirliche Chargen zugleich bediente / und denselben umb Rath fragt / wie er doch möchte erfahren / was vor eine alte Vettel ihm den Gaul hätte todt gezaubert. Dieser lehrt ihn / er solle einen Hafen mit Fleisch zum

F   Fewer

Fewer setzen / das Fleisch mit Nadeln bestechen / und alsdan nur achtung geben / wie die Zauberin werde kommen / und bitten / den Topff von der Glut wegzunehmen.

Jener folgt solchem Gottlosen Rath: Und was geschicht? Da er zu Mitternacht einen solchen Hexen-Koch gibet / sihe! da kompt eine alte Wittfraw / von den Fürnembsten der Statt / von welcher man nichts weniger hätte vermuthet / als daß sie daher solte angekrochen kommen / die männiglich für eine ehrbare / fromme / Gottesfürchtige Matron bißhero angesehn / weil sie jederzeit vielmehr die erste als die letzte zum Gotteshause gewesen. Dieselbe / oder vielleicht der Satan in ihrer Gestalt / bittet den Hafen abzunehmen: und verspricht / sie wolle das Pferd bezahlen.

Als aber / nach dem das Tag-Liecht angebrochen / der Kerl zu ihr ins Hauß gehet / in Meynung das versprochene Geld zu empfangen: will die Fraw von nichts wissen: Berufft sich auff ihr Haußgesinde / welches ihr zeugen könne / daß sie / die Nacht über keinen Tritt über ihre Schwelle gethan:

than: dräwet darneben/ er solle sehen/ womit er umbgehe / und jhr dergleichen nicht zweymahl auffbürden / oder der gerichtlichen Straffe erwarten. Er protestirt, dafern sie jhn nicht contentire, müsse er es anders suchen / so jhm doch gleichwohl mit jhrem Blut nicht gedient sey: Wolle entschuldiget seyn/ wan darauß Weitläufftigkeit erwachse. Sie fertiget jhn mit GegenBedräwung ab/ also, daß er endlich mit Schelt-Worten / an stat der Bezahlung/ beladen davon / und gerades Weges dem Stadt-Gericht zugehet/ daselbst den gantzen Verlauff anbringt/ und das Weib verklagt.

Was thun hierauff die Schöffen dieses Städtleins? ohne Befragung einiges Recht-Verständige fahren sie die sich besser son stauff Acker und Pflug/ weder auff einen Proceß/ will geschweigen auff einē so schweren Hals-Gerichts-Handel/ verstunden / alsobald zu/ lassen die Fraw stracks in gefängliche Hafft ziehen/ und weil sie nichts gestehen will/ auffs Wasser werffen: gänlicher Einbildung/ die Unschuld werde zu Grunde sincken / die Schuld aber oben schwimmen. F ij Unter-

Unterdessen wird solches auff ihr Begehren / von etlichen Freunden / ihrem Tochtermann / so in einer andern Statt wohnete / und ein Mann von ziemlichen Mitteln war / überdas noch ein mehrers von der Alten zu erben hoffte /, zugeschrieben. Worauff dieser sich nebenst einem gar gelehrten Juristen / auff die Reise begibt / und bey dem Rath des Stättleins anhält / man wolle die Sache recht ordentlich fürnehmen / (dan die Wasser-Probe / dabey Beklagte einmahl / wo ich mich anders recht erinnere / gesuncken / zum andern mahl aber auff dem Wasser ligen blieben war / verwarff der Sachwalter gäntzlich / als eine vom Käyser Lothario längst gescholtene und verbotene / dazu offtmahls falsch befundene Probe) des Erbietens / würde sie / nach rechtmässiger gerichtlicher Abhandlung der Sachen / schuldig erfunden werden; so wolte er selber den Holtzstoß spendiren.

Aber die fast eigensinnige Leuthe wolten ihnen nicht lassen einreden; sondern schritten alsobald zur Folter: liessen hingegen den / welcher den Hafen zum Fewer ge-

gesetzt / nebenst seinem Rathgeber / dem Scharffrichter ohn einigen Verweiß will geschweigen Straffe / paßiren. Der Angstmann ängstigte sie dermassen / daß sie nach zweyen Zeugen / endlich sich eine Trude bekennet; doch alsobald / nach Ablassung der Marter / widerrufft. Wie man sie darauff / durch einen Geistlichen des Orts ermahnen lassen / sich durch eine freywillige Bekantnuß / von dem Satan Loß zu würcken; damit nicht etwan bey der dritten Folterung ihr / als einer vorhin Altershalben / fast abkräfftigen Frawen / die Seele ungebeichtet und unberewet herauß führe / soll sie / (wie mich der Sachwalter und ihr Eydam berichteten) anfangs gegen besagtem Geistlichen / hart verneinet haben eine Unholdin zu seyn / und geklagt / daß die grosse Marter sie gezwungen hätte / eine falsche Bekantnus zu thun. Worauff ihr der Geistliche welcher nachmahls deswegen auch mit ins Spiel gerahten / soll gedräwet haben / wofern sie nicht bald bekennete; würde ihr Meister Hans bald

bald eine andere Stimme ablocken/wan er
zum drittenmahl über sie käme: Also habe
sie endlich gestanden/ das Pferd umbge-
bracht zuhaben: nachmahls aber ihrem
Eydam/ der sie besucht/ und gleichfals darumb gefragt/das Wiederspiel angezeiget:
Und wie dieser gebetten/ sie solte ihn doch
nicht in vergebliche Unkosten/ihre Seel a-
ber in ewige Verdamnuß mit der Unwarheit bringen/ sondern die reine Warheit
bekennen/ ihm geantwortet: Sie wolte
lieber sich lassen brennen/ und sterben/ als
noch einmahl sich einer so grausamen Pein
unterwerffen// welche ihr stündlich bevor
stünde/ dafern sie auff ihrer Unschuld beharrete.

Solchem nach/ ist ihr Tochterman zu
dem Pfleger des Orts/ welcher ein fürnehmer Edelman gewesen/sampt dem Rechtsgelehrten hingereiset/hat demselben die Un-
ordnung des Processes remonstriret/ und
umb ein Inhibitorial supplicirt/ biß man
die Sache recht untersuchte/und nach Anleitung der peinlichen Hals-Gerichts-Ord-
nungen/wie auch den beschriebenen Rechts-

Beleh-

Belehrungen bewehrter Juristen / abhandelte.

Der Pfleger verspricht die Inhibition, läst auch deßfalls ein Mandat an das Statt-Gericht ergehen / welches der Eydam selber insinuirt und hiernechst wieder heim zeucht / in Hoffnung / der Proceß solle von nun an anders eingefädelt werden. Aber er hat kaum die Stadt verlassen; da würcken sie / die es vielleicht für einen Schimpff / oder Verkleinerung ihrer Gerechtigkeit gehalten / wan die Sache von ihnen ab / und an ein höher Gericht gewälzet würde / bey erwehntem Pfleger so viel auß / daß er ihnen das Recht wieder loß gibt: jedoch mit dem Vorbehalt / daß sie nich solten zur Execution schreiten / bevor er weiter von der Sachen wäre informirt.

Hierauff lassen sie der Gefangnerin / weil dieselbe lieber ein Urtheil / weder die dritte Folterung außstehen wollen / das Leben absagen / auch alsobald das Nachtmahl reichen / und gleich des andern Tages / den Urtheil-Spruch / durch den Hencker / auff dem Scheider-Hauffen vollziehen

ziehen. Man hat sagen wollen / daß sie auch noch unter der Außführung / abermahl protestirt hätte / wegen ihrer Unschuld. Aber ob dem also sey / kan ich nicht versichern. So hat man auch fürgeben wollen / daß sie keine andere Ubelthaten / welche gemeiniglich von den Truden verübet werden / als Leute Tod zaubern/ und dergleichen hätte gestehen wollen.

Wie der Eydam vernimbt/ daß man so schleunig mit ihr zu Fewer geeilet habe; verklagt er beydes die Statt und den Pfleger bey der Königlichen Regierung selbiges Landes: Und beschleußt / alles das seinige daran zu setzen / in Meinung den Rath umb den Gerichts-Zwang und seine Schwieger wieder in ein ehrliches Gerücht der Unschuld zubringen/ ohn angesehn sie allbereit in der Aschen lag: Beharrete auch auff solchem Fürsatz so steiff und halsstarrig/ daß er sich des Pflegers Adel und grosses Ansehen am Königlichen Hofe nicht schrecken ließ. Also ward ein langer vieljähriger Proceß darauß der sehr viel Geld gefressen: Gestaltsam viel hochansehnliche Leute/ uñ unter andern ein Mann/
der

der sich zu dieser unserer Zeit durch Schrifften / gar berühmt gemacht/ darüber zu Gericht gesessen.

Man brauchte zu beyden Seiten alle Juristische Vortheil/ so zu erdencken. Man revidirte, restituirte in integrum dilationirte, annulirte auch gar ein ergangenes Urtheil; und solches verzog sich / von einem Jahr zum andern: biß endlich die Sache vor den König selbst gekommen: Welcher darauff dem gesampten Geistlichen Consistorio dieselbe untergeben/ umb darin zu sprechen. Dasselbe hat endlich (exceptis excipiendis) die allbereit vor 15. oder 16. Jahren ergangene Execution gejustificirt. Damit hatte dieser Proceſs, und bey nahe auch des eyferigen Klägers Vermögen ein Ende.

Wiewohl ich nun nicht zweiffele / die Herren Geistlichen werden ihrem Gewissen hierin nachgegangen seyn: so wird doch / meines erachtens / kein Verständiger den ungereimten Proceſs billichen/ als dadurch gar leichtlich / wan gleich diese Gerichtete / eine Maleficantin und des Fewers würdig gewesen / auch wohl eine Unschuldige hätte mögen gefährt werden.

werden. Solche schnelle Procedur aber hat die Unerfahrenheit und derselben Tochter die Eigensinnigkeit/ verursacht.

Worauß dan endlich mein Herr Polydor kan abnehmen/ daß man eben nicht/ aller Orten im Gerichte sich verständiger Leute zu getrösten habe/ und derhalben der Adel Gerichtlicher Raache in diesem Fall/ auff schwachen Füssen stehe.

Mein Herz erwege ferner/ wie hart und scharff offt die Urtheile/ in dem Kriegs-Rath fallen/ wie wenig Ceremonien man daselbst mache/ wie grosse Disproportion vielmahls dabey vorgehe/ zwischen der Raache und dem Verbrechen/ wie offt / wan ihrer viele unter der Auffruhr begriffen/ das blinde Glücks-Loß offt auff den allerfrömmsten und fast Unschuldigsten fällt/ und ihn an den Galgen bringt/ dahingegen die ärgsten Mrutmacher und Galgen-Hüner frey außgehen und davon fliegen. Uberdas ist das Kriegs-Gericht und Stand-Recht gleichfals nicht allemahl / mit Rechts-Verständigen und billigen Personen/ sondern mit solchen Leuten besetzt/ die/ ob sie zwar keine Schuster oder Schnei-

Schneider/ sondern hohe Officierer und Cavallierer/ jedennoch zu peinlichen Sachen offt eben so geringen Verstand als gemeine Handwercks-Leuthe haben/ zu dem auch/ durch tägliche Gewohnheit dermassen verwildet sind/ daß sie mehr zur Grawsamkeit/ weder zur Billigkeit und Moderation incliniren/ ja offt umb ein einiges Wörtlein willen den Lands-Knecht/ vorab da es die Monat-Gelder belangt/ auffknüpffen lassen.

Das ist wahr/ sprach Francade. Ich habe dergleichen selber gesehen/ daß man einsmahls in einem vornehmen Hertzogthumb Nidersächsischen Kreyses/ zehen Soldaten bloß umb einer ungedultigen Rede willen/ nemblich/ daß sie begehrt/ man wolte ihnen doch Geld/ oder nur Urlaub geben/ dem Profoß anbefohlen/ und ihnen stehendes Fusses das Leben abgesprochen. Die Leitern stunden folgendes Tages schon angesetzt/ die Galgen-Hacke waren eingeschlagen/ die verurtheilte auch allbereit gebunden/ und mangelte mehr nichts als daß man sie nur fortführte auff den Marckt/ zum Hochgericht: Als die sechs

F vj Prie-

Priester/ die man ersucht hatte/ diesem armen Tropffen Trost einzusprechen/ sich resolvirten/ dem Obersten/ welcher alle Vorbitter mit Pistoll-Schüssen abzufertigen dräwete/ es darauff zu wagen/ und zu ihm giengen/ auch nicht ehe abliessen zu bitten/ biß er sie erhörte/ und die Soldaten begnadigte. Jedoch musten ihrer etliche gleichwohl/ andern zum Schrecken/ die Spießruthen des gantzen Regiments fühlen/ und mit blutig-zerrissenem Rücken schlaffen gehen.

Daß auch die Würffeln / womit im Kriege ihrer viele um das Würge-Schnürlein spielen müssen/ zu weiln den Fromsten blinder weise in den Todt werffen; ist gleichfals bekandt. Es mögen nun ungefähr zwölff Jahre weniger oder mehr seyn / daß mir ein guter Freund geschrieben / man habe unter der Chur-Brandenburgischen Armee eine gantze Squadron / welche in die Römisch-Catholische Kirche zu Königsberg in Preussen/ woselbst damahls die Churfürstliche Hofstatt sich befunden/ eingebrochen/ und selbige spoliiret / umb den Strick würffeln müssen/

müssen/so lang/ biß ihrer fünffzehen im Stich geblieben/und auff geschehene Fürbitte/ diese Anzahl wiederumb durch wiederholtes Loßwerffen auff eine geringere reducirt worden: biß endlich ihrer dreyen der Galgen zugewürffelt worden. Der allererste/ so diesen betrübten Gang gehen muste/ ist ein Corporal gewesen/ welchen seines wohlverhaltens wegen alle Officierer des Regiments/ auch sonst seiner Frommigkeit halben/ jederman hold gewesen. Dieser war nicht/daß er plündern/sondern nur dem Tumult zuschawen wolte / mit hineingangen in die Kirche; hätte auch nichts angerühret; wan sein Gottloses Weib nicht kommen wäre/ und ihm hart verwiesen hätte/ wie er seinen fünff armen unerzogenen Kindern/ so er ihr daher gesetzt hätte/viel zu nahe thäte / mit seiner unzeitigen Gewissenhafftigkeit/ und nimmer die geringste Beute heimbrächte: er solte/ beym Schlapperment auch mit zugreiffen / und etwas anpacken. Worauff der Unglückseelige die Christliche Regel überschritten/wer fromm ist/der müsse immerhin fromm seyn; jedoch
gleich-

gleichwohl nichts / als einen eintzigen schönen Schnup-Tuch / welchen ein anderer Soldat geraubt und wieder hat fallen lassen / auffgehebt / und eingeschoben. Selbiges Wischtüchlein hat jhn mit unter die Würffeler / und an den Galgen gebracht: daran er / ohn alle Gnade / wie sehr auch alle Officierer des gantzen Regiments vor jhn gebetten / am andern Tage des H. Pfingst-Festes / erschwartzen müssen. Folgenden Tages / ist die Reiche / an einen Wagenmeister gekommen / der nicht allein jetztregierendem Chur-Fürsten zu Brandenburg / sondern auch dessen Herrn Vatter / hochrühmlichsten Andenckens lange Jahr gedienet / aber mit diesem einigem Verbrechen / daß er sich unter den Kirchen-Plünderern betretten lassen / alle Gnade und Clementz so weit außgelöschet / daß er seinen Hals mit auff das Loß / und vermittelst eines unglücklichen Wurffs / unter das Strick zu setzen / gedrungen worden.

Ob nun zwar höchstermelden Chur-Fürstens Eyfer hierin hoch zu loben: So siehet man doch / wie das Loß so gar ohne Urtheil

Urtheil / ohn Unterscheid / und ohne Proportion / die Mißhandlungen straffe. Dan die / welche hundert mahl besser den Galgen verdienet hatten/ ließ es unberührt frey außgehen: Die Mücken musten hangen.

Polydor fieng hierauff an / also zu antworten. Ich sehe nicht / was das Loß hieran habe gesündiget. Wer zu demselben condemnirt worden; der ist allbereit / von dem Kriegs-Recht/ des Todes würdig erkläret / und nicht unbillich / daß derselbe / der sich unter die Rauber vermischt/ solcher auch ihrer Straffe mitunterworffen werde. Das Recht hat die gantze Squadron mit der Forcht des Todes gestrafft / in dem alle und jede Soldaten doch in Gefahr des Galgen so lange schweben müssen / biß das Loß den Außschlag gegeben: Welchen dieses hernach viel perdonniren / der mag sein Leben für eine Beute achten / und Gott darfür dancken / der es ihm von newem gleichsam wieder geschenckt. Dan das Loß ist in der Hand des Herrn / insonderheit solches / darauff des Menschen Leben stehet: so anders unser Leben und Todt in seiner Hand sind. Sein Gericht

richt hebt gemeinlich am erſten an / bey ſeinem Hauſe / bey den Frommen / und ſtrafft dieſe am allererſten / wan ſie von ihrer Frömmigkeit ablaſſen.

Weil aber Gottes Gerichte unbegreifflich; können wir darumb unſere Handlungen dadurch eben nicht juſtificiren; ſondern müſſen ſchawen / daß ſie den beſchriebenen Rechten und der Billichkeit gemäß fallen mögen. Nun laufft zwar bey dem Kriegs-Recht / wan es gleich gantz unpartheyiſch handelt / viel Dinges vor / das im Frieden die höchſte Unbillichkeit wäre; Wird aber / bey ſolchem Zuſtande / durch gewiſſe Umbſtände gerechtfertiget. Was wäre unbillichers / als ſo man einen Menſchen/ der etwan ſeinem Nachbarn einen Apffes genommen / deswegen zum Strange verdammete? Dennoch wird es dem berühmten Feld-Obriſten Beliſario zu unſterblichem Nachruhm vermeldet / daß ſeine ſcharffe Kriegs-Ordre / einen Apffel abzureiſſen beym Kopff verboten. Die Zeit und Gelegenheit lindern oder

ſchärffen

schärpffen das Gesetz. Befahl Gott einem Mann / der am Sabbath Holtz auffgelesen / zu steinigen / damit das hartnäckige Volck / die Jsraeliten / sich solten daran spiegeln: Warumb solte es dan unrecht seyn / daß das Kriegs-Recht unterweilen einem Soldaten den Hals abspricht/umb Sachen die des Todtes nicht werth scheinen? Man eyfert da nicht so sehr über die geraubte Sachen selbst; als über den Ungehorsam / welcher einer so muthwilligen Pursch / als die Soldaten vorhin sind / leichtlich zu grösserem Muthwillen und Frevel könte Anlaß geben / da er nicht mit so harter Straffe angesehen würde.

Unterdessen gestehe ich willig / daß viell Unbillichkeit und Tyranney / bey dem Stand-Recht vorgehe: Nicht so sehr darumb / daß mancher Oberster so wenig Verstand / als ein Schuster oder Schneider hat; Wie der Hertz Gentian erwehnte: Sondern vielmehr darumb / daß die Artickuln und Gesetze des Kriegs-Rechts offt auß Affecten und

Die alleredelste Rach-

und tyrannischer Boßheit / falsch außgelegt / angezogen / und mißbraucht werden: in dem man die Straffe der Meuterirung auf einē Soldaten / der mit Bescheidenheit umb seinen Sold bittet / verdrehet / und durch den Profoß appliciret. Solchen Mißbrauch pflegen eben so leicht / auch wolcher / fürnehme und verschmitzte Obersten / weder nur solche die mehr Marcks / dan Hirns habē / verüben. Derhalbē kan solches der Stand-Rechts-Ordnung selbst nicht beygemessen werden: welche von verständigen Personen verfast und eingerichtet ist. Uber das so hat ein Oberster seinen Regiments-Schultheissen an der Hand / der in Rechten etlicher massen muß erfahren seyn. So fallen auch unter der Armee selten solche Sachen vor / darin man nicht Præjudicata, oder Vorurtheile genug hätte. Es braucht da wenig recessirens: Man geht da nur kurtz / zum Leben oder zum Tode. Jedoch da fern etwas vorfiele / daß einer tieffern Consideration vonnöthen hätte, so hat man unter den hohen Stab-Officierern / gemeiniglich Leute / von gutem Verstande und zu weiln auch von guter Erudition :

tion; Desgleichen den General Auditor: bey welchen man sich Raths erholen kan.

In Summa/ es mangelt da nicht so sehr/ an guter Ordnung/ als an gutem Willen. Die Officierer straffen selten etwas anders/ ohn solche Fehler/ an jhren Soldaten durch welche die Victori gefährt oder verabsaumet wird: andere straffwürdigste Frevel=Thaten/ gegen dem armen Landmann/ lassen sie wohl ungerochen. Und zu solcher Land=verderblichen Unrechtfertigkeit/ müssen die Potentaten manchmahl durch die Finger sehen/ wollen sie anders Officirer und Soldaten unter den Fahnen behalten; Läst der General Auditor oder der Rumor=meister etliche Mauß=Köpffe etliche auffschnüren; so werden hingegen hundert andere Buschreuter/ Beutmacher/ Dorff=brenner/ Leutaussauger dennoch ungestrafft bleiben. Hätte einer in der Stadt so viel Schulden gemacht/ als viel jhm Haare auff dem Kopff wachsen; hätte er gehurt/ ehegebrochen/ gestolen/ ja gar Mord und Todschlag begangen/ die Martialsche Fahne

ne in seine Freystatt / da jhm seine Ankläger weiter nichts können anhaben. Die
Gesetze müssen für dem Stücken-Don-
ner schweigen und ertauben.

Es ist nicht mehr leider! umb die Zeit/
daß der Soldat klagen darff/ wie vormahls die Soldatesca Königs Philippi in
Hispanien; daß die Buchstaben den Waf-
fen/die Feder dem Schwert an den König-
und Fürstlichen Höfen/ vorgezogen werde. Der Hertzog von Alba/ ob er gleich gar
scharffe Kriegs-Zucht hielte; muste jhm
doch / so wohl/ als Sancius Avila, lassen gefallen / daß gemelder König jemahln einen seiner Räthe abordnete/nach
der Armee/ umb des Generals/ und des
gantzen Heers / geführte Handlungen
fleissig zu umb versuchen. Wiewohl sie
auch schon damahls darüber hefftig angefangen zu murren. Als Franciscus Villa-
fagna / der Rechten Doctor / und des
Königlichen Raths von Castilien Audi-
tor/ nach Lyssabon in Portugall kam /
und dem von Alba vom Könige ein
Befehl-Schreiben einlieferte/ daß er diesem Doctor / in allen dem/ so jhm an-
befohlen

befohlen wäre / solte beförderlich seyn: faſten alle Officirer den Argwohn / dieſer wäre gewißlich kommen / wider die Armee / und dero Oberſten zu inquiriren. Das wäre aber was newes / und keine Manier. Sie fragten: Quid legibus negotii eſſet cum armis, & ſtylo militari cum civili? Was die Geſetze zu ſchaffen hätten / mit den Waffen? Die Federſpitze des Gerichts / mit der Stilet-Spitzen der Martialiſten? Klagte / der König betrachtete wenig / daß ſie ihm gleichwohl / innerhalb fünffzig Tagen das Königreich Portugall gewonnen / auff gleiche Art und Weiſe / als wie man das Himmelreich (alſo fielen ihre Worte) erwürbe: Nemblich mit Brod eſſen / Waſſer trincken / und Enthaltung von frembden Gütern. Solcher Gerechtigkeit und Unſchuld rühmten ſie ſich deswegen / weil ſie nur allein mit Commis-Brod (Biscrut oder zweymahl gebacken Brod / ſonſt Doppel-Brod genannt) ſich beholffen hatten und keinen Ort dörffen plündern / der mit einer

einer Mawren umbfangen. Es verdroß sie hefftig / daß ihnen die faule müssige Hofschrantzen / Baccalaureen und Schul-Füchse (also wurden damahls die Fürnehmsten Doctores und Königliche Räthe / insgemein von den Spanischen Kriegs-Leuthen / verächtlicher Weise genannt) derer tapfferste Verrichtungen / mitten unter der Gefahr des Krieges / dieses allein gewesen / wie sie den Eißgekühlten Wein hurtig außneigen möchten / und inzwischen einen ritterlichen Soldaten verhönen / Maß und Weise solten fürschreiben: wie solches Hieronymus Connestagius (Lib. 8. de Portugall. & Castell. Conjunct.) nach der Länge beschreibt.

Jetzt solte man bey Spanischen / Teutschen oder Frantzösischen Armeen solche Inquisition auch anstellen: Ich meine sie würden einen solchen Doctorn gar hönisch und kahl lassen ablauffen. Desinit esse remedio locus, spricht Seneca, cum, quæ fuerunt vitia, mores sunt. Wan die Laster schon Wurtzel geschlagen / durch lange Gewonheit; stehn sie nicht mehr außzureuten.

Sol-

Solchem nach wil ich gar gern zugeben/ daß die Kriegs-Rechts-Raache/ so wie sie jetziger Zeit im Schwange geht / zu der alleredelsten nicht gehörig sey: Zumahl weil sie auch selten andere als Criminal-Sachen behandelt und über das vielmahls gantz verkehrter Weise wird angelegt den geringeren Verbrechen; da doch grosse Blutschulden und Frevelthaten hingegen ungeantet durchpassiren: Woran doch gleichwohl nicht so sehr das wohlverfaste Kriegs-Recht selbst/ als die Gewissenlose Vorsteher und Beysitzer desselben insgemein Schuld haben.

Was der Bentian/ von der Hollsteinischen Bawren ihrer Urtheil-Sprache/ eingewandt/ umb dadurch zu beweisen/ daß man nit eben/ zu der gerichtlichen Raache/ kluge und verständige Personen bestelle; das stößt meinen Satz gar nicht umb. Dan vors erste/ wird ihm bewust seyn/ daß solche Bawren / durch ihre Amptschreiber/ Vögte/ und Aelter-Leute dennoch hierinnen dirigirt werden / und über das (wie der Hertz selber angezeigt) hernach von einem

nem höhern Gericht / die Iustification oder Reformation erwarten müssen.

Der Einwurff aber des Stättleins / welches in dem Hexen-Proceß sich a'so übereilet haben soll / kompt mir fast etwas seltsamer vor: Und verwundere mich / die Warheit zu bekennen / daß man in Hals-Gerichts-Sachen von so wichtiger Consideration solchen Leutlein einigen Proceß, will geschweigen das Jus Gladii und das Raach-Schwert gestattet; oder jhnen nit auffs wenigste verständigere Leute zuordnet. Muß in dem Fall den Rath hiesiger Statt billich rühmen / daß er alle Gefangene / so auff den Hals sitzen / von den Land-Stätten seines Gebiets herein schaffen / und von den ordentlichen Gerichts-Beampten verhören / nachmals der Consulenten bedencken darüber einziehen läst / ehe und bevor das Leben abgesprochen wird. Dan über Leben und Tod zu urtheilen / sind ungelehrte Leuthe selten gnugsam capabel.

Aber obgleich / in einem und anderm Lande nicht aller Orten gelehrte Männer / zu Richtern und Schöffen / gesetzet sind;
auch

auch vielleicht die langhergebrachte Freyheiten eines solchen Stättleins nicht zugeben/ daß man jhnen/ in dergleichen Sachen/ die erste Instantz nehme/ und gleich alsobald an ein höhers Gericht abfordere; ob sie auch unterweilen darüber einen Fehler begehen: so lieset mann dannoch unter solchen Land-Leuten/ nicht die gröbste ungeschliffenste Tölpel/sondern die ehrbarste und gescheiteste Männer/zu Raths-und Gerichts-Herren auß: Die/ wan jhnen ein Casus zu schwer vorkompt/ ohne Einbuß jhrer Achtbarkeit/ der Academien oder Consistorien/oder eines und andern Gelehrtens Belehrung darüber einholen können/ und also mit sicherem Fuß/ in dem Process, forttretten. Daß nun diese/ von denen der Herz geredet/solches nicht gethan; ist eine Schwalbe/ die keinen Sommer macht: und habe ich vielmehr davon gesagt/ was in Politè und fürsichtigen Republicken oder Stätten/ disfals zu geschehen pflegt; auch nach Auffage unserer eigenen Vernunfft/ billich aller Orten/ in der gantzen Welt geschehen solte. Treffen mich also die gegebene Gegenwürffe gar nicht.

G   Ja

Ja ich gestehe vielmehr/ und weiset es gnugsam die vielfältige Begebenheit/daß nicht allein auß Unbedachtsamkeit/ sondern auch auß Fürsatz/ mancher Richter/ in der Raache den Sachen zu viel oder zu wenig thut/ und durch seine Privat Affecten von der Gerichts-Ordnung abgeführet werde. Etlichen Fürsten ist die übermässige Strengheit auch wohl angebohren: und was alsdan ein solcher Fürst will/ das spricht der Richter.

Ein solcher war König Peter in Portugall/ Alfonsi des vierdten Sohn: welcher dadurch/ daß er in Straffen/ mehr Grausamkeit/ als Gerechtigkeit übte/ den Beynahmen eines Grausamen bekommen. Dan er hielt gar kein Ebenmaß zwischen der Beleidigung und Raache/ Mißhandlung und Straffe: Schärffte das Urtheil viel hefftiger/ weder die Gesetze vermochten/ sprach auch dieselbe gemeinlich un verhörter Sachen. Er machte auch keinen Unterscheid zwischen Welt- und Geistlichen Personen/ Priestern/ München/ Bischoffen und Päbsten.

Welches letzte ich vielmehr an ihm lobe/ als

als tadele: ob es gleich ob angezogener Duardus Nonius, in seiner Genealogia Regum Portugalliæ, ihm sehr hoch verdenckt. Dan welches Recht hat diese Herren Geistliche/dem Gerichts-Zwange einer Weltlichen Obrigkeit entnommen? Keines: oder Gregorius Magnus muß dessen gantz unwissend seyn gewesen / da er in seiner 62. Epistel/Lib. 2. nach Art und Weise eines gehorsamen Unterthanen des Römischen Käysers diese außdrückliche Worte gesetzet. Ego quidem jussioni subjectus eandem legem per diversas terrarum partes transmitti feci: & quia lex ipsa omnipotenti Deo minimè concordat, ecce per suggestionis meæ paginam serenissimis Dominis nuntiavi: utrobique ergo, quæ debui, exsolvi: qui & Imperatori obedientiam præbui, & pro Deo, quod sensi, minimè tacui. Käyser Mauritius hatte dem guten frommen Pabst Gregorio einen Befehl zugeschickt/ daß man hinführo die Außreisser von der Armee in den Klöstern nicht aufhalten noch bergen solte. Das dauchte ihn hart/ und wider Gott zu seyn: Gab derhalben seine Erklährung darauff / dieses Inhalts von sich: Ich habe zwar/ als einer/ der des Römischen Käysers Befehl unterworffen ist/ dasselbige Käyserliche Edict/ in unterschiedliche Länder geschickt: weil solches aber wider den Allmächtigen laufft; sihe! so hat meine schrifftliche Antwort hierauf dem Durchleuchtigsten Herren mein Bedencken dennoch anfügē sollen. Habe also beydē meine Schuldigkeit geleistet; in dem ich dem Römischen Käyser Gehorsam erwiesen/ uñ doch auch nit unerinnert gelassen/ was meine Pflicht gegen Gott erfordert. Und in dem 65. Sendbriefe/des 2. Buchs schreibt er: Qui dominari eum (scil. Imperatorem) non solum militibus, sed etiam Sacerdotibus concessit. **Gott hat dem Käyser die Macht gegeben nit allein über die Kriegs-Leute/ sondern auch über die Priester zu herrschen und gebieten.**

Das muß vielleicht König Peter gelesen haben/ daß er die Kappen und Kutten so ungescheut angegriffen/ und sie seiner Obrigkeitlichen Raache unterworffen. Als etliche

liche Geistliche/wider die vermeinte Incompetentz seines Richterlichen Gewalts excipirten; ließ er jhnen solchen seinen Gewalt/durch Meister Hans / würcklich erweisen/und die Köpffe wegschlagen/ oder ans Raben-Holtz knüpffen/sprechend: Er thäte jhnen kein unrecht; sintemal er sie/mit der Weise zum Herren Christo/ als jhrem rechtmässigen Richter schickte.

Das ist aber auch/sprach Feliciano/eine gar zu scharffe Procedur gewest.

Ich gestehe es/versetzte Polydor: Vielleicht haben sie aber/durch jhre Mißhandlungen/ jhn darzu bewogen / oder auch durch jhre Exception und Verschmähung seines Gerichts-Zwangs / darzu gereitzet. Was ist es zu verwundern / daß er die Geistlichen gestrafft / der es den Weltlichen nicht besser gemacht: Ein Geistlicher/der wol fürstehet/ist zweyfacher Ehren werth; aber dreyfacher Straffe/so er grobe Laster und Unthaten begehet. Wan jhm ein Münch oder Pfaffe (oder sonst jemand anders) vorkam/der auff einer Mißhandlung erwischt / oder sonst in bösem Geschrey war; pflegte er denselben offt mit eigener Hand anzupacken und lustig

stig zu karbatschen: Gestaltsam er dan stets eine Karbatsch bey sich trug.

Gleichwohl haben ihm viele dieses nicht zur Grausamkeit/sondern zu einem ruhmwürdigen Justitz-Eyfer/gerechnet. Welches dan auch einiger massen Farbe hat: Wan man betrachtet / daß er zu solcher Schärffe/durch keinen Geitz/oder blossen Haß / Furcht und Neid / wie die Tyrannen angespornet worden: Ungemerckt keiner sonst seine wütende Raach-Hand fühlete / ohn der in Schande und Lastern lebte / oder von ihm vor nichtsnutz geschätzt ward. Andere haben einen gnädigen und wohlthätigen Herrn an ihm gehabt. Er schenckte manchesmahl freygebig hinweg/ was sonst seinem Königlichen Schatz-Kasten war verfallen. Dieses war gewißlich keines Tyrannen / sondern eines recht lobwürdigen Printzen Stimme / daß er sagte: Es düncke ihn / er sey an dem Tage/ daran er niemanden einige Gnade erwiesen/ des Königlichen Tituls nicht würdig. Den Hofleuthen verbesserte er ihr täglich-oder monatliches Kost-Geld/wan die Victualien aufgeschlagen. Ja er pflegte
offt

offt zu seinen Kammer-Dienern zu sagen:
Sie solten ihm den Gürtel weiter machen;
damit ihm der Leib nicht allzu sehr einge-
prest/ und behindert würde/ die Hand auß-
zustrecken: Wolte dadurch andeuten/ ein
König müsse mild und freygebig seyn.

Worauß zu schliessen/ daß er kein Tyran
gewesen; oder auffs wenigste nur ein Tyran über Schande und Laster. Der hefft-
tige Zorn hat ihm das Wag-Zünglein
an der Raach-Schalen verrückt: Dazu
ihm dan ihrer etliche auch ziemliche Ursa-
che gegeben: Fürnemblich die jenigen/ so
ihm seine Liebste/ durch ihren Rath und
Anstifftung umbs Leben gebracht. Dan
nach dem seine erste Gemahlin Constantia/
noch bey Leb- und Regierungs-Zeiten seines Herrn Vattern/ gestorben; hat er eine eheliche Liebe geworffen/ auff die schöne
Agnes von Castro/ Peters Ferdinand von
Castro Fräwlein Tochter/ dieselbe für seine rechte Gemahlin erkant/ und drey wunderschöne Kinder/ nemblich zween Söhne und ein Fräwlein/ mit ihr erzeuget. A-
ber sein Herr Vatter/ Alfonsus der Vier-
de/ war mit solcher Ehe-Verbündnus

G iiij durch-

durchauß nicht zu frieden; ließ sich auch endlich von Petro und Alvaro Gondisalvo verleiten/ diese fürtreffliche Dame grausamlich zu tödten.

Vier Jahr/nach des Vatters tödlichem Abtritt/ hat dennoch König Peter/ der nunmehr den Zügel des höchsten Gewalts in Händen führte/ urkündlich und offentlich angedeutet / Agnes wäre seine rechtmässige Ehefraw gewesen/ und die Söhne so von ihr geboren / für eheliche Erben zu halten. Wiewol der Papst diß letzte/wegen der Söhne / nit für genehm halten wolte: dagegen König Peter seinen Peters Kopf auch nicht auffgesetzt/und den Römischen Fuchs/in unterschiedlichen Dingen/gewiesen / daß er sich dessen selbst-angemaßtē Gewalts wenig achtet/ uñ den Pfaffen die Kutten lustig gelauset hat. Unterdessen muste man ihm die verstorbene Agnes eine Königin nennen/ und dafür respectiren. Er ließ ihren Leichnam auß dem Conimbricensischem Kloster S. Claren in einer herzlich-geschmückten Sänfften hinwegtragen/in Begleitung der Bischöffe/gantzer Clerisey/wie auch anderer Leute/

allerley Standes und Ordens / mit einer grossen Nachfolge fürnehmer Damen und Matronen und zwar von Coninbrica nach Alcobacia: Welche beyde Oerter acht und sechsig tausend Schritte weit von ander. Ob nun gleich dieses ein ziemliches Spatzier-Gänglein: seynd dennoch/ auff geschehene Anstellung/ den gantzen langen Weg über / zu beyden Seiten der Landstrassen / viel tausend Leute in ihrer Leyd-Tracht/ mit brennenden Wind-Liechtern/ zu ihrem letzten Ehren-Dienst/ in schöner Ordnung gestanden: zwischen denen die Leiche vorüber gepassirt / und endlich zu Alcobacia, ein Gewelbe von köstlichem Marmor/ zu ihrer Ruhe-Kammer/ bekommen.

Ihr Bildnuß und Conterfait ward / mit einer Königlichen Krone/ gezieret.

Aber die Ursacher ihres Todes / Petro Cœlio und Alvaretz Gondisalvo / welche zum König Peter in Castilien waren geflohen/ und in desselben Protection aufgenommen/ dennoch gleichwol aber/ wider gegebene Parol, hernach durch einen Wechsel der Gefangenen/ außgeantwortet worden/ musten

sten einen schrecklichen Tod fühlen. Man riß ihnen lebendig das Hertz herauß/ und zwar dem Alvaretz hinterwerts zum Rücken hinauß; dem Coelio aber/ auß der Brust: nach solcher Hertzens Marter/ wurden sie ins Fewer geworffen und Verbrant.

Ob nun diese letzte Raache/von der Gerechtigkeit und billichem Unmuth des Königs zwar eine gute Farbe entliehen; ob auch gleich dieser König Peter/ wie vor gemeldet / mehr ein Wüterich über die Schuld und Untugenden/ als Tugenden und Unschuld gewesen: So kan man doch alle seine Raach-Ubungen/ keines Weges edel nennen: weil sie Masse/ Weise und Billichkeit überstiegen. Dan unverhörter Sachen einen Ubelthäter zu töden/ das ist eine Ungerechtigkeit. Welche doch die Fürtrefflichkeit der Gerichtlichen Raache darumb nit verkleinert; sondern vielmehr bestettiget/ daß ein König besser thue, wan er seine Raache/ durch Urtheil und Recht ergehen läst.

O wie mancher Fürst begehet ein **Raach-Stücklein** im Zorn/ dessen jhn wohl hundertmahl hernach gerewet! Wie manche

manche geben jhnen selbsten eine tieffe Wunden ins Gewissen / in dem sie ohne rechtmässige Verhör/ andern eine ins Hertz versetzen lassen! Es können nicht alle Printzen so geschwind sich besinnen / und jhren Zorn miltern; als wie der lobseligste Käyser Ferdinand der Erste. Dieser hatte sich einsmahls über jemanden erzörnet / und befohlen / man solte demselben die Augen außstechen: änderte doch gleichwohl alsobald seinen Sinn/ ließ es wieder abstellen/ und sagte: Ein Seher gibt keinen guten Jäger. Ich kan bey mir nicht finden/ daß ich einem das jenige nehmen solte/ welches ich jhm/ so er wolte frömmer werden / hernach nicht wieder geben könte. Wan ich einem seines Verbrechens halben/ Güter/ Grund und Boden nehme / so kan ichs jhm wiedergeben / auch mehr darzu/ da er sich bessert/ und durch etwas wohl verdient macht: Aber Augen außstechen/ und wieder einsetzen/ Köpff abschlagen/ und wieder auffsetzen/ das ist allein Gottes Werck. O! daß alle Potentaten / Fürsten und Herrn/ mit diesem Glorwürdigsten Käyser/ hierin einerley Meinung führten! Weil aber nicht

nicht ein jedweder seines Muthes Herr ist; So stelle den Verbrecher fürs Gericht befehle die Sache seinen Rähten / und lasse dieselbe darüber sitzen: alsdan gewint er Zeit/ sich selbsten zu bedencken: ob der Delinquent einiger Gnade oder Milterung des ergangenen Urtheils/ fähig sey.

Wie wan aber / fragte Gentian / Urtheil und Recht auch vom Recht abweichen/ und des Königs Willen mehr förchten/ als das Gesetz und die Gerechtigkeit?

Das geschiehet alles (antwortete Polydor) de Facto, thätlicher und nit Gerichtlicher Weise; ob gleich der Titul des Gerichts zu einer Larvē/ der Passion gebraucht wird. Und da gleich zehen / durch Mißbrauch des Gerichts/ beleidiget werden; so werden auch hingegen wohl ihrer hundert durch das Gericht / vorauß wan die Könige oder Richter selbst nicht mit interessirt sind/ entweder billich gestrafft/oder zu ihrer Raache und zu ihren Rechten befordert. Geschicht es aber offt/ wie es dan gewiß nit selten geschicht/ wan grausame Potentaten im Regiment sitzen; so muß man solches für ein Zorn-Rütlein Gottes erkennen.

Aller-

Allermaſſen mans auch nicht anders / als einem Göttlichen Rath-Beſem über die Spaniſche Einwohner/ geſchätzt hat/ daß eben zu ſelbiger Zeit drey grauſame **Petri** über Spanien geherzſchet: nemblich dieſer/ in Portugall; der andere/ in Caſtilien; und der dritte in Arragon. Jedoch gab dieſem Kleeblätlein der dreyen Petern / Carl der andere in Navarra/ ſo wenig/ in der Grauſamkeit/ bevor/ daß es faſt ſchiene/ als ob ſie es mit einander abgeredt hätten / ihre Unterhanen zu peinigen.

Wiewol nun unterweilen einer und anderer von Gewiſſenloſen Gerichts-Beampten/ viel leiden muß: ſo kan doch die Unſchuld / auff dieſer Welt / nirgends hin eine beſſere Zuflucht nehmen / dan zu Urtheil und Recht. Solte ſie durch daſſelbe an ſtatt der Verbindung/ noch tieffer etwan verwundet werden : ſo muß ſie es Gott befehlen ; Und iſt die Schuld nicht des Gerichts/ ſondern des ungerechten Richters. Will aber dieſer redlich und gewiſſenhafft ſeyn : ſo kan ihr ein Genügen wiederfahren ; ob es gleich jemals gar mühſelig zugehet.

Ich

Ich sehe nit/ wie es möglich/ der Gerichtlichen Raache den Krantz abzusprechen : glaube vielmehr gäntzlich/ daß auch diejenige selbst/ die sich lieber zehenmahl schlagen/ als einmahl Gerichtlich vertragen/ wans jhrem Außspruch heimgestellet würde/ alle Gerichte auffzuheben/ und die Selbst-Raache überall einzuführen/ sich sehr darüber würden bedencken: In Betrachtung/ wie leicht heut oder morgen jhnen einer auffstossen könte dem sie gar nicht weder an Stärcke/ noch Vermögen/ noch Stande gewachsen: Ja wie die allerverzweiffelste ruchlose Bößwichter/ Rauber/ Mörder/ und andrer Auffsatz menschliches Geschlechts mehr/ bald auß allen Hecken und Raubnestern/ herfürspringen/ mit hellem Hauffen auff redliche tapffere Leuthe loßgehen/ und weil die Raache des Gerichts auffget, oben sie umbringen/ plündern und ermorden würden.

Wer nur noch ein Auge der Vernunfft offen hätte/ der müste ja sehen/ und gestehen/ daß an der Gerichtlichen Raache/ die Wohlfahrt des gantzen Landes hange. Gesetzt/ es schewen sich nicht eben alle grosse se Hummeln/ für diß Gewebe/ so müssen doch so viel tausend Fliegen/ will sagen/ der gemeine Pöfel und allerhand liederliches / verwegenes Gesindlein/welches mit seinem dicken Geschwürm / und grossen Menge/viel gefährlicher sich empören kan/ als einer und anderer fürnehmer allein / und das unterste oben kehren/ diesen Zaum fürchten. Nembt den wilden ungezähmten Hengsten dieses Gebiß auß dem Maul; was werden sie anders thun / als mit jhren Reutern oder Regenten / durchgehen/ dieselbe durch eine Rebellion abwerffen/ schleiffen / und endlich sich sampt jhnen/ vor ungezügelter Wildheit/ in den Graben des Verderbens stürtzen? Nehmt den Rabenstein weg; brecht das Hochgericht ab/ gebt dem Blut-Richter Urlaub: So werdet jhr bald das Land im Blut schwimmen / Schelmen und Diebe triumphiren/ ja gar an statt ehrlicher Leuthe im Thron/ auff dem Richerstuhl/ und hingegen die fromme Unschuld an dem Galgen/ oder auff dem Köpff-Hügel sehen: Weil ohn Gericht/ auch allerdings die/ so das Gericht hassen/ nicht lang bestehen könten. Welcher

cher ehrlicher Mann solte seyn Weibungeschändet behalten/ welche Jungfraw vor der Nothzüchtigung sicher bleiben; dafern die Hurer/ Ehebrecher/ und Jungfern-Schänder/ nit die alleredelste Raache des Gerichts hätten zu förchten? Welcher Edelman würde seines Angräntzers Gut nicht mit Gewalt ansich ziehen? Welcher Bürger seinem Mit-Burger recht auffgehen? Welcher Bawr seinem Nachbawern nicht ohn unterlaß Pferde/ Ochsen/ Gänse und Säue/ auff den Acker treiben/ ja alles Getraide vor der Nasen hinweg sichelt und davon führen? dafern jhnen allerseits die Raache des Gerichts nicht Einhalt thäte. Es hat so zu schicken und zu schaffen/ daß einer von den seinigen unvertrieben bliebe: Was solte nicht geschehen/ so die Gerichtliche Raache auch würde vertrieben?

Die Raache des Gerichts mag fast nit besser verglichen werden/ dan mit dem Wasser: welches/ wan es gestämmet und auffgehalten wird/ dem gantzen Lande grossen Schaden bringet: sintemal auch also die Hemmung der Raache zu letzt eine Sündfluth über Königreiche und Fürstenthümer/

thümer/von oben herab zeucht. Dan wo der Menschen Gericht auffhört; da hebt das Göttliche an/und strafft den Richter sampt dem Ubertháter. Ungerechtigkeit verwüstet alle Land / verheeret die Aecker / verstört Schlösser uñ Stätte/rasirt die Vestungē; macht auß Fürstlichē Höfen/ Wildnissen voll schådlicher Thiere/Raubnester / und Mordgruben / stürtz ihre Gewaltige vom Stuhl/wirft Scepter und Cron zu Bodē.

Solches haben allerdings die Heiden / durch vielfältige Erfahrung gemercket. Gestaltsam deswegen Käyser Trojanus den Rath zu Rom schrifftlich ermahnet hat: sie solten die Götter fürchten/nach Recht und Billigkeit urtheilen/Witwen/Wäisen uñ arme Leute versorgen: Weil die Götter keine Sünde härter straffen/ als/wan man Reichen und Armen nit gleiches Recht liesse wiederfahren/

Und was für eine Raache mag man billicher die alleredelste heissen/ ohn allein die jenige/durch welche die Alleredelsten bey jhrē Adel/bey jhrem Stande nnd Hoheit werden geschützet/und erhaltē? Das Schwert kan manchen in einē hohen Stand führē aber nit darbey ohne Gerichts-Pflegung erhalten.

halten. Das wissen auch so gar die Tyrannen wohl/ welche sich mit Gewalt in ein Reich gedrungen / wie schön/ hertzlich/ und edel die Gestalt der gerichtlichen Raache/ vor den Augen der Welt sey: Darumb suchen sie/ wan jhnē anders das Gehirn im Haupt/ und nicht in den Füssen steckt/ das eroberte Land/ durch gute Policey- und Gerichts-Ordnung/ jhnen geneigt zu machen/ und also im Gehorsam zu befestigen. Daher manchesmahl das/ was durch Unrecht und Gewalt erworben/ durch Recht und Gerechtigkeit besessen/ und conservirt wird. Ja/ was noch mehr/ die jenige/ so den Titul eines Tyrannen verdient haben/ können sich/ durch dieses Mittel/ in den Gemüthern der Untherthanen/ so trefflich adlen/ daß man sie wie rechtmässige Hertzen und Regenten nicht allein fürchtet/ sondern auch liebet/ und jhnen den schändlichen Nahmen eines Tyrannen / in den Titul eines ruhmwürdigen Printzens verwandelt / oder auffs wenigste der Nachwelt einen Zweiffel hinterläst/ ob sie mehr tadelns oder lobens werth gewesen: wie mit viel hundert

dert Exempeln zu beglauben stünde / wan es die Zeit erlitte.

Rechtmässige Erb- und Wahl-Printzen seynd zwar vorhin die alleredelsten und höchsten / in ihrem Lande: aber durch Tugenden steigen sie / beydes in oder ausser ihrem Gebieth / in den Gemüthern ehrliebender Menschen noch höher. Unter solchen Tugenden / führt die Gerechtigkeit das Scepter und der löbliche Gerichts-Eyfer funckelt und blitzet / an ihrer Cron / wie der alleredelste Carfunckel. Großmümüth / streitbar / freygebig und gnädig seyn; das wird billich / an einem Fürsten / verwundert und gerühmt; weit mehr aber daß er Gericht und Gerechtigkeit handhabet. Durch diese Specerey wird sein Gedächtnuß am krafftigsten balsamiret / umb in den Gemüthern der Nachwelt unverweßlich zu bleiben. Allen jungen und alten Regenten wird es zu einem Spiegel / zur Leuchte / ja vielmehr zu einem hellglänzenden Leit-Stern der Nachfolge / fürgestellet.

Einen Helden-müthigen Martialischen Printzen schewen andere seines gleichen /

chen / und halten ſich ſtets / gegen ihm / in fürſichtiger Poſtur und Bereitſchafft: aber einem Gerechten trawen ſie / ja vertrawen unterweiln mehr / in Pacten und Bündnüſſen/ ſeiner Feder / als Geiſeln und Verpfändungen andrer Potentaten. Wan unter dem auffrühriſchen Pöfel ein grauer ehrwürdiger Mann herfür tritt/ der ſeiner Auffrichtigkeit und rechtſchaffenen Eyfers halben/ bey männiglichem in gutem Ruhm; ſo fallen jhnen die Steine auß den Händen/ die raſende Wüte / auß dem Sinn; ſeine Gegenwart leget jhrē Sturm und richtet mehr bey jhnen auß/als tauſend andere fürnehme Perſonen. Solches geſchicht eben ſo leicht/unter ſtrittigen Königen; wan ſich ein dritter König find/ welchen ſie für einen eyferigen Liebhaber der Juſtitz halten: dieſem ſtellen ſie (da anders die Herrſch=Sucht einen unter jhnen nicht gar zu hart beſitzt) jhre Sache lieber/ zu ſeiner Entſcheidung heim / als viel tauſend Schwertern/ die das zweiffelhaffte Glück regiert.

 Dionyſius / König in Portugall übertraff alle gekrönte Häupter ſeiner Zeit mit
Libera-

Liberalität und Liebe zur Warheit ; aber diese beyde Tugenden/ mit dem Eyfer der Gerechtigkeit. Vor seiner Regierung/ konte man in Portugall für Strassen-Räubern fast nirgends sicher reisen. Er aber ließ sie dermassen auffräumen / daß von solchen Raub-Vögeln die geringste Klau nit übrig blieb: Er schützte die Armen/ wider die/ so jhnen zu mächtig. Alle ruchlose und verwichte Leute musten entweder sein Land/ oder das Leben meiden/ ins Elend ziehen / oder die Raben speisen. Doch lieff allezeit Güte und Gnade mit unter/ wo sie nur statt haben konte. Solcher sein Eyfer brachte jhn in solchen Ruhm/ daß Ferdinandus und Alfonsus à Lacerda jhn deswegen zu einem Schiedsman erwehlten/ welcher unter jhnen beyden das Königreich Castilien solte besitzen. Gestaltsam er so auffrichtig und redlich darin gesprochen/ dz keiner sich über jhn beklagen können. Hat sich also/ an diesem Könige war befunden/ was jener Rabbi sagt. Der Gerechte sey ein güldenes Glöcklein/ dessen Schwengel eine Perl: Dan eines solchen Potentaten Gerücht schallet überall/ mit Ehren.

Urtheilet

Urtheilet nun selbst ihr Hertzen! ob die Gerichtliche Raache nicht eine rechte Mutter der Glori / eine Gebärerin des edelsten Ruhms / und dannenhero auch selbst die alleredelste sey? Haltet nun / ich bitte euch! alle andere Manier der Revanche dagegen! versucht / ob ihr so viel Adels werdet herauß bringen / wie diese alleredelste / hohen und nidrigen Personen / verspricht. Sucht alle Vortheil einer Selbst-Raache hervor / und gebt acht / ob sie mit dieser deswegen dörffe in Vergleichung tretten. Wans mit der Eigen-Raache trefflich wohl ablaufft; so vergnügt sie niemanden mehr / ohn den allein / welcher sie verübet hat. Die Raache des Gerichts schafft nicht nur dem Verkürtzten seine Wiedererstattung / dem Beleidigten seine Satisfaction und Abtrag: sondern auch allen Ehr-und Rechtliebenden Biedermännern Frewde und hertzliches Wohlgefallen / allen Ruchlosen und Frechen aber eine Warnung / daß sie keinen injuriren oder verunglümpfen mögen. Das Obrigkeitliche Rach-Schwert schneidet allen Zuschawern durch Schrecken ins Gemüth: in dem es den Ubelthätern in den Hals

Hals schneidet: Sein weitstralender Glantz behält den gantzen Umbkreiß des Gebiets selbiger Stadt im Gehorsam: Es verjaget / wan es auß der Scheiden fähret / die Mißhändler nicht anders/ als wie die herfürblinckende Morgen-Röthe / Nacht-Raben/Eulen/und Flatter-Mäuse. Es tödtet in einem einigen Streiche etliche tausend böser Gedancken. Eines klugen und gerechten Urtheils/ können sich viel nach begebende Rechts-Händel/ zum Vorurtheil oder Præjudicat/ bedienen: im Gegenhalt verführet das Exempel dessen/ der sich glücklich selber gerochen / viel andere/ zu einer Unglücklichen Nachfolge. Dan das Glück der Selbst-Raache wechselt ab / mit Personen/Gelegenheit/Zeiten/ Tagen und Stunden.

Die Selbst-Raache kompt nur den Mächtigern zu statten: Die Gerichtliche ist eine Zuflucht auch den Schwachen und Bedrangten. Jene wird von zorniger Begierd; Diese/von Vernunfft und Klugheit regirt.

Was solte mich doch wohl bewegen/ jene dieser vorzuziehen? Die Lust? Selbige bege bestehet gewißlich mehr / in einem falschen und fast unsinigem Wahn/weder in rechter Warheit. Hitzigen und Raachgierigen schmeckt sie zwar suß und lieblich/ ja ist jhnen unterweilen lieber / als das Leben/ nach dem Lateinischen Vers:

 Est vindicta bonum, vitâ jucundius
  ipsâ.

Aber ach der eitlen Lust! Ach der verderblichen Süssigkeit / die kaum ein paar Minuten wäret! ach des schädlichen Honigs / welches so bald in bittere Myrrhen verwandelt wird! Heinrich der Vierdte/ König in Franckreich / ward von etlichen seiner Bedienten / zur Raachgierigkeit wider etliche Widerwertige / angereitzet: Aber er begegnete jhnen mit dieser Antwort: Die Lust der Raachgier wäret nur eine Stunde oder zwo/aber das Lob der Gnaden/ zu ewigen Tagen. Warlich eine vernünfftige Rede! dabey sich aber auch dieses nicht übel geschickt hätte / daß die Unlust/ so hernach folget / desto länger währet / und desto hefftiger schmertzet. Wo die Raache süsser/ als das Leben ist;
da

der gantzen Welt.

da brütet sie gewißlich eine Frucht auß/ die bittrer als der Tod.

Den Frantzosen und Italiänern schmeckt keine Rache süsser / als die sein auff frischer That folget/ und zwar/ so es seyn kan/ innerhalb vier und zwantzig Stunden: dann so wird / jhrer Meinung nach / das verunruhigte Gemüth / am leichtesten befriedigt: Gleich wie der Scorpion-Stich nit besser heilet/ denn so man diß Ungezieffer fein frisch auff der Wunden zerquetschet. Aber ob dieses rathsam sey/ darum muß man keinen fragen/ welcher der Rache noch begierlich ist; sondern den / der sie schon verübet hat: der wird jhm bezeugen/ daß die Rache sey eine Frewde der Trawrigen / so lang sie noch zu vollziehen ist.

Wan ich meine Sache Gerichtlich außgetragen: Finde ich eine weit bessere und beständigere Frewde/ in meinem Hertzen und Gewissen. Es ergetzet mich alsdenn billiger die Ehre/ dz ich durch den Mund der Gerechtigkeit / durch die klügsten und weisesten im Volck/ an meine Widersacher gerochen

rochen worden: Und darff nicht sorgen /
daß mein Gewissen mich etwan heut oder
morgen darüber beisse oder quäle. Diese
Belustigung bleibt mir auch viel sicherer/
für aller ferneren Verunruhigung der Ge-
gen-Raache: Ich kan dabey mich eines
guten Gewissens und gnädigen Gottes ge-
trösten/ darf die Beicht und das H. Nachtmahl darumb nicht auffschieben: so anders
im Hertzen nur keine Raachgier steckt.

Bey der Selbst-Raache hafftet neben
andern diese Sorge/ daß der Vergewaltig-
te seine Revanche nicht allein manchesmahl schwerlich erreichen kan; sondern
auch offt eine noch viel grössere Beleidigung an sich ziehet: sintemahl eine Selbst-
Raache gemeinlich die andere gebiert/ und
eine Thätlichkeit der andern so hurtig auff
die Fersen tritt / daß nothwendig einer/ wo
nicht alle beyde/ darüber fallen und verderben müssen/ ja jemahln Gut und Blut/
ja Leib und Seel darüber einbüssen: da
man sonst mit Auffwendung eines Stücklein Geldes/ zu Entrichtung der Gerichts-
Spesen, den Handel fein ordentlich und
rechtmässig hätte können hinauß führen /
und

und des Außtrags der Sachen gebührlich erwarten.

Jener hat den Raachgierigen gar ein artiges Sinn-und Lehr-Bild gegeben; in dem er einen mit vielen Stacheln gewaffneten Igel gemahlet / sampt einer Hand/die mit gantzer Gewalt in die Spitze schlägt/uñ sich hefftig verwundet: anzudeuten / daß der/welcher sich selbst will rächen/ ihm selbsten den grösten Schaden zufüge. Wäre ich nicht der ärgsten Thoren einer / wan ich nicht eisserne Handschuh lieber anzöge / als das ich mich selbst also wund ritzte? Dieser eisserne Handschuch ist das Gericht/womit man solche stechende Igeln am sichersten mag anfassen: Das kan ihnen ihren Trutz und Hochmuth am besten eintreiben und die Stachelspitzen stumpff machen/durch seinen offentlichen Gewalt- und Macht-Arm.

Es geschicht offt / sonderlich unter den Edelleuthen/ daß sie sich thätlich einander selbst depossediren / umb sich also des Titels/ Felix Possessor, ins künfftig zu erfrewen. Darüber manchesmahl ihre Diener und Unterthanen einander vor die

Köpffe

Köpffe schiessen. Aber der gewaltsame Einnehmer muß dennoch zu letzt weichen/ und dem Entsetzten das seinige wider einräumen/ oder gewärtig seyn/ daß die Obrigkeit jene mit Macht wieder einsetze; jhn aber hart abstraffe/ und mit seiner Prætension ans Recht verweise.

Dabey wäre viel zu erinnern / sprach **Leander.** Wann derselbe mächtig und hochangesehn/ welcher die Invasion und gewaltsame Besitz-Nehmung verübet; so geht es wunderlangsam und schwer zu /, ehe man jhn wieder herauß bringt. Ein solcher findet gemeiniglich seine Stangenhalter/ Zustimmer und Wohlgönner im Gerichte. Darum halte ich viel davon / man vertheidige sein Nest/ so gut man könne/ und lasse keinen drein nistelen/ welchem man zu schwach ist.

Dem Stärckern zu widerstehen / versetzte Polydor/ ist ohne das eine Thorheit; wan man kein außkommen sihet und mercket/ daß es partheyisch daher gehen will. Ich tadele zwar nicht/ daß sich einer / bey dem seinigen / bester massen handhabe/ und verhüte/ daß jhn keiner auß der Possession

der gantzen Welt.

seſſion erſt herauß werffe: Denn da heiſſet es: Vim vi repellere licet: aber einen andern auß ſeinem Sitz zu ſtürmen / und nicht vielmehr durch gerichtlichen Zwang herauß zu treiben / oder den jenigen/ welcher mich von dem meinigen verſtoſſen / ohne Hülffe des Gerichts / wieder anzugreiffen / ſonderlich da er mir allein zu mächtig iſt / das kan anders nicht als Gefahr zum Geleit / Schaden und Einbuß zum Hinterhalt oder Nachzug haben. Iſt ihm das Gericht nicht genugſam gewachſen; wieviel weniger werde ich ihm was angewinnen?

Ich habe einen fürnehmen Baron gekant: dem hatte / abweſend ſeiner / ein ſehr reicher und hochangeſehener Edelman etliche Meyerhöfe oder Fuhrwercke / ſo dem Freyherzen zur Bezahlung angewieſen worden/eine gute Weil hero / unter einem nichtigen Fürwand einiger Prætenſion, mit etlichen Dienern und gewaffneten Bawren beſetzt / auch eine gute Weil verhindert / daß er ſeines Rechtens nicht könte genieſſen. Da erboten ſich unterſchiedliche Oberſten /

und andere Cavaliers / so des Barons Verwandte waren / ihm die Höfe / durch Gewalt zu liefern: hätten auch solches leichtlich mögen zu Werck richten. Aber der Freyherr / ohnangesehn er dem Edelman weit überlegen war / beydes an Mannschafft und Gütern; bedanckte sich dennoch ihrer Affection; sagte aber: er begehre kein Gut durch Blut / an sich zu reissen: Vom Gericht wäre es ihm zugesprochen; vom Gericht müste es ihm auch geliefert werden. Dan er konte leicht erachten / daß des Edelmans seine Wagehälse / ohn scharffes Gefecht nicht weichen würden. Sollicitirte derhalben / bey dem Hof-Gerichte / so lang biß etlichen Haupt-und Ampt-leuthen die Execution auffgetragen / und der Baron mit Macht introducirt wurde: Welches / durch seine eigene Leute / vorlängst hätte geschehen können / dafern er lieber ein paar Unterthanen / als etwz mehr Geldes hätte daran setzen wollen.

Ja sagte **Leander**: Wan einer der Gerichtlichen Hülffe versichert ist; so kan er wohl harren / und biß dahin Gedult tragen. Aber die Rrechte lauffen offt wun-

der gantzen Welt.

wunderlich/ihres Außgangs kan man darumb noch nicht gewiß seyn; ob schon die Sache gewissen und ungezweiffelten Rechtens ist.

Francade bestetigte dieses/ mit folgenden Worten. Das bezeugt die Erfahrung leider! nur allzu offt. Mir selbsten seynd nicht wenig Rechts-Sachen/ so zu unsern Leb-Zeiten geführt / bekant/ deren etliche nach langem Gezäncke/ gantz anders verabscheidet worden / weder die Gerechtigkeit erforderte; etliche zwar gnugsam und rechtmässig decidirt, aber dennoch niemals zu einiger Execution gelangt. Unter andern erinnere ich mich insonderheit/ einer Pupillen-Sache/ womit so wohl die beklagte Vormunder/ als der Richter/dergestalt umbgangen / das sie es vor Gott nimmermehr verantworten könne. Es hatt ein Fürnehmer in grosser Würde gesessener Mann/ den seinigen eine ansehnliche Erbschafft/ hinterlassen/und ein paar Vormünder seinen Kindern darüber benennet/ die jhm viel auffrichtiger fürgekommen / weder die Erfahrung hernach gelehret. Diese gaben kaum den zehenden Theil/ herauß/

als

als die Kinder sich verheyratheten widersetzen sich auch / ohn einige rechtmässige Ursach zum allerhefftigsten / so offt sich eines mit Gott und Ehren in den Stand der Ehe begab. Musten doch gleichwol / was sie / Schande halben / nicht länger hintern konten / lassen geschehen / und erboten sich / auff gewissen Terminen den Brautschatz abzustatten. Unterdessen sturben etliche von den Mit-Erben / und machte ihr Todt den übrigen Verheiratheten eine noch reichere Hoffnung.

Wie die Terminen verflossen / und doch von den Vormündern weiter nichts erfolget; werden sie gerichtlich belanget / und fordert man ihrer Vormundschafft halben Rechnung. Welches man aber / von ihnen / durch drey Fürstliche Befehl / und unterschiedliche Academische Urtheile / dennoch nicht erzwingen können: als welche die Execution allemahl hintertrieben. Endlich ist zu ihrem (zeitlichen) Vortheil ein Todes-Fall geschehen / der allerhand Veränderungen / und unter andern diese ge=

gemacht / daß die gantze Sache / auff ihr listiges Antreiben / (ohn angesehn sie doch schon längst vor beschlossen angenommen / definirt / verabscheidet war / und nichts als die Vollziehung der Urtheile nur mangelte /) an ein anders Fürstliches Hofgericht versetzt worden / woselbst ihr naher Verwandter die Cantzler-Stelle bekleidete. Dieser hat ihre Parthey / nicht allein noch bey ihrem Leben / sondern auch hernach / die ungetrewe Vormünder gestorben / und gleichfalls derselben Ankläger in Gott entschlaffen / dergestalt wider die Erben vertreten / daß die Sache viel länger als der Teutsche Krieg gewähret / gleich wie sie sich auch noch eher hatte angefangen.

Es war ein Mann / der gar kein Gewissen / aber ein stattliches Donum Impudentiæ, eine eiserne Stirne / hatte: wandte / mit seiner Zungen / den Landes-Fürsten / welcher die Gerichts-Stuben und Cantzeleyen nit viel druckte / wohin es ihm gefiel: mahlte ihm einen blauen Dunst nach dem andern vor: schnitte allen / die eine ihm
per-

verdächtige Audientz suchten / den Zutritt ab / durch seinen Dutz-Bruder / den fürnehmsten geheimen Rath/der eben solcher Haar / wie er / war / und in der geheimen Rath-Kammer / gleich wie er im Hoffgerichte / des guten redlichen Fürstens Gemüth mißbrauchte/ und schändlich hinters Liecht führte. Ich er war so fürsichtig / daß er ein Verbott außwürckte/ daß bey hoher Straffe/keiner/weder Fremder noch Einheimischer/ dem Fürsten eine Bittschrifft ohn durch die Hände seiner Creaturen / einreichen durffte.

Als eins:mahls ein wohlhebender Unterthan / welchem er/wider alle Billichkeit lange Zeit das Recht einem vornehmen Bedienten zu Liebe / hatte verweigert/ dem jungen vorüber gehenden Printzen eine Supplication kniend überreichte/ dieselbe dem Herrn Vatter mit gnädigster Vorbitte zu recommendiren / enschuldigte sich der Printz und sagte: Lieber Mann! ich thäts gerne; darff aber nicht. Solches ließ dennoch der Cantzler nicht ungerochen; sondern den Supplicanten alsofort beym Kopf nehmen/und so lang im Verhafft sitzen/

der gantzen Welt.

ten/biß er ein anschnliches Stück Geldes zur Straffe erlegte

Wolte jhm ein Sachwalter evidentiam juris, das klare offenbare Recht auß Keyserlichen/ allgemeinen / und Land-Rechten / zu Gemüth führen; so erfolgte dieser Bescheid: Wir haben von unserm gnädigsten Fürsten / kein Befehl mit dem Herrn zu disputiren. Und dann hatte jener Zeit/ zu schweigen; wolte er anders nicht eine Zeitlang im Arrest verbleiben. Wie er dan einen alten gelehrten Mann / der von einer andern Stadt dahin gekommen / um seine eigene Sache gerichtlich zu behandeln/ diesen Gottlosen Tück erwiesen: daß/ als derselbe jhm die äusserste Unbilligkeit des Abscheids bescheidentlich geremonstrirt/ und davon appeliren wollen/ er jhn gleich in Arrest genommen/ und gantzer sechs Wochen im Wirthshause/ mit einer Schild-Wache bewahren lasse; auch nicht ehe gerelaxiret bevor der gute Mann / der viel andere Angelegenheiten/ daheim zu beschicken / und überdas zu besorgen hatte / der Gott-

H vj   lose

lose Cantzler durffte jhm noch wohl gröſ-
ſern Schimpff erweiſen/ einen eydlichen
Revers von ſich gegeben/ Zeit ſeines Lebens die Sache/(daran doch ein ziemlich
Stück ſeiner Wohlfahrt hieng) nicht
mehr zu urgiren/ weder durch ſich/ noch
durch einen Anwalt. Welchen Eyd
denn der Verarreſtirte auch ſo redlich ge-
halten/ daß er auch ſeinen Söhnen
aller dings verſchwiegen/ was jhm begegnet: um zu verhüten/daß ſie ſolches nicht
etwan möchten rächen/ und jhn eydbrü-
chig machen. Nach ſeinem Tode aber/
fand man einen Zettel auff den Acten/
worauff mit rother Dinten geſchrieben
war/ was M. M. jhm für einen Tück
geſpielet/ und dadurch verhindert hätte/
den Proceſs nicht weiter zu treiben: nunmehr aber nach ſeinem Tode/ könten ſeine Erbē denſelbigen fortſetzen. Maſſen denn
hierauff einer von ſeinen Kindern es wunderlich geſpielet/ daß dieſe und andere
Stücklein dem Fürſten hinterbracht:
von dem der Cantzler auch hart zu Rede
geſetzt: aber nichts deſtoweniger mit Zeh-
ren/

ren / als welche jhm stets zu Gebot stunden / wann seine Arglistigkeit jhrer nur begehrte / nicht allein allen Zorn des Fürsten außgelescht; sondern überdas die Schuld gantz von sich / und den Beleidigten selbsten wieder zugewältzet.

Kurtz: Wenn man einen Außbund vom ungerechten Richter hätte conterfeyen wollen; könte man kein bequemers Original und Muster dem Mahler fürgestellet haben / als diesen.

Daß ich aber wieder auff vorige Sache komme; hat er dem Fürsten eingebildet / die Arten wären an dem vorigem Fürstlichem Hofe / von dannen sie endlich an diesen sampt der gantzen Regierung / devolvirt waren / im Kriegswesen von einander gekommen / und gantz unvollkommen: welches jedoch gantz falsch und erdichtet war: stieß also beydes die Fürstliche / und Academische Urtheile und Außsprüche damit übern hauffen; und halff so viel als nichts / ob man sie jhm gleich in vidimirten Copiis vor die Nasen legte: Klägere musten sich gefallen lassen / mit grossem Zeit- und Geld-Verlust / von newem anzufanzufangen / und eine andre Sentenz / von einer Academi / zu erwarten. Weil aber auch diese / für sie/ (sintemahl es anders zu sprechen nicht möglich war/) sententionirte: gab er dem Gegentheil / als seinem Bluts-Verwandten und Schwägern/ einen Winck/ nach der Kayserlichen Kammer zu appelliren; ungeachtet die Fatalia schon längst vorbey gestrichen / und ihn gnugsam remonstrirt wurde/daß ohne das solche Appellation / auß mancherley Ursachen / nicht zulässig wäre. Da musten Kläger endlich in honorem Cameræ Imperialis mit-appelliren.

Nach etlicher Zeit / deserirte Gegentheil die anhängig-gemachte Sache/ am Kammer-Gerichte/und machte / wegen einiger mit involvirten particular Fordrung/ eine neue Fünde. Der Cantzler ließ citiren / zur Compromission/auf ein frisches Academisches Urtheil / betreffend etliche tausend an Zinsen/ so den Klägern zu gut auff etlichen Häusern haffteten. Da galt abermal kein protestiren. Er verschickte die Sache/nebenst etlichen heimlich eingefügten Zetteln/ nach einer bey etliche viertzig Meilen entlegenen

genen Univerſität; da der fürnehmſte unter der Juriſtiſchen Facultät ſein Kern-Freund war; nöhtigte alſo die Erben / mit ihrem eygenen Gelde / eine Gottloſe leichtfertige Sententz zu kauffen / die weder gehauen noch geſtochen war / und von allen Verſtändigen für närriſch und eytel erkannt wurde. Denn ſie ſprach ihnen die Zinſen (welche vorhin unſtrittig ihnen gehörten) zu; aber doch alſo / daß ſie einen Weg wie den andren auff den Häuſern unabgeführt ſolten verbleiben. War ſo viel geſagt: Sie ſolten ihrer nimmer genieſſen.

Da nun der Erben Sachwalter dieſes Urtheil / der Gebühr nach / redlich durchhechelte / auch der Facultät bedräulich zuſchrieb / er wolte ſie / durch offentlichen Druck / vor aller Welt zu Schanden machen: Warff einer die Schuld auff den andren. Etliche enſchuldigten ſich / mit ihrer damahligen Abſentz. Ein vornehmer redlicher Jurisconſultus / welchem die Commiſſion war auffgetragen / darüber zu inquiriren / gab / in ſeiner Antwort / gnugſam zu verſtehen / daß ihrer zween das Urtheil allein / und zwar mit einem ſilbernen

nen Hammer / geschmiedet hätten. Denn Gegegentheil hatte etliche rote Füchse in geheim dahin springen lassen: dahingegen die Erben die Verschickungs und andere wegen Einrichtung der Acten prætendirte Spesen/ nemlich 36. fl. gantz allein abtragen musten. Die Gottlose Urtheil-Verfasser selbst wandtē endlich (doch mit höchster Unwarheit)vor: die Acten wären so incomplet/intricat und verworren gewest / dz man sich schier nicht darin finden können: man könte/ so etwan ein Defect darunter wäre/ dieselbe compliren/revidiren/ und alsdenn wiederum überschicken. Das ist: wenn man noch 36. fl. zu viel hätte/ könte sie man theils der Cancelley / theils jhnen in den Beutel werffen.

Noch eins muß ich gedencken. Die Erben/ so nunmehr auch Waysen waren/hatten erfahren/ daß einer von jhren ungerechten Vormünder Kindern / an einem Ort etliche tausend Reichsthaler / so von jhrem Mütterlichen neben andern herrührte/ stehen hätte; und darüber bey dem Hertzog/mit grosser kostbarer Mühe/einen Arrest außgewürcket. Solche ließ der Kantzler
ge-

geschehen; wiewol auß listiger Simulation. Aber was that er? Nachdem sie etliche Jahr sich äusserst bemühet/ und nunmehr in guter Zuversicht stunden/ selbige Gelder auffs schierste zu erheben; sihe da obrepirt ihr widersacher auff Einrahtung des Cantzlers/ einer Nordischen Königinn/ und bittet/ vermittelst einer Dedication von jhrer Majestät ein Intercessional-Schreiben auß / an den Hertzog/ um obgemeldte Summa zu relaxiren: mit dem Vorwand/ er wolte damit in Doctorem promoviren / und fern er ein Ehren-Ampt suchen. War das nicht ein feiner Medius terminus? noch dennoch gieng der Poß an: welches dan nicht hoch zu verwundern : denn die Hof-Gnade wird ja so leicht auß einem Schatten/ als Schein der Billichkeit / unterweilen erzeuget. Diß Königliche Schreiben hatte man am Fürstlichem Hofe/ kaum gerochen; da verschwand der Arrest im Augenblick/ und bekamen die Waysen an statt Geldes/ eine ziemlich-lange Nase.

Ey! sprach **Philanthos** / solte man jhms doch kaum einbilden können/ daß ein so gar unrechtfertiger und verkehrter Richter

Die alleredelste Rach

ter jemahls gelebt/ wie mein Herr diesen Kantzler abmahlet.

Francade antwortete. Ich rede/meine ich/ so wohl von andern unterschiedlichen glaub-und gewissenhafften Personen/ als insonderheit von dem Advocaten der Weysen/ berichtet bin. Nunmehr ist er längst in Gottes Gericht: da er/als ein Unbußfertiger/ der Ungerechtigkeit nie berewet hat/besorglich einen schweren Stand haben wird/wann die Thränen der Wey-:sen/ am allgemeinen Gericht der Welt/wider ihn werden auffstretten: sintemahl er denselbigen nicht allein gottloser frevelhaffter weise in ihren Rechten widerstanden; sondern auch daneben verursachet/ daß sie und ihre Eltern/über die acht hundert Gülden in dieser Sache/ so gut als ins Wasser geworffen: zu dem ihnen/ in Bezahlung der Copeyen/ Interlocutorien (derener/ gantz unnöthiger Weise/ viele nacheinander geschmiedet/ wenn die Cancelley Geld gebraucht) und anderer gerichtlichen Acten/ die Taxa gantz unchristlich allemahl gesteigert: Da sie hergegen/ von ihrer rechtmässigen Anforderung/ weder Heller

Heller noch Pfenning jemahls gesehen /
auch wohl / meines Erachtens/ biß an den
jüngsten Tag nicht sehen werden.

O! sagte Gentian; das steht leicht zu
glauben. Mir ist gleichfalls ein solcher
Kantzler / am Elb-Strom/ bekant gewest:
derselbe / ob zwar seine noch übrige Eys-
graue Härlein/ ihn des letzten Welt-Ge-
richts hätten erinnern sollen/ setzte dennoch
dem Urtheil seine Gunst oder Haß zu einer
Richtschnur ; ja pflag sich offt zu rühmen / er wolte einen sechslings- oder
Kreutzer-Weg nehmen/ und eine Sache
zehen Jahre auffhalten; sie möchte so klar
seyn / wie sie immer wolte: welches er dan
auch mit mit der That/ gnugsam beglau-
bet hat.

Wir leben leider! (fieng Feliciano an)
in der Zeit/ da die Ungerechtigkeit überhand nehmen will. Solches haben schon
vor langen Jahren/ die alten beklagt / in
dem sie außgegeben / Astræa wäre gen
Himmel geflogen: und ich habe Sorge
sie werde in solchem Glantz/ wie sie zu den
güldnen Zeiten geleuchtet/ vom Himmel
nicht wiederkommen / biß Himmel und
Er-

Erden vergehen/ und die ewige Gerechtigkeit sichtbarlich erscheinet/ um eine Revision aller Acten/ anzustellen. Unterdessen muß allhie dennoch die liebe Justitz auch auff Erden/ obgleich nicht in solcher Majestät/ wie vor alters/ wallen/ und als eine Peregrinantinn sich bald hie/ bald dort gedulden/ wo ihr wolbestellte Regierungen und Policey-Ordnungen Herberge und Quartier verleihen.

Ihre Peregrination habe ich sonst fast nirgends artlicher verzeichnet gefunden / weder bey dem Italiänischem Grafen/ Octavio Brembato, in seinem Proteo Legato: da er die Gerechtigkeit/ durch alle vier Theile der Welt herum führet/ mit einer so sinnreichen guten Manier/ daß man wol ein feines Lehr-reiches Schauspiel darauß anstellen könte. Ich will nur eines und anders anjetzo darauß erwehnen: wie er nemlich die Gerechtigkeit den Nil-Strom hinauff/ durch Africa umher terminiren macht.

Es relationirt aber dieser andere Boccalini ungefehr also: In der Haupt-Statt Dengala præsidirte/ als Oberster Statthalter/

ter/ein Mann so trewloß / wie man einen irgendswo in der Welt hätte mögē finden. Der hatte zu seinem Hofmeister gedungen den Monsieur Interesse, welcher alles verwaltete. Nun trug sich einsmahls dieser merckwürdiger Fall zu: daß zween Cavaliers/umb eine sehr schöne Jungfraw buhleten: deren einer arm von Gelde und Gütern/aber reich an Tugend und Geschicklichkeit wär; der andere von grossen Mitteln / aber ein schändlicher Knecht aller Schanden und Laster: weswegen der Damen Eltern ihre Tochter lieber einer so rühmlich qualificirten Armut/dan einer so reichlich bemittelten Untugend gönnen wollen. Solches aber zu verhindern/hat sie der Reiche mit Gewalt entführet/und die Entraubte nicht allein selbst geschändet; sondern auch nach gebüster Lust/seinē Dienern/zu ihrem unkeuschē Willen übergebē.

Der Genothzüchtigten Vater klaget den Ehren-Räuber an: welcher sich dessen von einem Mann so schlechtes Vermögens/ nicht hatte versehen; der darüber für Gericht gefordet; auch nach dem er erschienen in Verhafft genom̄en wird. Weil dann zu besorgen/ es möchte der Kopff sprin-

springen: Läst er dem Hoffmeister Interesse eine stattliche Summa Geldes verheissen / dafern er derselbe jhm mit dem Leben werde darvon helffen. Jener gibt jhm darauf den Anschlag: Er solle seiner Diener einen bereden / daß der sich/ an seine Statt für den rechten Thäter bekenne / und demselben einbilden/ er wolle jhn/ durch ein ansehnliches Præsent / leichlich auß der Gefängnuß wieder loß würcken; ob gleich tausend Urtheile über jhn gesprochen würden.

Der einfältige Knecht verläst sich auff seines Herren Worte und nimt die Strickwürdig Schandthat auff sich; um seinen Herren jhm dadurch ewig zu verbinden. Wird also für Gericht gestellet/ auß seinem Munde gerichtet/ zum Strange / hingegen sein Hertz zum Leben verurtheilet/ und dieser ledig gesprochen. Darwider protestirt zwar der entführten Vater: aber umbsonst: Das Gericht nimt des Dieners eigene Bekantnuß zum Deckmantel der Unrechtfertigkeit / und läst denselben an den Galgen hencken / als er eben gedachte / man öffne den Kercker zu seiner Entledigung. Es ward
der

der gantzen Welt.

der Proceß auch so kurtz gespielt / daß die falsche Hoffnung allererst/ mit sampt dem Athem/ in ihm erstickte. Und muthmasse ich / meines Theils / dieser Handel sey vielleicht in Italien / irgendswo würcklich also vorgegangen; von Brembato aber / verblühmter Weise/ nach dem Nil-Fluß verlegt.

Als aber eins der Statthalter Gehör ertheilte / kam ein altes/ gantz zerlumpetes Weib mit einem Stabe in der Hand/ der ihrer Schwachheit Seule und Unterhalt war/ weil allem Ansehn nach ihre natürliche Wärme schon mehr als halb bey ihr erloschen/ daher getretten; bittend man wolte sie doch auß Mitleiden in die Hoffhaltung einlassen / und von ihren Beschwerten heilen; auff daß sie wieder möchte zu ihrer vorigen Gesundheit gelangen.

Der Statthalter / so dieselbe nicht kante/ befahl das alte gute Mütterlein in die Krancken-Stube der Bettler zu legen/ und ihr allda Hülffe zu leisten. Solchem Befehl aber widersetzte sich der Hof-meister Monsieur Interesse mit Macht; und zeigte dem Statthalter an: Diß Weib wäre

Die

die Gerechtigkeit/ und jhm mehr als zu wol bekandt? würde man diese unverschämte runtzelichte Vettel beherbergen/ so müste er sich von Hofe gantz hinweg begeben; sintemahl zwischen jhm und jhr eine solche feindliche Widersinnigkeit/ wie zwischen Liecht und Finsternuß/ sich befünde: Der Statthalter würde gewißlich solches zu seinem grossen Schaden/thun: denn wenn diese in der Statt bleiben solte; würde aller sein Vortheil und Genuß auffhören/ er dem mit Rauch überzogenem Namen des Gerechten müssen Liebkosen/ und den Leuten zum Spott werden.

Dessen erschrack der Statthalter/ und gab Befehl/ man solte das Weib greiffen: gestaltsam sie darauff von den Schergen/ gebunden/ durch die gantze Stadt mit Ruthen gestrichen/ und auff ewig verbannet.

Nach dem die Gerechtigkeit der gestalt auß Dengala vertrieben: begab sie sich ab der rechten Strassen/ und befahl sich der Cortoisie, eines mit Dornen sehr verwachsenen Fußsteiges/ welcher sie leitete zu der Einöde eines armes Hütleins/ so der

Pietro

Pietät Königlicher Pallast war / von welcher sie freundlich ward auffgenommen / und bey ihr einige Tage verblieb. Nach Verfliessung derselben / erblickt sie ungefehr / in einem Winckel selbiger Hütten / einen langen schwartzen Mantel / dessen sich jene / bey der bettlenden Hülff-und Stewer-Einsammlung / bedienete. Dieser / hoffte sie würde ihr sonderlich können vorträglich seyn / zu ihrer Geniessung: erlangte also denselben bittlich zu Lehen / und machte sich damit auff / nacher Darga ; woselbst Politica die Auffsicht der Regierung trug. Mit diesem Mantel kam sie umbgeben hinein / gieng eine Weil gantz unbekant herum / und verfügte sich endlich zu der Politic ; neigte sich / für derselben / gar demüthig / und bat umb Bestätigung eines vom Jove erlangten Freyheit-Brieffs / daß sie / als eine Reichs-Bürgerin / daselbst möchte ungehindert in ihrer Religion leben / worinn sie war geboren.

Als die Politic vernahm / daß dieses die Gerechtigkeit wäre ; gebot sie alsobald / nach ihr zu greiffen ; um ihr hernach

nach das Urtheil des Todes zu fällen. Aber die gute Alte wolte des Streichs nicht erwarten; warff von sich den Mantel / nahm die Flucht und verschwand. Nichts desto weniger ließ die Politic genaw nachforschen: weil sie aber dieselbe nicht fand/ und doch besorgte / sie möchte irgendswo noch in der Statt/ verborgen stecken: wurden auff ihren Befehl / Stücke gerichtet/ und die Statt damit in Grund geschossen / die Gerechtigkeit aber war unverletzt davon kommen / und hatte sich nacher Basa in Sicherheit gezogen: kunte doch auch da nicht lange ruhen: sondern machte das Volck / vermittelst Entdeckung ihrer rechten Religion / rege wider die Monarchie. Ja sie druckte den Gemüthern der Leute die Warheit ihres Bekantnusses so fest ein / daß ohne zweiffel die Abgöttereyen der Politic / und des Eigennutzens wären abgeschafft worden / wann die Gefangen-Nehmung solchem allem nicht zuvor gekommen. Welches man der Politic bald zu wissen machte: die auch stracks dahin eilte/ und durch den Statthalter zu Basa unverzüglich ein Urtheil fällen ließ: daß die Gerechtigkeit auß der Gefängnuß gezogen / auff dem Platz der Lavernæ mit glühenden Zangen gezwickt; nachmaln in einen grossen Kesicht gesetzt; gegen Abend aber / durch zween gebogene Baum-Aeste empor geschnellet / und von einander zerrissen; endlich mit angehencktem Bley in die Tieffe des Meers versencket werden solte.

Dem Gesprochenen Urtheil ward der Anfang gemacht; sie gezwickt / und in den Kesicht gesetzt. Als sie aber ihr Gebet zu Gott richtete; kam ein Ungestümmes Wetter / mit Wind / Blitz / Hagel / und dicker Finsterniß / vermischet; in welchem sie auß dem Kesicht erlöset / fortgerissen / und auff freyen Fuß gestellet ward.

Gleichwohl wolte darumb die Gefahr noch nicht gantz von ihr weichen. Sie wünschte sich vergebens in Macada zu kommen; allwo der Politic ein gleiches nicht verstattet / und nur die Kunst / der Eigennutz / nebenst den Handelsleuten / eingelassen wurden.

Weil dan keine sichere Freystatt anzutreffen; hat sie sich in einen Hasen verwandelt:

delt: ist aber / in den Feldern der Statt Beleguanze, auffgetrieben / gejagt / übel zerrissen und zerzauset worden. In dieser dussersten Gefahr / nam sie jhre alte Weibs-Gestalt wieder an / in Hoffnung sich dadurch zu erretten: fand sich aber betrogen: denn die Hunde verwandelten sich auch / und entdeckten jhr gnugsam / dz sie die böse Bediente wären. Ja der Jäger selbst war der feindliche *Eigennutz*: welcher gehofft hatte / unter so verdeckter Gestalt / mit seinen Helffern / die in der Wildniß entflohene *Gerechtigkeit* auffzutreiben / und unversehens zu überraschen: wie auch geschahe.

Allein jhr oberster Schutzherr / Jupiter / verschaffte / daß Proserpina herbey kam / sich mit dem Apollo zu umfahen / und selbige Gegend zu überfinstern. Durch solches Mittel entkame sie jhrem Verderben; und verdeckte sich / jedoch ohne den entlehnten Mantel / wieder bey der Einöde der *Pietät*.

Von dannen nahm sie jhren Weg nach der Stadt Garava, woselbst sich Aesculap enthielt: willens / von demselben sich wiederum /

der gantzen Welt.

rum heilen / und verjüngern zu lassen;nach
demmal jhr die Erfahrung schon mercklich
gnug zu erkennen gegeben / was verdruß
man ob einem alten und unbekantem
Weibsbilde trüge. Sie ward aber dem
Statthalter verrahten / welcher gleich ließ
Sturm läuten / damit die Stadtthor so
bald mögte geschlossen werden. Sie hinge-
gegen/die in den Fährlichkeiten schon war
veraltet/flohe zuvor hinauß/und entran auf
das Feld: doch so unvermerckt nit / daß es
dem Statthalter nit wäre angezeigt worden.
Der darauf alles zu Pferde sitzen und nach-
jagen hieß: wiewol vergeblich: sintemal die
Gerechtigkeit in eine kleine / jhr vom
Glück zubereitete Höle sich verborgen;über
das auch ein starcker Platzregen die Außge-
schickte wieder in die Statt trieb.

Unterdessen gewann die Gerechtigkeit
Weile/eylends nach der Hütten jhrer Pietät zu fliehen: bekam daselbst ein scharffes
Fieber: welches der Pietät / als jhrer getrewen Freundin / grossen Kummer
brachte. Zuletzt/da sie wider genesen/wande
sie sich nach der Atlantischen Insul, hoffend
daselbst jhre Sicherheit anzutreffen. At-
J iij las

las aber / der grosse Monarch / hatte eben den Eigennuß zu seinem Géneral / und zugleich Schatzmeister angenommen; welcher gar scharffe Inquisition hielt / auff die Gerechtigkeit. Weil denn auch / zu allem Unglück / der Irrthum Ober-Kantzler war: ward der König desto leichter / durch diese / bewogen / ein Gebott ergehn zu lassen / krafft dessen sie innerhalb 3. Tagen / das Königreich räumen / und auff ewig gebannisirt seyn solte. Also muste sie weichen / verschloff sich auff die Grentzen des Reichs / und nahm abermals die Höle der Pietät ein / in dem Hafen des Neptuns. Fing zwar an daselbst durch die Bedienung des Vortheils / um sicher Geleit und Gehör zu handlen: weil ihr aber beydes rund abgesagt wurde / und sie benebenst wohl sahe / daß die Sache wolte in die Länge gespielt werden: entschloß sie sich / zu appelliren an das oberste Tribunal Jovis: dieser / nach dem er ihr das Ohr geneiget / sendet den Mercur auß / um Information einzuziehen: und läst dem Atlas befehlen / die Execution des gefällten Urtheils zu rück zu halten / biß man die Sache recht überlegte /

te/ und sich alsdenn fünde/ ob dasselbe zu bestetigen oder zu vernichten wäre. Atlas wolte solchem Gebot sich nicht unterwerffen; schützte die Souveraineter vor/ und daß von jhm nirgends wohin könte appellirt werden.

Die Gerechtigkeit/ welche solches Land sehr liebte/ begab sich doch in die Statt Morgano, so dieses Königs Residentz war/ und kehrte heimlich ein/ in das Hauß eines armen Geistlichen: ward aber verrahten/ und jhr mit allem Fleiß nachgetrachtet. Darum verbarg sie sich in ein Grab/ auff dem Kirchhofe/ und lebte daselbst bey den Todten; weil sie von den Lebendigen/ also verfolget wurde.

Wie es jhr hernach weiter erggngen/biß Jupiter sich jhrer erbarmet/ und sie gen Himmel auffgenommen; das führet besagter Graf zwar ferner gar sinnreich auß: weil es aber die Herzen zu weit von jhrer Materi dürffte abführen: lasse ich es ungemeldet.

Ob nun zwar/ auch in Europa/ die liebe Justitz vielmals gar übel zu kurtz kommt: so findet man doch gleichwohl auch noch hin

hin und wieder rechtschaffene Liebhaber/ Vorsteher und Eyferer derselben die so viel an jhnen ist/ jhren freyen Lauff befordern; fürnehmlich bey den wohlgeordneten Statt-Gerichten.

Ich vermeyne es auch/ sprach **Polydor**: und zwar nicht allein bey den Statt- sondern auch Fürstlichen Hoffgerichten. Es wäre nicht gut / daß allenthalben solche Cantzler die Cancelleyen dirigirten/ wie die jenige gewesen / über welche die Herren **Francade** und **Gentian** geklaget. Es ist nicht gar lange / daß man einen Hauptgelehrten Kantzler / im Hertzogthum Lüneburg/ begraben/ über welchen sich keine Leute höher zu beschweren gehabt/ als die jhre Sachen / auff Geschencke und Gaben gründen wollen: sintemahl er weder Gunst noch Freundschafft / weder Præsente noch Personen angesehen; sondern allezeit gerade durchgangen / auch die Sachwalter/ wann er gemerckt/ daß sie mit faulen Fischen sich behelffen/ und allerhand Außflüchte suchen wollen/ scharff außgecapitulirt. Eines/ das vor andern denckwürdig/ muß ich erzehlen.

Als

Als ein Fürstlicher Amptmann / der mit jemanden Proceß führte / ihm einen fetten stattlichen Ochsen schickte / und höfflich bitten ließ / dieses geringe Præsent nicht zu verschmähen / sondern als einen Vorlauffer anderer fernerer Danckbarkeiten mit geneigtem Willen anzunehmen / vor die vielfältige Mühe / die ihre Excellentz bey Verhör seiner Sachen / Theils allbereit gehabt / Theils etwan / als ein gnädiger Beforderer / hinführo noch weiter erdulten würden: bildete er ihm gleich ein / dieser Gehörneter wolte zweiffels ohn seiner Auffrichtigkeit einen Stoß geben: sahe denselben eine Weil an / gieng endlich hinzu / strich und schlug mit der Hand auff den Rücken des Ochsens; wandte zu gleich die Augen nach dem Verwalter / der das Rind hatte lassen herein treiben / und das Complement dabey abgelegt / und sprach: ey! das ist je ein schönes Stück! ein außbündig wohlgemesteter Ochs: mein! was solte doch derselbe wohl werth seyn? der Verwalter bat umb verzeihung / daß er nicht sagen könte /

was

was jhm unbewust wäre. Aber der Cantzler hub wieder an: ey ja! wie soltet jhrs nicht wissen? sagt mirs im Vertrawen. Denn wiewol es ein Geschenck: so wüste ichs dennoch gern: begehre jhn eben darum nicht wieder zu verkauffen/ noch einen Ochsen-Handel anzustellen. Sagt mir/ wie hoch jhr/ der sich am besten darauff verstehet/ jhn wohl schätzet. Hierauff zeigte jener an; der Ochs dörffte viertzig Reichsthaler werth seyn.

Nun so grüst mir (mit diesem Bescheid fertigte er den Verwalter ab) denn ewren Amptmann/ und sagt/ daß ich jhm sehr fleissig dancke/ mit Bitt er wolle übermorgen/ wie jhr vermeldet habt/ bey mir einkehren/ und den ersten Braten verzehren helffen.

Nach etlichen Tagen/ kommt besagter Amptmann persönlich vom Lande herein/ um dem Cantzler auffzuwarten: wird auch gantz freundlich von demselben bewillkommet/ und auf sein gemachtes Complement/ mit höfflicher Erwiederung begegnet. Da er nun seine Sache bester massen recommendirt/ und nach erfolgter Antwort/
daß

der gantzen Welt.

daß man ihm nichts werde zu kurtz lassen geschehen/ wiederum Abschied nehmen will; redet ihn der Cantzler also an: Herr Amptman/ er hat mir einen schönen fetten Ochsen neulich verehret; dessen bedancke ich mich gantz freundlich; verbleibe wiederum/ bey der Begebenheit/ sein Schuldner: aber da ist die Bezahlung davor! gleich hiemit stellete er ihm viertzig Thaler zu. Jener bat höchlich/ man wolte doch das geringe Præsent nicht verschmähen/ noch also außlegen/ als ob man hiedurch der Gerechtigkeit mit Hörnern begegnen/ und sie zu Boden rennen wolte.

Nein versetzte jener/ ich verschmähe es gar nicht: er ligt schon im Saltz; wird mir aber nicht schmecken/ so er nicht bezahlet. Ich bedancke mich einen weg wie den andern. Das Recht muß seinen Gang gehen: was selbiges außweisen wird/ soll dem Herren werden.

Also muste der Amptman seinen Ochsen in guter Barschafft/ wieder mit sich heimtragen/ wie ungern er auch daran wolte; und also/ mit seinem Exempel bezeugen/

J iij

daß

daß diesem Cantzler sein Gewissen nicht feil
wäre.

 Das ist dann wohl ewig Schade /
sprach Leander / daß dieser redlicher
Cantzler schon unter der Erden ligt: denn
seines Humors wird man nicht übrig viele finden. Man dürffte ihrer mehr antreffen / die es jenem Advocaten nachma-
chen / der von einer Parthey einen Cam-
mer-Wagen, von der andern zwey Pferde geschenckt bekommen / auch beyde Præ-
senten angenommen; aber / nach dem er bedacht / daß die beyden Pferde mehr werth
wären / als die Karrete / dem Roß-
Schencker die Ohren des Richters am
meisten zu gelencket hat. Als der andere ihm
solches verwiesen und gesagt: mich dünckt /
Herz / meine Kutsche gehet nicht recht ?
soll ihm der Sachwalter hurtig geantwortet haben: Ich kan nicht anders gehen / als mich die Pferde ziehen.

 Daß die Gerichte / in Europa / besser bestellet / als etwan in Africa und Asia / wie
mein hochgeehrter Feliciano zuvor erwehnte; lasse ich eines Theils wol gelten;
andern Theils aber nicht. In Criminal-
Sachen /

Sachen / sonderlich in den Abstraffungen der Majestät-Verletzer / mögen unsere Gerichte billig zwar jenen Asiatischen und Africanischen vorgezogen werden: weil / in vielen Königreichen daselbst / die böse Gewonheit regiert / daß nicht allein der Thäter / sondern auch die gantze Famili desselben / außgerottet wird. Solche Tyranney erfahren wir / Gott lob / in unsern Ländern nicht. Was aber die Bürgerliche Rechts-Sachen betrifft; ist / meines Bedünckens / die Asiatische Gerichts-Hegung darin den Europæischen weit vorzuziehen; Denn dort sitzt entweder der König / oder ein Königlicher Statthalter / oder sonst ein fürnehmer Reichs-Rath / mit zu Gericht / debattirt den Handel fein kurtz und geschwinde / nach den Rechten und Statuten des Landes. Hie / bey uns haben wir die Last der vielen Rechts-Gesetze auff dem Halse / darauß wir wohl klüger / aber nicht gerechter werden: sintemahl wir dieselbe vielmahls hefftig mißbrauchen. Uberdas ziehen unsere Gerichts-Processen einen solchen Schweiff von Exceptionē / Cautionen/

nen/Juramenten Revisionen/Leuterationen ꝛc. nach sich/ daß mancher dafür erschrickt/ und ehe er ans Recht gehet/ sich lieber mit dem drittel seiner Anforderung begnügt. Solches alles gienge noch wol hin; wenn man vieler Orten den Rechts-Hader nicht unsterblich machte/und die Leute von einem Jahr zum andern auffhielte. Denn da steckt und hemmt sichs bald hie/ bald da. Bald will der Richter nicht / mit der Execution/verfahren: bald ligt es an einem spitzfindigem durchtriebenen Advocaten/ der sich wie eine Schlange zu winden/und allerhand Winckelzüge / Zwick-Mühlen / und Schlupff-Löcher zu finden weiß; um seinem Gewalt-Geber oder vielmehr dem Teuffel/ redlich zu dienen.

Lobe demnach den weisen Spanischen König Ferdinand: daß er/ bey Abfertigung eines Statthalters nach Ost-Indien/ außdrücklich jhm geboten/ keine Juristen/ Notarien/ oder Procuratoren / mit dahin zu nehmen. Auff daß sie nicht / auch der Orten / allerley Uneinigkeit/ Streit und Zanck-Händel / unter den Leuten erweckten.

Es

Es hat ein rechtschaffener Rechtsgelehrter selbst gesagt : daß/ neben den dreyen Haupt-Straffen/ Krieg/ Pestilentz und Thewrung/ mit welchen Gott die Welt strafft/ noch die vierdte wäre: nemlich die Processen, und das Rechten. Daran er gewißlich nicht unrecht geredt. Ja ich halte es mit dem Weidnero / der in seinen Denck-und Lehr-Sprüchen Teutscher Nation/ diese Wort darzu thut. Ich halte gäntzlich dafür/ diese vierdte Straffe sey eine von den allergrössesten: dieweil Pest/ Krieg/ Hunger/ eine Zeitlang auffhalten/ und den Leuten Ruhe geben: aber das Rechten und Pflechten hat nimmer kein Ende/ und wächst allezeit ein Process;auß dem andern: gleich wie der Lernæischen Wasserschlangen / wan ein Kopff abgehawen/ zween andere wieder an die Stelle wuchsen.

Diß ist das Schwert/ welches die Leute / im Frieden / verdirbt. Ja dieses Schwert wütet ärger / denn das Kriegs-Schwert. Der Soldat erbeutet/ von seinen Feinden / was ihm die Plünderung unter die Hand bringt; und hat etlicher
massen

massen recht dazu: angeschaut er Leib und Leben / ja die Seele selbst / in Gefahr setzt. Aber der Advocat nimt seinen Freunden alles / was er ohne Recht erschreibt: ja nimt offt mehr / als da ist; in dem sein Principal mehrmahls / durch ihn / in tieffe Schulden fällt. Er frißt das Ey: der Client muß / mit den Schalen leerer Hoffnung vorlieb nehmen. Solcher gestalt verübt er / unter dem Mantel der Gerechtigkeit / eine Plünderung / die viel ärger / weder die Soldatische: sintemal / durch solche ungewissenhaffte Rechts-Krämer / die unbedachtsamen Leute / zu unversöhnlicher Feindschafft verhetzet / und mit solchem ihrem Federspieß an den Bettel-stab gejagt werden.

Gemach! gemach! mein Herr Leander: sagte Polydor: er muß die gewissenhaffte / hocherfahrne und gelehrte Rechts-verständige nicht / mit den arglistigen Zungen-Dreschern / vermischen / die kaum einen Legem gründlich verstehen / sondern alles auff Bundmacherey / Calumnien / Elusionen / und lose Striche setzen. Es gibt auch redliche / edle / und tapffere Advocaten /

die

die nicht so sehr Gewinn und Vortheil/ als Ruhm/Ehre/und ferner Beförderung suchen/und derhalben ihren Sachen getrewlich vorstehen.

Und meinet der Herr (antwortete jener) daß auch solche reputirliche tieffgelehrte / und hochverständige Juristen / wo nicht eben durch Geitz/ jedoch offt durch Ehrsucht/ Forcht oder Haß/ gemeinlich aber durch gewisse Reflexion auff einen hochangesehenen Mit-interessenten, nicht verleitet werden/ ihren Fleiß sincken zu lassen/ oder die Sache gäntzlich zu quittiren/ damit sie nur nicht diesen oder jenen / der ihnen heut oder morgen könte beförder- oder verhinderlich seyn/ mögen offendiren? meynet er nicht / daß auch manche / nicht so sehr auß Gewinn-als Ehrsucht/ eine gerechte Sache auffhalten/ wo nicht gar hintertreiben; damit sie nur/ für Hauptverschmitzte Rechts-kündige mögen gerühmet werden?

Einer vor dem andern / gab Polydor/ zur Wieder-Antwort. Ein verständiger Rechts-gelehrter wird sich gleich anfangs einem solchen Handel entziehen/ dabey

dabey er einer grossen Person Ungunst be-
fahret; auch wol/gestalten Sachen nach/
den Kläger zum vergleich/ oder zu gäntzlicher Verspahrung der Gerichtskosten/
ermahnen/ dafern er siehet/ daß nichts zu
erholen sey. Aber zugelassen/ daß auch vielleicht solche Ehr- und Gewissenliebende
Juristen/ in dem sie zu Vermeidung einiger Offense/ zuweilen eine kleine Politic
mit unterlauffen lassen: so geschicht es darum nicht eben von allen/ noch allemahl.
Gleich wie auch die geitzige Rabulæ welche
eines Juris-Consulti Namen nicht meriti-
ren/ denen der Herr zuvor den Peltz also hat
außgekehret/nicht allezeit Schaden thun/ o-
der thun können/ wann sie gleich wolte: weil
ihnen die Richter manchesmal den Zaum
etwas anziehen.

Recht und Gerechtigkeit sind wie das
liebe Getreide/ davon wir unsere Nahrung
haben: wann aber selbiges verfaulet; kan
ein boßhafftes Gifft darauß werden. Muß
man also den vielen Justinianæischen Ge-
setzen/ noch den Gerichten nicht zumessen/
daß es mehrmals so wunderlich hergehet;
sondern vielmehr den Menschen hinterli-
stigen

stigen Boßheit/ die wie in allen Gewerben/ also auch hierinnen von Jahren zu Jahren zunimmt. Die Gerichtliche Rache aber wird darum ihren edelsten Glantz nit verlieren; daß man ihrer jemahln mißbraucht: ja die aller gerechteste solte man desto edler preisen/ je seltener sie würde gefunden: gleich wie man einen edlen Rhein-Wein desto mehr rühmet/ je weniger er verfälschet worden; und wie alle Göttliche Ordnungen die besten seyn/ ob sich gleich die wenigsten Menschen leider! darnach halten.

Ich verwerffe/ sprach Leander/ die Gerichtliche Rache auch nicht: allein daß sie die alleredelste seyn solte/ will mir eben deswegen nicht ein/ daß so wenig Beleidigte dadurch werden vergnügt/ sondern offt/ durch unnöthig-gemachte Weitläufftigkeit/ an ihrem Vermögen/ noch ärger gekräncket/ weder vorhin. Auge um Auge/ Zahn um Zahn erfordert das Mosaische Gesetz. Solchem nach/ schätze ich/ sey es auch besser ein Ohrfeige um die andere; als eine Klag-Schrifft um die andere.

Ist gar recht; versetzte Polydor: aber
sol-

solchen Wiederschlag muß nicht der Geschlagene / sondern die Obrigkeit geben: sonst wird sich der Ohrfeige zu dem Auge und Zahn / gantz nicht schicken.

Nirgends besser / sagte abermahl Leander mit lachen/ als eben dahin. Das ist sogar Weltkündig / daß es auch allerdings die Bawren wissen. Und die Warheit zu bekennen/ ich selber, machte es lieber also / denn daß ich zu dem Advocaten / Procurator / und Canceley-Schreiber lieffe/ und mich daselbst noch eins / mit dem silbernen Stecken / schmeissen liesse. Auff ein unnütz Maul / gehört eine Maulschelle: kommt darauff denn eine wieder; so duplicirt und triplicirt man so lang / biß eines von beyden des Handels müde wird: und solcher Process kan leichtlich in einer viertel Stunden außgeführt werden.

Es kan aber / (war Polydors Gegen-Rede) auß solchem Faust-Wechsel ein Kugel- oder Klingen-Wechsel entstehen.

Freylich / sprach Leander. Und ich will zehenmahl lieber eine blancke Klinge / als eines Advocaten Feder / wider mich gespitzt sehen. Wie

Wie wann aber/ fragte **Feliciano**/ der Handel so beschaffen wäre/ daß er mit der Faust/ nicht außzutragen stünde.

Er möchte bewand seyn / sagte **Lean-der**// wie er wolte; stünde die Wahl bey mir/ so folgte ich unsern ehrlichen alten Teutschen / die um Gut oder Geld nicht viel mit einander vor Gericht gezancket; sondern mit Waffen den Streit entschieden haben.

Das redet mein Herz/ sprach **Philanthos**/ als ein frischer Cavallier/ der die güldene Kunst in den Armen/ und Muth im Hertzen trägt: ein Schwacher aber käme dabey zu kurtz / würde Blut sampt dem Gut verlieren.

Leander sprach: wäre er zu schwach/ so müste ihn ein Stärckerer secundiren.

Wie aber / sagte **Polydor**/ wann ein Stärckerer über den Starcken käme/ und ihm seinen Harnisch sampt dem Leben nähme? was hätte man denn damit gewonnen? **Leander** sprach: wenn er keine rechte Sache hätte / würde ihm Gott solches nicht zulassen.

Po-

Polydor erwiederte/ warum nicht? Gott läst zwar die Unschuld nicht unterdrücken: aber so sie sich mit verbotenen Mitteln selbst will rächen; verhengt er offt ein Unglück über sie: sintemal sie alsdenn/ für jhm/ nicht mehr unschuldig ist. Ich muß/in diesem Fall/ den Italiänern recht geben/ welche es für ein thörliches Ding halten/daß ein Beleidigter sein Leben/mit dem Beleidiger/ zugleich auff ein so gewagtes Rappier-Spiel setzt/dabey er selbst dasselbe so leicht einbüssen kan/ als sein Gegner.

Ja versetzte *Leander*; sie seynd wohl richtig die Herzen Italiäner! die ein so redliches Gefecht versprechen/ machen ihnen hingegen kein Gewissen/ dem jenigen/auff welchen sie einen Groll tragen/ einen biß an die Zähne gewaffneten Meuchelmörder unverwarneter Sachen auff die Haut zu schicken. Der Frantzosen weise gefällt mir tausendmahl besser. Die lassen ihren gegeneinander habenden Zorn nicht bey sich verschimmeln: seynd fein resolut mit der Fuchtel herauß/und lassen hernach die Feindschafft/ nach geendigtem Kampff/
auff

auff dem Platz da ligen: gehn davon/wie rechtschaffene Cavalliers/ die ihren Handel mit einem redlichem Gefechte vertragen.

Sie gehn aber/ fieng Felíciano an/ selten alle davon; sondern es bleibt gemeiniglich einer/ wo nicht mehr/ im Stich.

Und der Obsieger muß warlich reiten/ was er kan; wann er seinen Gegenfechter erlegt hat: dafern er nicht den nachjagenden Häschern in die Hände fallen/ und hernach einen Sprung von der GalgenLeiter thun will.

Ey sprach Leander; Man hört doch selten/ daß jemand darum auffgeknüfft wird. Der König und das Parlement müssen sich ja ein wenig saur und ernsthafft stellen/ und die gemeine Leute mit solcher Bedräwung schrecken: damit sie als des Duellirens Unerfahrne/ nicht um jedweden Lumpen-Hader/ gleich von Leder ziehen/ und sich mit einander katzbalgen. Ich weiß unterschiedliche Fürsten/ auch im Römischen Reich/ die das Balgen offentlich verbieten; und unterdessen dennoch nichts von einem Kerl halten/ der sich

sich läßt cujoniren. Gewißlich werden sie keinen / zum General / oder Regiments-Obersten/begehren/ welcher ein paar Ohrfeigen / oder auch nur Schmäh-Worte / ungerochen vor lieb genommen / und mit Stahl oder Bley nicht abgewischet. Was hat die beyde resolvirte Obersten Holck und Kapel anders/ zu einem so tödtlichen Gefecht gebracht/ als daß ein hohes Haupt jenem seine Charge nicht eher wieder anvertrawen wollen / er hätte denn/ mit seinem Gegentheil/ den Handel zuvor außgetragen.

Polydor begegnete diesem Einwurff also : Was dieses letzte angehet; wird selbiges fürnehmes Haupt solches nicht eben der Meinung geredt haben/ daß gemelder Oberster / mit dem Degen oder Geschoß/ seine Sachen außfechten solte: sondern vielleicht nach Urtheil und Recht.

Leander stieß solche Außrede um /mit diesen Worten : Hätte man / an seiner tapffern Selbst-Rache / keinen Gefallen getragen / würde ihm schwerlich vorige Gnade sampt dem Commendanten-Platz wieder ertheilet worden seyn.

Aber

Aber Polydor befestigte sie nochmals also: das folget eben nicht nothwendig daraus. Grosse Herzen æstimiren offt die Courage, obgleich in einer Action / die sie eben nicht wünschen / noch gut heissen: schencken auch nachmals einem Cavallier ihre Gunst wieder / nicht darum / daß er sich gebalget; sondern / daß er bey dem Gefechte / eine sonderbare Resolution blicken lassen / deren man sich heut oder morgen / in offentlicher Fehde zu bedienen hofft. Und um solcher Tapfferkeit willen / siehet ein Printz unterweilen etwas nach.

Das ist / (also fiel *Leanders* Wiederrede) eine subtile und gar zu höffliche Distinction.

Es sind nur / hub Polydor wiederum an / meine Gedancken und Muthmassungen: denn großmächtiger Personen Handlungen / soll man allezeit / vor allen andern / zum besten deuten: weil zu vermuthen / dß sie nit leicht etwz ohn reiffer Bedachtsamkeit / vornehmen. Solten aber je die Waffen besagtes Obristen / durch einen hohen Winck / zu solchem Duell geschärffet und angeleitet worden seyn: so begehre ich solches nicht zu vertheidigen: Ob zwar einige solche Zweykämpffe nicht allerdings verwerffen wollen welche einem Beschuldigten/ von dem Richter/ werden angebotten/ ihn auch auff keine andere weise/ von auffgelegter Klage ledig sprechen/ noch für unschuldig passiren lassen wollen/ er habe denn seiner Sachen/ mit des Verleumders Blut/ eine gute Farbe angestrichen/ und die Unschuld/ durch einen sieghafften Glantz des Schwerts bescheiniget. Denn was gewissenhaffte Leute davon halten; werden wir vielleicht noch hernach vernehmen. Ich muß vor dem Hertzen/ auff die Exception/ welche er wider die ernstliche Bestraffung der Duellanten in Franckreich/ eingewandt/ Satisfaction geben. Daß solches ernstliche Verbot nur ein Spiegelfechten/ und allein dem gemeinen Mann zum Schrecken angesehen/ sey: laß ich mich leicht bereden: hielte mich/ da ich gleich ein Graf wäre/ nach sothaner Verwirckung/ meines Kopffs nicht sicher/ sondern den weitesten Weg für den allersichersten. Geschicht es gleich jemahlen/ daß entweder die Frantzösische oder andere Könige jhnen

ein

ein frisches Wörtlein / von dem Balgen/ entfallen laſſen / ſo mehr einer menſchlichen Schwachheit / als Königlicher Authoritát und Gerechtigkeit / ähnlich ſiehet: hat man ſich warlich darauff nicht zu gründen: dan ihre Majeſtát wird doch hernach offt anders Sinnes/ und beut den Nachſchreyenden Geſetzen die Hand: bevorab/ wenn gewiſſenhaffte Rähte/ und eyferige Beichtvätter den Mund auffthun. Ob man zwar die wenigſten erhaſchet: ſo muß dennoch der Verbrecher fliehen / und ſich in der Bildnußköpffen oder hencken laſſen: es ſey dann/ daß ihm anſehnliche Fürbitte / und der Glantz ſeiner vorigen Meriten / Gnade und Landes-Huldigung zu wegen bringe.

Der Herr von Bouteville betrog ſich ſehr/ da er meinte/ König Ludwig der XIII. würde einen ſolchen Cavallier / als er war/ nimmermehr der Juſtitz unterwerffen: reiſete ungeſchewt nach Paris / und nahm das Hertz/ ſchier im Angeſicht des Königs/ einen Rauff-Handel anzufangen. Aber dieſer hatte gleichfals das Hertz/ ihn greiffen/ und Kopffs kürtzer machen zu laſſen.

K ij   Und

Und was hat sich/ vor etliche dreyſig Jahren zu Briſach begeben? da ſind ein paar Frantzöſiſche Officierer uneins und eins worden/ ihre Degen mit einander zu meſſen: haben auch etliche/ zu Secunden/ mit auffgeſprochen/ und ihrer drey gegen drey gehen wollē. Weil aber der Commendant ſolches ihnen verboten; practiciren ſie die Thorſchlüſſel an ſich/ uñ iſt die eine Parthey allbereit hinauß geweſen; als es der Veſtungs-Gebieter erfahren/ und die übrige/ ſo noch darinnen waren/ in Arreſt nehmen/ die hinauß gewiſchte aber eilends wieder zu rück holen/ und die Sache an den Königlichen Hof gelangen laſſen: woſelbſt der Kriegs-Rath ihnen dieſes Urtheil geſprochen: daß ſie mit einander alle ſechs fechten ſoltē/ ſo lang/ biß keiner/ oder nur einer noch übrig wäre/ und dieſer letzte ſolte hencken. Wer hätte nit gedacht/ dieſe Eiſſenfreſſer/ uñ wütende Leüē würden mehr als froh uñ begierig ſeyn geweſt/ einander anzufallē/ uñ auffzureibē. Aber man ſahe das Widerſpiel Wie die guten Herren hörten/ dz der Todt ſo gewiß/ und die allerbeſtändigſte Courage mit einer Galgenketten regalirt werden ſolte;

der gantzen Welt.

te; schoß ihnen das Hertz in die Knie/auff welchen sie gantz demüthig/um Gnade und Lebens-Fristung/ baten. Der Comendant replicirte: daß nunmehr keine Gnade zu hoffen; der Königliche Befehl müste vollzogen seyn: ließ ihnen auch gleich die blosse Rappier vorlegen; und der Hencker presentirte seine Personage auch dabey/ um ihnen zu weisen / der letzte würde unter seinen Händen ersticken.

Wie ein grosser Unterscheid ist doch zwischen dem Tode/ wenn er durch Urtheil und Recht angezogen kommt; und wenn er/ in der tollkühnen Furi/ wird außgefordert! die vormahls das Rappier/ wie ein Spatzier-Stäblein/ oder ein Ballspielende Racquette, mit Wahnsinniger Lust und Begier ergreiffen; scheuen jetzt dasselbe/ wie ein tödtlich-stechende Otter / und begehrten es nit einmal anzurühren: sondern appellirten an den König. Solche Appellation ward ihnen rund abgeschlagen: mit Vermeldung/ dz dieses Urtheil eben von seiner Maj. außgangē: darum musten sie fechten/ oder nicht nur einer / sondern alle mit einander bencken. Die grosse Liebe des Lebens zwang

K iij   Diese/

diese / in Schaffe verwandelte / Tiger den=
noch / mit ihrem flehentlichen Blöcken
und lamentiren anzuhalten / und sich le=
diglich auff des Königs Gnade zu bewerf=
fen; sehnlichst bittende / die Execution so
lang einzustellen / biß sie die Gnaden=Thür
geklopfft / und darüber Bescheid erhal=
ten.

Den Commendanten jammerte selb=
sten / daß diese sonst ertzkühne und Ritter=
mässige Soldaten solcher Gestalt solten
umbkommen: ließ sich derhalben erbitten /
und ihnen die gebetene Frist endlich zu / biß
sie seiner Majestät Gnade / durch eine de=
müthigste Bittschrifft hätten ersucht. Da=
rauff erfolgte endlich / vom Könige / diese
Milterung: daß ihnen zwar das Leben ge=
schenckt / aber ihre Kriegs=Aempter genom=
men / und das Land verboten seyn solte.
Also wurden sie loß gelassen / und zogen da=
von mehr als froh / dz man ihnen nur ein so
desperates Gefecht nachgelassen. Jedoch /
weil sie sich hiernechst anderswo / in Kriegs=
Diensten / sehr wol gehalten: seynd sie /
nach etlichen Jahren / wieder beruffen / und
mit

mit noch bessern Chargen versehen worden.

Da sihet mein Herr **Leander**/ ob der König in Franckreich/ und seine Kriegs-Räthe mit den duellirenden Cavallierern/ schertzen oder zörnen! ich wüste auch nicht/ was für eine Betrachtung sie solte bewegen/ den fürnehmen nicht eben so wol/ als den geringen/ das Zweygefechte zu verbieten: sintemal die Fürnehmen eben so leicht/ ja offtum viel geringerer Ursachen willen/ sich befeden/ als schlechte Soldaten. Man wird gewiß nicht viel hören/ daß ein gemeiner Lands-Knecht/ um die Oberstell/ oder einigen Vortritt/ oder um den VorReyhen/ mit einer Damen/ seinen Cameraden vor die Spitze fordere: wie zwar/ von vielen Rittern/ Edelleuten/ und dergleichen geschicht.

Wol! sagte **Leander**/ darauß erscheinet eben/ daß der Zwey-Kampff eine sehr edle Rache sey: sintemal derselbe gemeiniglich nur/ von Ritterlichen und Heroischen Leuten/ gehalten wird: auch billich diesen nur allein erlaubt seyn solte: weil sie allein am geschicktesten und fürsichtigsten ihr Gewehr

wehr zu führen wissen. Gestaltsam ih‍nen deswegen vormahls / von mancher Keysern und Königen/auch solches adeliche Kampff-Recht zugelassen worden / und noch heutiges Tages unterweile von Theils Landes-Fürsten / etlichen Cavalierern ver‍gönnet wird. Haben nit noch unlängst die beyde resolvirte Obersten/der Marquis Piu, und Obrister Dühnewald mit Bewilli‍gung der hohen Landes Obrigkeit/mitein‍ander gefochten? ist es nun nit besser/ daß diese beyde tapffere Personen solcher gestalt/ im blancken Felde / sich miteinander abge‍funden; weder dz sie noch länger hätten he‍rum terminiren / nach Brüssel und Rissel reissen/Geld und Fortun verzehren / und welches das ärgste/ den Haß immerzu un‍außgesöhnt bey sich tragen sollen?

Polydor versetzte : weil je wir beyde also/mit unterschiedlichen Meinungen ge‍geneinander duelliren; so muß ich allezeit dē letzten Stoß am ersten pariren uñ außneh‍men. Viel zu wenig ist mein Verstand/daß er sich unterstehen solte/diese Bewilligung zu beurtheilen : zumahlen/ weil mir unbe‍wust/was man/ an selbigem hohen Orte/
für

für Consideratiouen dabey gehabt. Muß
doch unterdessen bekennen / daß mancher
Printz auß angeborner Clementz und Höf-
lichkeit/ unterweilen etwz verhengt/welches
ihm selbsten gar nit lieb ist/uñ der halsstarrigen Resolution solcher Zorn-erhitzter Gemüther eine kleine Aderlässe lieber zuläst/in
Beysein guter Secunden / und anderer
Kampff-Erfahrner Personen; damit ein
grössers Unglück werde verhütet.

So viel aber den Kampff an sich selbst
belangt/ als ob derselbe ein bequemes Mittel solte seyn/den Haß und Groll auß den
Gemüthern zu bringen / und am füglich-
sten bey zu legen: so dünckt mich/es sey kein
gefährlicherer Weg zur Versöhnung/ als
die fernere/und zwar tödliche Beleidigung
kein schmertzlicheres Pflaster für die Wunden des Gemüths / als eine frische Verwundung des Leibes. Ja was für eine
Versöhnlichkeit ist zu hoffen/da man besorgen muß / daß einer oder der andere/in
der Unversöhnlichkeit dahin fahre/und der
Handel selten also abgehet/ daß der Teuffel keinen Braten bekommt? Ich förchte
gar sehr/ solte einer von jetzt gedachten Ca-
K v valieren

vallierern damahls seyn darauff gangen; wie es dann wenig gefehlt: er würde schwerlich / mit dem frommen Schächer in einerley Quartier seyn zu ligen kommen; ob es gleich eben am heiligen Char-Freytage gewesen/ da sie mit einander gefochten.

Zu dem geben es die Exempel und Geschichte / daß offt auß einem Duell/ dabey ein Theil geblieben / hernach viel andere Blutstürtzungen mehr entsprungen / und das Rachfewer allererst recht angangen. Darum halte ich vielmehr das Balgen für ein Mittel der Unversöhnlichkeit/ als der Versöhnlichkeit. Mancher bittet das Lebe/ oder beut seinem Gegenfechter die Hände/ zum Vertrag: bleibt ihm doch unterdessen / im Hertzen Spinnefeind; vorab/ so er unten gelegen.

Das ist wohl ein Greuel (also redete Philanthos darzwischen) daß man einen solchen heiligen Tag nicht gerespectiret / sondern zu einer so feindseeligen Befehdung gemißbraucht hat / an welchem das Lamm Gottes / für der gantzen Welt Sünde zur Versöhnung geopffert worden. Diese Entheiligung des Stillen Frey-
Tages/

Tages / sprach Polydor / lasse sich der Herr nicht wundern: es begeben sich unterweilen noch wohl grössere Aergernüssen / bey solchen Außforderungen. Der Herr von Bouteville, dessen ich zuvor erwehnte / hat / im Jahr 1624. dem vom Pongibaut, am H. Ostertage ein Chartel geschickt. Weil aber dieser zur Communion gehen wolte / und allbereit hatte gebeichtet / bedachte er sich eine gute Weil / was ihm zu thun stünde / das Gefecht / oder das H. Nachtmal zu unterlassen. Zuletzt nahm doch die Reputation=Sucht überhand / daß er sich stellete. Er ward aber übel zugerichtet / und wäre besorglich gar um sein Leben kommen; wan nicht etliche gute Freunde ins Mittel getretten / und ihm daßelbige gesalbirt. Worauff beyde die Flucht genommen. Man hat zwar ihr Bildnüssen / in einer Taffel auffgehenckt: aber die Lackeyen haben bald den Galgen wieder weggeschafft.

Ich lobe zwar solches nicht / sprach Leander: man muß aber der großmüthigen Hitze tapffrer Leute es verzeihen: und zwar um so viel desto mehr / weil ihnen der ge-

geringste Verzug oder Auffschub einen Stoß an ihrer Reputation geben kan/und für eine Zaghafftigkeit außgerechnet werden.

Das ist/ repartirte Polydor/ nur eine falsche Larve der Großmüthigkeit. Und wann etwas dadurch der Reputation abgienge; würden gekrönte Häupter selbst dergleichen absonderliche Befehdungen nicht außschlagen. König Peter von Arragon hat sich nicht geschämet/ dem Streitsüchtigen König Carl von Anjou eine artliche Nase zu drehen / in dem er demselben selbst einen Zweykampff angeboten/ nur damit unterdessen Caroli Kriegsheer zerlieffe/ und täglich schwächer würde: aber doch nichts wenigers im Sinne gehabt; auch als der Frantzos ihm den langen Verzug verkleinerlich vorgeworffen/ desselben nur gespottet / außgelacht / und also viel rühmlicher übervortheilet/ als ob er wäre erschienen. Antigonus/ König in Macedonien /und der Römische Keyser Augustus/ wurden gleichfalls/jener vom König Pyrrhus/dieser vom Antonius außgefordert; entfärbten sich aber / als kluge Herren /

der gantzen Welt.

gar nit/abschlägliche Antwort/ und diesen Bescheid zu geben: wann sie umzukommen begehrten / stünden ihnen viellerley Wege zum Tode offen.

Das glaube ich leichtlich/ sprach Leander: Könige / Fürsten und Regenten/ die mehr zu bedencken haben / weder eine Privat-Person/ muß man wohl vor entschuldiget halten. Wiewol dennoch unterschiedliche Stands- und andere fürnehme Personen zu finden/ die solches nit ansehen. Sind nicht im Jahr 1652. der Hertzog von Beaufort, uß der Hertzog von Nemour, zu Paris einen Zwey-Kampff angetreten? darin dieser auch von einer Kugel gefallen. Herr Johann Casimir/ Graf zu Leiningē/ entzweyte sich mit Grafen Otho Heinrich von der Lippe/ und luden sich diese beyde auf ein paar Kugeln / gegen den folgenden Tag/ zum Frühstück. Ob nū zwar den von der Lippe frühmorgens gar eigentlich traumte/ er würde von seinē Gegentheil erschossen: fiel ihm doch seine Reputation bedencklicher / als ein so böser Traum: gestaltsam er auch / ohn angesehn sein Hertz ihm sagte / daß ihn das Unglück treffen würde / zu Pferde sich gepresentirt/
und

und von einem Pistolen-Schuß zur Stunde todt geblieben. Andrer mehr zu geschweigen.

Mein Herz/ antwortete Polydor/ will vielleicht so viel sagen: thun das Fürsten/ Grafen/ Freyherren/ und andere Rittermässige oder hochansehnlich-bewürdete Leute; setzen die ihren Reputirlichen Namen der Lebens-Sicherheit vor; da sie doch auff ihre Länder/ Leute/ oder auff andre erhebliche Betrachtungen eine Reflexion zu machen hätten: wer wolte denn einem Privat-Cavallier/ dessen Fortun mit dem Ruhm der Resolution/ gar genau verknüst ist/ und der gemeinlich nicht so viel Sorgen hinterläst/ da jhm ein Unfall begegnete/ verdencken/ daß er den Reihen nicht abschlage/ so jhn einer dazu wolte aufffordern:

Hierauff schickt sich aber eine zwiefache Antwort. Es seynd uns nicht vornehmer Leute Schwachheiten und Fehler; sondern ihre Tugenden/ zum Spiegel fürgesetzt/ um diesen fleissig nachzueyffern/ und von jenen/ als wie von einer Sonnen- oder Mond-Finsternuß/ die Augen abzuwenden.

den. Können wir ihnen an Qualiteten und trefflichen Meriten / nicht gleichen; so sollen wir auch in dem nicht folgen / da ihre Generositet/von einer gähen Hitze übereilet wird.

Haben wir gleich keine Unterthanen/ denen unser Exempel zur Nachfolge gereichen könte / keine Regierung / vielleicht auch kein Weib noch Kind / zu betrachten: so liget uns dennoch so wol/als den Durchleuchtigen/Hoch und Edelgebornē/ob/unser ewiges Heil zu bedencken / und dasselbe nicht auff einen mißlichen Schuß oder Stoß zu setzen / um eines nichtigen und flüchtigen falschen Ruhms willen.

Das ist etwas / sprach **Leander** / was der Herr da sagt. Aber gleich wie / seines Bedünckens/der Gerichtlichen Rache derselben vielfältiger Mißbrauch nicht verkleinerlich fallen muß: also obgleich auch das Duelliren hefftig gemißbrauchet wird; kan man dennoch darum solches/an ihm selbsten nicht für verdammlich halten; wenn es zu Bewehrung der Unschuld und Warheit/von der Obrigkeit nicht allein erlaubt/

sondern

sondern jemalen auch befohlen wird. Man muß die Ursach ansehen/worauß der Zwey-Kampff entstehet. Daß einer/der auß eigenen Affecten/ auß Haß und Eyfersucht / duelliret/seine Seel in grosse Gefahr stecke; gebe ich leichtlich zu; aber ein anders ist/ wenn der Kampff zur Behauptung der Warheit/ oder dem Vatterland zu Ehren/ wird angenommen.

Benzo erzehlet am Ende seines zweyten Buchs von der newen Welt: Es habe ein Spanier einsmals / zu Senis in Italien/seiner Nation/ Tugend und Mannheit auffs höchste heraußgestrichen; hingegen alle andere Völcker dagegen verachtet/ und unverholen gesagt/ es lebe kein Volck unter der Sonnen/ das also fertig und geschwinde vor der Faust wäre/wie die Spanier. Worauff einer von Rom/ Namens Julianus/dem solche stoltze Worte in die Nase gebissen/herfür gesprungen / und zu dem Spanier gesprochen: Mein Kerl! weil du dich je so grosser Streichen rühmest; so halt mit mir einen Kampff/ uñ laß uns probiren/ob es wahr/dz die Spanier/unter allen Völckern / die ringfertigsten und geschwindesten seyn. Mon-

Montanesius / (also nennte sich der Spanier/) hatte so thane Außforderung vielleicht nicht vermuthet; schlug sie doch gleichwohl auch nicht auß: sondern verglich sich mit dem Italiäner/wegē des Ortes/da jedweder/benebenst eineBeystande/ erscheinen/und ohne Schild und Harnisch mit dem Rappier fechten solte. Der Spanier wählete einen andern Spanier/ von Corduba bürtig/dessen Tapferkeit jhm wol bekant: sintemal derselbe/von Jugend auf/ im Fechten und balgen/sich geübet hatte. Im Gegenstande nahm Julianus zu seinem Mitgesellen Tiracosciam Castellanum, welchen er an Kindes statt angenommen/und vermahnte denselben / er solte ehrlich und resolut die Ehre des Italiänischen Nahmens helffen verfechten. Der Rath zu Senis hat jhnen einen sonderbahren Ort / gleich einem Spielhause oder Thurnier-Platz/ darzu verordnet / denselbigen auch mit Schrancken umschlagen/und mit Sand beschütten lassen.

Nach dem sie nun auff selbigem Platz/ einander unter Augen getreten; haben sie allerseits gantz unerschrocken und ritterlich

terlich zusammen gefochten/ und keiner dem andern umb ein Haar weichen wollen: biß endlich nach Zwey-stündigem sehr scharffen Gefecht/ die zween Spanier/ als welche/ nach der alten Fechter Gewohnheit/ geschwinde Streiche thaten/ gantz ermüdet/ sich vor überwunden bekennen musten. Denn sie kunten/ vor Ohnmacht und Krafftlosigkeit/ kaum mehr stehen: als die siebenzehen Wunden/ Theils im Angesicht/ Theils an andern Gliedmassen des Leibs empfangen; da die Italiäner hingegen nur neun hatten bekommen. Massen dieser Kampff nachmahls/ von vielen Geschicht- und Geticht-Schreibern gewaltig herauß gestrichen worden.

Komm einer und verwerffe mir nun diesen und dergleichen Zweykämpffer! darinnen es nicht umb eigenen/ sondern um der gantzen Nation Ehre und Ruhm zu thun gewest; welchen auch der Rath wie gemeldt/ selbst geplacitirt hat.

Ich bin schon hier/ sagte **Polydor**/ und habe das Hertz wohl/ diesen Kampff als einen auß stinckender stoltzer Eytelkeit herrührenden/ zu verwerffen. Der Rath von

der gantzen Welt.

von Senis hat gar nicht klüglich daran gehandelt/ daß sie aller Völcker / sampt ihrem eigenen Ruhm/ auff einen so zweiffelhafften Kampff gesetzt: würde auch gewißlich/ da fern einer von den ehrsüchtigen Hasen/als welche von ihrem Vatterlande nicht dazu erbeten/ sondern ungeheissen sich gepræsentirt/ solte drüber todt geblieben seyn/ die Seele desselben nicht haben schützen können/ für dem bösen Feind: welcher der rechte Anstiffter und Urheber so thaner ruhmsüchtigen Duellen ist. Solche Reden/ wie der Spanier geführt/ wären nur verlachens / und nicht verwundens werth gewesen. Wenn man allen Auffschneidern/ mit Waffen/ begegnen wolte: würden viel kluge Leute/ sampt ihnen zu Narren werden.

Damit aber mein Herr Leander/ nicht gedencke / ich rede nur also / auß bloſſer Halsstarrigkeit; sondern auß gutem Grunde: muß ich mich ein wenig besser erklären.

Es gibt dreyerley Art von Duellanten: eine/ wann ein paar Cavalliers / um einigen privat Unwillen/ an einander wachsen/
und

und ohne Erlaubnuß der Landes-Obrigkeit zusammen fechten. Die andere/ wann ein paar rittermässiger Personen/ mit Vergünstigung jhrer Oberherzen/ entweder um Privat-Sachen/ oder zu vermeyntẽ Wolgefallen jhrer Könige/ Fürsten und zu vermeynten Ehrẽ des Vatterlandes/ bey Friedenszeiten/ gegen einander kämpffen. Die dritte/ wann/ bey Kriegs-Läufften/ da zwo feindliche Armeẽ/ widereinand' campirẽ/ eine Außforderung zum Duell geschicht. Diese letzte kan einig allein/ so anders der Krieg gerecht / gebilliget werden/ und ein tapfferer Soldat / nach erlangter Permission von dem Feldherren/ mit gutem Gewissen wol herfür gehen/ und dẽ jenigẽ/ welcher als ein Feind/ gegen dem gantzen Heer Honreden geführt/ und gebravirt/ mit gewaffneter Faust unter Augen ziehen: da er anders nur versichert ist / daß er unter einem gerechten Fahnen zu Felde ligt. Solcher Zwey-Kämpffe haben sich vor Alters zwischen den Griechischen und Trojanischen Officierern/ wie beym Homero zu sehen/ auch unter den Römern und jhren Feinden / desgleichen zwischen Christen und Heiden / gar viele begeben: und das sind

eigent-

der gantzen Welt.

eigentlich die rechtmäſſige Duella und Ritter Scharmützel.

Die zwo erſten aber gehören da gar nicht her: ſind auch des Namens eines Duelli nicht würdig; ſondern nur Balgereyen uñ Rauff-Händel / die keiner / ohne Gottes Zorn und Verletzung des Gewiſſens / annehmē kan: obgleich hundertmal die Obrigkeit ſolche bewilligte: weil ſie weder Gott zu Ehrē / noch gemeiner Wolfahrt zum Beſtē noch wider einen allgemeinen Feind / geſchehen.

Mir iſt zwar wol bewuſt / daß die zweyte Art des Zwey-kampffs / vor dieſem gar ſehr im Schwange gangē / und von den Potentaten zugegebē worden: damit die Unſchuld dadurch ſolte an Tag komen: wie wol unterweilen auch / um groſſe Eytelkeiten willen dieſelbe angefangen / und dennoch von den gekröntē Häuptern verhenget / ja auch wol mit angeſchauet / und entſchieden worden. Geſtaltſam Keyſer Carl der Fünffte / nach altem Herkommen / einem ſothanen ehrſüchtigen Zweyſtreit in ſeinem Thron perſönlich zu geſehen; ob gleich die Urſach nicht eines hellers werth geweſen. Jedoch hat er ſein Mißfallen genug dabey zuverſtehen gege-

gegeben: in dem er nicht geſtatten wollen/ daß die zween Streitende von Adel/ nach dem ſie ihre Hellepart einander auff den Köpffen zertrümmert/mit dem kurtz Gewehr lang fechten ſolten: ſondern geſprochen/ es wäre nicht billig/ daß die Leiber dieſer beyden tapffern Edelleute/durch ſolche unnütze Poſſen / zum Kriege untauglich gemacht / und geſtümmelt oder gelähmet würden: auch alſobald den gülden Stab auff den Kampff-Platz geworffen/ als ein Zeichen / daß man auffhören ſolte. Wie Camerarius, in ſeinen Succiſivis, ſolches umſtändlich erzehlet.

Man will den Urſprung dieſes hochſchädlichen Gebrauchs den Lombardiſchen Königen zuſchreiben: die den Zwey-Kampff in 18. Fällen / für zuläſſig erkant: welche nachmals/von Keyſer Friederich auf vier; vom König in Franckreich aber auf drey Caſus eingezogen und reſtringirt worden: König Frotho in Dennemarck hat dieſer Grauſamkeit den Zügel ſo weit gelaſſen/ daß er ein Geſetz publiciret/vermittelſt deſſen allen Edelleuten befohlen worden/

der gantzen Welt.

den/ihre Spähn und Strittigkeit durchs Schwert zu schlichten.

So finden sich der Gelehrtē zwar auch nit wenig/die den Kampff dürffen vertheidigen: als Paris de Puteo, Possevinus, Afflictus, Cæpolla und viel andere mehr. Am meisten aber verwundert ich mich/daß der berühmte und fürtreffliche Herr Limnæus denselben in seiner Notitia Regni Franciæ, gleichfals seine Stimme gibt; wann er (Lib. 2. cap. 7.) etliche Ursachen setzet/warum man die sonderliche Kämpffe möge verstatten. Eben daselbst führet er diese Begebenheit an / so unter Carl dem sechstē König in Franckreich/ fürgefallen. Der Herr von Carrouges hat ihm eine Wallfahrt zum H. Grabe fürgenommen/ und deswegen seine Eheliebste dem Herrn le Gris, als seinem Nachbar / und gutem Freunde recommendirt; um derselben/ wann es die Noth erforderte / mit gutem Rath beyzuspringen. Dieser aber entbrennt gegen derselben / mit unzüchtiger Liebe; kommt bey Nacht in ihr Schloß/ überwältiget und Nothzüchtiget sie.

Als sie hernach ihrem wiederkehrenden

Herrn

Herrn solches klaget; setzt es jener auffs läugnen: weswegen das Parlament zu Paris dem Herrn von Carrouges, und dem le Gris einen Kampff zu gesprochen: in welchem der Ehren-Schänder geblieben/ auch noch darzu hernach auffgehencket worden.

Aber daß solche Probe leicht triegen könne/ mag eben so bald durch andere Exempel erwiesen werden. Ich will nur eines anziehen/ welches Pabst Innocentius der III. erzehlet/ und auß jhm Garzo. Zu Spoleto / wurden auff eine Zeit: etliche Spoletaner eines Diebsstals bezüchtiget/ und weil sie sich nicht gnugsam kunten vertheidigen/ gezwungen / mit den Anklägern zu kämpffen; auch überwunden/ und hernach vom Rath zu Spolet aller jhrer Ehren entsetzt. Aber nach der Zeit hat sichs gefunden / daß man jhnen solchen Diebstall unrecht gezeihen: wodurch männiglichen bekant worden / daß solches kämpffen ein schädlicher Mißbrauch und Corruptel der Gerechtigkeit sey/ dadurch mancher ehrlicher Mann möchte zu kurtz kommen.

Derselbige Garzon zeucht an die Worte des Longobardischen Königs Rotari.

die

dieses Lauts: Man kan dabey des Gerichts
Gottes mit nichten gewiß seyn: und haben
auch offt erfahren / daß mancher auff solche weise hat verlohren/ ob er schon eine gerechte Sache gehabt/ weil es aber / unter
unserm Volck / ein alter Gebrauch; können wir / wiewol wir jhn für einen Gottlosen Gebrauch halten nicht auffheben/ꝛc.

Keyser Friederich titulirt es eine verwerf-
liche Divination/ und Versuchung Gottes / so beydes der Natur / den geschriebe-
nen Rechten und aller Billigkeit zu wider :
derhalben er auch denselben (wenig Fälle
außgenommen /) hat wollen abgeschafft
wissen.

Herauß erscheinet / daß diese zweyte
Art des sonderlichen Kampffs / wider alles Recht und Billichkeit lauffe / auch die
Gesetze etlicher Königen/ die solches zuge-
lassen/ keine Sprossen der Gerechtigkeit/
sondern vielmehr menschlicher Unart/ darauß sie erwachsen.

Wenn denn also das Balgen eine Sa-
che/ dabey Leib und Leben/ Seel und Se-
ligkeit / in höchster Gefahr stehet / und dem
Göttlichen Verbot/ du solt nicht tödten/
L noch

noch dich selbst rächen / gäntzlich zuwidern ist: wird es vor Leuten / die mit Auffrichtigem Hertzen und Gewissen davon urtheilen wollen / nicht einmal für eine edle Rache; vielweniger für die alleredelste passiren; sondern diese Fürtrefflichkeit den ordentlichen Rechten und Gerichten wol bleiben.

Ich muß bekennen / sagte Leander/ der Herr hat durch seinen Discurs/ den Glantz der zweykämpffenden Rache/ ziemlich verdunckelt. Aber dennoch kan ich nicht zugeben/ daß darum die Rache des Gerichts solte das Kräntzlein davon tragen. Die Beweißthumer/ welche er deswegen geführt/ laß ich zwar in ihren Würden: sie beweisen mir aber weiter nichts / als daß solches eine gerechte Rache sey. Was aber edel heissen soll / das muß nicht allein in der Billichkeit / sondern auch in andern Stücken / vorgehen! vorauß darinn/ daß es den jenigen / der es practicirt / auch edel= der glückseelig uñ vergnügt mache. Wann denn die offentliche Rache des Gerichts so gemein / daß sie/ da es anders unpartheyisch zugehen soll / niemanden versagt werden

der gantzen Welt.

den muß: wann sie ferner gar kostbar/und manchen an der silbernen Schnur in dem Irrgarten der Weitläufftigkeit / herum führt: wann sie / drittens/ in vielen fällen sehr zweiffelhafft/ und des Klägers Gemüth in grosser Ungedult und Unruhe lang auffhält: so wehle ich billig davor nochmals die alleredelste Selbst-Rache jedoch nicht eben / in allen Sachen ohn Unterscheid (dann wegen der Balgerey haben wir uns schon genug miteinander gebalget) sondern allein in gerechten/billigen und unverwerfflichen. Als da sind: Die gerechte Nothwer/ da einer/ wenn er unredlicher weise überfallen wird / seiner Haut sich so ritterlich wehret / daß Gegentheil davon Schimpff und Einbuß/ er aber vor jederman Ruhm und Ehre davon trägt.

Hernach die Vertheidigung der Keuschheit und jungfräulicher Ehren: welche so edel und gerecht/daß auch etliche dafür halten/wenn ein Weibs-Bild ihre Ehre anders nicht retten kan/ohne durch Ertödung dessen/der sie wil nothzüchtigen/und bringt ihn dan nicht um; so sündige sie/ und gebe dadurch ihre Einwilligung an den Tag.

L ij Ich

Ich bin zwar/ sprach Polydor / hierin gantz anderer Meynung/ halte es mit dem Molina/ und andern/ für viel rühmlicher und Christlicher/ daß sie/ nach äusserster Widerstrebung/ ihn doch nicht umbringe; sondern mit ihrem Hertzen und Willen der Gewalt/ so dem Leibe wird angethan/ widerstehe. Mein Hertz lasse sich aber nicht hindern/ weiter zu reden.

Also hub Leander wieder an: In meinen Augen/ ist/ unter der edelsten Selbst-Rache// schier die alleredelste/ daß einer/ für die Ehre eines keuschen Frawen-Bildes/ sein Leben wagt/ und dem jenigen/ welcher ihr dieselbe will rauben/ seines durch einen ritterlichen Degen nimt. Denn das ist eine Handlung/ die selten anders/ ohn von einem tugendhafften und recht adelichem Gemüth/ herrühret.

Ein Exempel/ der alleredelste Selbst-Rache ist fürnemlich auch diese: wann jemand solche Vögel/ die ihm/ wider den gemeinen Landfrieden/ in sein Nest fliehen wollen/ und ihn davon vertrieben/ also abfertiget/ daß sie nicht wiederzukommen verlangen.

Die Rache der Freyheit / übertrifft im
Adel/

Adel fast alle die andern/ und ist männiglichen so wol befohlen / daß sie keines Lob-
Briefes bedarff. Wann die Freyheit
selbst eine unschätzbare Sache ist; so mag
die Rache derselben billig auch für uner-
schätzlich-edel gerühmet werden. Ich rede hie eben nicht von Wiederbringung
der gemeinen Freyheit; sondern nur
von solcher Selbst-Rache/vermittelst welcher ein privat Mensch sich des gefänglichen Jochs Barbarischer Völcker / oder
grausamen Tyrannen/durch List oder Gewalt / kan entreissen. Solcher edelsten
Selbst-Rache findt man ein Exempel/ in
der Peregrination des Weiland WolEd-
len Herzen Christopff Führers: welcher
nebenst andern dreyen Teutschen von vier
Arabern / deren Gefangene sie waren/sich
mit einem schweren Kampff zuletzt loß
und auß der elendesten Sclaverey wiederum in die güldene Freyheit gewürckt. Gestaltsam unser Herr Francade diese Hi-
stori / in der vierdten Versammlung seiner
lustigen Schaubühne umständlich hat erzehlet.

Ein freyes und edles Gemüth wird
gleich-

gleichfals jhm seine / von rechtswegen zuſtehende Servituten/Pflichten/und Frohnen nicht abdringen laſſen; ſondern ſich ſelbſt dabey / wider den Herren des Feldes/ und alle andre/ſo jhn daran gedencken zu verhindern/ auß eigener Gewalt handhaben. So wird mirs ja auch keiner verdencken / da ich einem / der mir mit ſeiner Feld-Maſſe zu nahe kommt / den Maßſtab auff den Kopff zertrümmere/und jhm leichte Füſſe mache: nicht zweifflend / es könne ſolches / mit Billigung und Bewilligung der Rechten/geſchehen.

Schimpff-und Schmähe-Worte dem Verläumder in ſeinen Buſem zu ſchieben; wird von etlichen auch unter die Selbſt-Rache geſetzet: wäre auch faſt eine erträglichere Rache / weder ein Proceſs: Aber ich möchte mit ſolchem Weibiſchen Handel / nichts zu ſchaffen haben: vorab weil er dem Notario und Zeugen mehr Vortheil ſchafft als mir/und weder mein/ noch meines Widerparts Gemüth dadurch befriedigt; ſondern vielmals nur hefftiger darüber entrüſtet / und der Zorn genähret wird. Was iſt doch eitlers / als
wann

wann die Herren Notarien da stehen/und in ihrers Ersuchers Nahmen/ einen Wiederschall der Schmähe-Worte hören lassen welche Gegentheil gemeinlich repartirt. Solte ichs so machen/ wie die alten Huren/die ihr Schwert im Maul führen/und einander vor keinen Pfenning Ehre lassen? was ist doch wercklicher als wann man unterweilen bedungener weise einen vor einen Schelm schilt/ und die Retorsion ungefehr also stellet: Wofern du mich solches bezüchtigest; hast du es ertichtet/ als ein verlogener Mann/ Schelm/ Dieb/ Ehrenschänder/ Ehrnvergessener Ertz-Calumniant/ und Diffamant; und wie die schöne Ehren-Titel weiter lauten. Hast du es aber nicht geredt; so sol auch diese Retorsion dir nicht gelten.

Wann ers nun nicht gethan hat/ soll er solchen Affront dennoch also einziehen/und ist dadurch nicht beleidiget worden: Si credere fas est! Der gute Hr. Carpzovius (L. 2. tit. 5. resp. 68. n. 8.) und andere gelehrte Juristen/ müssen mir verzeihen/ wan ich mich nicht lasse bereden/ daß einem Unschuldi-

L iiij gen

gen solche Retorsion dennoch kein grosser Schimpff sey: vermeyne auch/ da man ihnen selbsten/ mit dergleichen conditionirten Scheltworten / wäre einmal zu Thür und Haußgeloffen; sie dörfften bald eine andere Erklärung darüber gemacht / und einen Injurien handel angefangen/ja wol gar den Notarium die Stiegen hinab geworffen haben.

Ich wolte den guten Kerl vor lassen fragen / ob er dieses oder jenes gestünde/oder gerdt? bestünde ers dann; so stellkte ich ihm eine gute categorische Maulschelle zu/vermöge des gemeinen Sprichworts: Auff eine Lügen / gehört eine Maul-Tasche.

Um Verzeihung mein Herr! sagte Francade: es wird kein vernünfftiger Schrifft-Steller der Retorsion/oder abgedrungenen Ehren-Rettung/ Schelm und Diebe zu gleich einverleiben; wenn die Verleumdung nicht einer Diebstall insonderheit betrifft. Du leugst wie ein Schelm/ mag er wol setzen; weil das Wort Schelm ein allgemeines Schelt-Wort; wie Besoldus (Th. pract. in voc. Biedermann) erin-

erinnert: aber andre Schmäh-Worte
die den Ehrenschänder eines Lasters be-
züchtigen/ so ihm nicht zu beweisen steht;
als Dieb/ Huren-Jäger/ Ehebrecher /
Mörder ꝛc. muß man außlassen. An-
treffend das Sprichwort: **Daß auff
Lügen eine Maulschelle gehör;** werden Harprechtus (ad §. hac actio 12. n.
176.) und Vasquius L. 1. contr. illust. c. 12.
anders dazu sagen: nemlich daß der jenige die gebührliche Masse der Ehren-Ret-
tung überschreite/ der eine wortliche Beleidigung mit Schlägen revanchirt. Wiewol Berlichius (conclus. 64. n. 30.) schleust:
wann ein edler oder fürnemer Mann/ von
einem schlechten übel-berüchtigten liederlichen Tropffen gescholten/ mögt er denselben
nicht allein wieder schelten/ sondern ihm
auch noch dazu eine tapffere Ohrfeige geben. Welches auch nicht unbillich scheinet.

Die guten Herzen/ antwortete Lean-
der/ mögen sagen/ was sie wollen; ich
kan mir nicht einbilden/ daß es unrecht sey/
wan ich einem auff das Maul klopffe/ womit er wieder mich gesündigt. Hingegen
halte

halte ich des Berlichii Schluß und Rath gantz nicht rathsam: nemlich so ein lump und liderlicher Kerl mich schmähete/ demselben mit der Faust zu antworten. Wie wann ein solcher Troll eben so loß mit der Hand/ als wie mit der Zungen wäre/ und mich wieder an Hals schlüge? wäre es nicht eine schöne Ehre? mit einem nichtswürdigem Haluncken/ soll man sich nicht eins in die Worte/ will geschweigen/ in die Arme geben; sondern einen solchen Tölpel entweder gar mit Stillschweigen verachten/ als wie einen schreyenden Esel; oder/ so ers zu grob gemacht/ ins Loch werffen/ oder auch mit Schützen und Scharff-richtern streiten lassen: Die mit ihrem Gewehr/ als Pranger-Ruthen/ und dergleichen/ am besten mit ihm wissen umzugehen.

Ich muß weiter. Unter andern achte ich für eine köstliche Selbst-Rache/ wenn ich das Glück und die Gelegenheit haben kan/ einen Burger/ oder dessen Güter anderswo auffzuhaltē/ ja gar in Verhafft zu nehmen/ biß mir die Statt darin er wonhafft/ in meiner Anforderung recht auffgehet.

Was

Was kan aber / sprach **Feliciano**/ein ehrlicher Bürger darvor/ wenn die Obrigkeit einer Statt dem Fremden das Recht verweigert/ oder verzögert? meines Bedünckens/ ist dieses keine billiche Rache.

Francade sagte: natürlicher Billigkeit ist sie freylich nicht allerdings gemäß. Darum werden auch die Repressalien verboten in l. un. C. ut Null. ex vican. pro al. vic. deb. l. 4. C. de exsec. Nov. 52. Nichts destoweniger macht man auß der Noth eine Tugend/ um die Ungerechtigkeit zu hintertreiben. Daher auch die Repressalien ihren Nahmen haben; nemlich à repressu: wiewol Vossius Repræsalia schreibt/ und sie vom repræsentiren herleiten will.

Das gilt mir alles gleich/sprach **Leander**: der Name komme her von reprimiren/repræsentiren/ oder von dem Italiänischen Wort preso oder auch à reprædando; oder woher er endlich wolle: wenn ich nur dadurch zu dem meinigen käme/ wäre mirs schon recht. Und würde keiner solches können an mir tadlen/was heutiges Tags/ in der gantzen Welt gebräuchlich.

Weiß aber mein Herz auch/ fragte **Polydor**/

lydor / daß er erstlich darüber / von seiner Obrigkeit / müste Vergunst erhalten / und also diese Revanche dennoch ursprünglich dem Magistrat hätte zu dancken?

Ja antwortete jener / das weiß ich gar wol. Wenn ich aber ein freyer Reichs von Adel / Freyherr oder Graf wäre; brauchte es solcher Weitläufftigkeit nicht. Denn ein solcher darff keinen Magistrat erst darum befragen.

Polydor repartirte: thätlicher Weise / geschicht es freylich offt / von solchen Personen / ohn einige Erlaubnuß-Bitte: von Rechtswegen aber / solten sie doch auch zuvor die höchste Lands-Obrigkeit darum begrüssen. Sonst halte ichs / mit dem Herrn Francade / daß die Repressalien dem Recht der Natur nicht gar ähnlich scheinen; und doch im Römischen Reich / wegen der Vielheit mancherley Gebiets und Gericht-Zwangs / etlicher Orten / in gewissen Fällen / fast nothwendig recipirt seyn. Daher sie auch / vom Fridero, de Proceß L. 1. c. 48. n. 4. subtilis & recondita æquitas tituliert werden.

Es müssen aber auch folgende Umbstände dade dabey seyn. 1. Daß die Anforderung/ der zu Recht-verweigerten Sache klaren Rechtens; 2. von grosser Wichtigkeit sey; 3. auch der Magistrat/ bey welchem der Arrest gesuchet worden/ des Beklagten Obrigkeit zuvor warnen lasse / wofern man nicht ihrem Burger/ oder Untersassen zu seinen Rechten verhelffe/ werde man die Repressalien erlauben. So werden auch 4. einige Personen und Sachen außgenommen/ als nemlich die Geistlichen/ die Studenten und Studenten-Güter / imgleichen die Eltern/ so ihre studirende Söhne zu besuchen kommen; die Gesandten / sampt ihren bey sich führenden Sachen; und endlich die Jahrmarckts-Leute.

Ja sprach Leander; hier im Reich mögen solche Exceptiones stat finden: aber wann gantze Herrschafften oder Nationen gegeneinander solchen Beschlag der Güter/ oder Anhaltung der Leute / vornehmen/ wird man so viel Bedingungen nicht beobachten.

Gleicher massen halte ich viel / von der Pfändung oder Pfand-Abnehmung/ welche sonst von den Gelehrten pri-
vata

vata manus injectio genannt wird; wann nemlich einer andern Obrigkeit Unterthan oder Bürger/ oder Güter/ in Hafft genommen werden: um dadurch unser Recht zu schützen/ und uns Schad-loß zu machen: wiewol die Selbst-Rache eigentlich nur zwischen Fürsten/ freyen Edelleuten/ wie auch freyen Reichs-Stätten/ üblich ist; als nemlich in Fisch-Jagt- und Weide-Rechten. Jedoch ist bekant/ daß auch eine Privat-Person/ in gewissen Fällen/ sich solcher Pfändung bedienen kan.

Andere geringschätzige Selbst-Rachen gehe ich vorbey. Aber doch/ was hätte ich schier vergessen? Es gehört gleichwol auch mit zu der edlen Selbst-Rache/ dz der Vatter einen Ehebrecher/ welchen er bey seiner verheyrahteten Tochter erwischt/ selbst erwürgen mag/ und nicht allererst Gerichtlich anklagen darff.

Ich halte/ sprach **Polydor**/ der Herr **Leander**/ und ich/ müssen in widrigen Planeten gebohren seyn, weil wir von einerley Sachen/ selten einerley Meynung führen. Es ist zwar nicht zu läugnen/ daß solches

ches Lib. 20. l. 21. und 22. ad. L. Jul. de adult. wird zugelassen: nemlich mit solchem Bedinge/ daß es gleich auff frischer That/ und zwar entweder in seinem eigenen/ oder in des Ehdams Wohnung/ geschehe/ überdas auch in einem Streich; auch dabey die ehebrecherische Tochter selbst am Leben nicht verschonet werde.   Wollen also die Gesetze solches vielmehr dem billigen Zorn des Vatters/ und seinem Unmuth/ wegen der Schande/ so seiner Famili hiedurch zu gezogen worden/ verzeihen; als loben: weswegen es meines Bedünckens/ gar keine edle/ sondern leidige/ betrübte/ und unselige Rache ist: welche ich gar nicht loben kan/ ob sie gleich vom Farinacio (Pract. Crim. Part. 4. Tit. 14. q. 121.) wie auch vom Molina und vielen andern gut gesprochen wird.

Warum solte es / fragte Leander/ nicht rühmlich seyn/ da es doch ein Eyfer um die Gerechtigkeit ist.

Darum antwortete jener/ weil es gantz unchristlich/ geschweige vätterlich ist/ daß ein Vatter sein Kind/ sampt dem Ehebrecher/ im Augenblick dadurch zur Hellen schickt.

schickt.. Mein. Sinn klebet den Weltlichen Rechten und Gesetzen/ so sehr nicht an/ daß es nicht das Gesetz des Gewissens unterweilen solte denselben vorziehen. Es ist ein Stücklein/ das keine rechtschaffene Obrigkeit rühmen mögte; wann sie es schon jemahlen wird verzeihen. Jemahln; spreche ich: damit anzudeuten/ daß es heutiges Tages/ selten/ und an wenig Orten/ würde ungerochen bleiben; wiewol nicht eben am Leben..

Denn obzwar Keyser Justinianus das alte Julianische und andere Gesetze so woll den eyfrenden Vättern/ als Ehemännern zu gut/in diesem Fall/ sehr geschärfset; in dem er (Nov. 117. c. 15. auth. si quis Cod. de adult..) erlaubt/ einen Kerl/ den man in Verdacht hält/ er wolle einem die Fraw visitiren/ zu erwürgen/ an allen verdächtigen Orten/ als in Wirthshäusern und andern dergleichen/ da er jhn/ nach dreymahl zuvor geschehener Warnung/ bey seinem Weibe nur antrifft: ob auch gleichfals Carolus V. im 142. Articul seiner Criminal Constitution/ außdrücklich die Macht gibt/ daß man einem

Ehe-

Ehebrecher / oder/ auch ehebrecherische Tochter/ selbst möge entleiben: unterschreibe ich doch billich der Meinung Benedicti Ægidii, daß man dergleichen leges oder Gesetze/ von allen Christlichen Gräntzen billich relegiren aund außreuten solle; und des Bachovii: welcher (Not. ad Wesenb. I. de adult. n. 20. in fin.) sich vernehmen läst/ sie seyn der Christlichen Pietät gar nit gemäß. Womit auch Gudelinus (de Jure novissimo L. 5. c. 18.) übereinstimmet; wann er schreibet: Solches vermag das Römische Recht; damit aber unsere Gewonheiten nicht übereintreffen/ welche den Eltern und Ehemännern eben so wenig die Selbst-Rache des Ehebruchs / als wie andrer Ubelthaten gut heissen 2c. Nach etlicher Spanischer Königreiche Gesetzen und Gewonheiten/ ist dennoch solche Strengigkeit gut gesprochen / 2c.

Nicht weniger bezeuget Rittershusius: Jur. Justin. P. 12. c. 5. n. 8. imgleichen Matthias Stephanus (ad Novell. 117. c. 15. n. 20. 21.), daß man die Schärffe des Justini a=

stinianæischen Gesetzes hierin in Teutschland nicht nachgehe. Gestaltsam auch Simon von Leuen (Cenſur For. theoret. pract. lib. 1. c. 1. n. 9.) es mit denen hält/ welche statuiren/ man solle einen solchen Vatter oder Ehemann/ nicht ungestrafft lassen; wiewol man die Straffe wol in etwas könne mildern.

Es scheinet ja auch der Billigkeit zu widern/ daß der Vatter oder Ehemann einer schärfferen Rache/ gegen seinem Kinde und Weibe/ oder gegen dem Ehebrecher solte berechtiget seyn/ weder die Obrigkeit selbst: welche in den wenigsten Ländern/ den Ehebruch am Leben strafft; da er anders nicht zu offt wiederholt wird.

Wir schätzen es für eine Barbarische Gewonheit/ daß in Japan die Ehemänner Macht haben/ ihre Weiber/ welche an ihnen Trewbrüchich geworden/ nicht allein auff erwischter That/ sondern auch noch hernach/ umzubringen/ oder mit dem Leben zu begnaden. Wie denn der von Mandelslo in seiner Morgenländischen Reise-Beschreibung/ davon ein merckliches Exempel setzet: daß ein Japaner nicht allein
den

den Buhler seines Weibes erstochen; sondern auch das Weib an eine Leiter gebunden/ und also die Nacht über stehen lassen; des andern Tages aber/ alle ihre Bluts-Freund zu Gast beruffen: und in dem dieselbige angefangen zu essen/ sey er hingangen/ habe die Fraw loßgemacht / ihr ein Todten-Kleid angelegt/ und eine zugedeckte Schachtel in die Hand gegeben/ um diese den Gästen zu præsentiren: wie sie nun dieselbe eröffnet/ und des Eheschänders mit Blumen gezierte Schaam darin ligend gefunden/ sey sie vor Schrecken in Ohnmacht gesuncken/ und darauff/ von ihrem Mann geköpffet.

So wird uns auch die Weise der Einwohner des Königreichs Patani in Ost-Indien nicht zum besten gefallen: bey welchen der Brauch ist/ daß die Eltern/ oder so dieselbe gestorben/ die nechste Verwanden/ ihre Ehebrechende Kinder ertödten. Inmassen/ bey Anwesenheit des Niderländischen Admirals Jacob von Neck, zwo Personen von den fürnehmsten des Reichs solches verrichtet haben/ deren Sohn und Tochter zusammen gebuhlet hatten. Das Weib

Weib ist vertrawet gewesen dem Sohn des Sabanders (der einer von den höchsten Reichs-Ministern ist) welcher/ nach dem er seines Weibes Untrew erfahren/solches ihrem Vatter hat wissen lassen / und dieser darauff die Tochter alsobald für sich gefordert; die ihre Mißhandlung auch endlich bekandt. Hierauff fordert ihr Vatter die gantze Freundschafft zusammen: von welcher/ das versündigte Weib/ mit vielen Thränen und Ceremonien / Urlaub nimt. Als solches geschehen/ hat der Vatter sie / mit seinen Händen gestrangulirt: welchen Tod sie ihr außerwehlt und benennet hatte. Denn man gibt ihnen die Wahl des Todes: da denn ihrer viel wehlen/ erstochen zu werden. Ob sie in die Brust/ oder in den Hals/ die tödliche Wunden empfangen wollen; das stehet ihnen gleichfals frey.

Den jungen Edelmann belangend/der das verbotene Spiel mit ihr gespielet hatte; war derselbe anfangs verborgen; ward aber nachmals gefunden/ seines Verbrechens/nach vergeblich gesuchter Außflucht/ überzeugt/ von dem Vatter den Freunden

den fürgestellt/ angeklagt/ und zuletzt von demselben mit einem Dolchen erstochen. Welcher Fall diesen Vatter sehr bekümmert: gestaltsam er solches sein Hertzleid nachmahls dem Holländischen Admiral beweglich geklaget.

Dünckt uns nun diese Gewonheit hart und rauhe/ daß ein Vater seyn leibliches Kind würgen muß; wie es denn freylich hart ist: wie viel billicher tragen wir denn/ für solcher Grausamkeit/ einen Abschew/ Da der Vatter seinen Sohn/ oder Tochter/ oder auch der Mann einen Ehebrecher zugleich um Leib und Seele bringt.

Von dem Vatter/ sprach **Leander**/ will ich endlich so viel nicht sagen: aber was? solte ich einen Kerl/den ich/bey meiner Liebsten (zu welcher ich zwar Gott lob! mich viel eines bessern versehe) in Ungebühr ertapte/einen Augenblick leben lassen? Ey! so wäre ich wohl ein Ertzgedultiger Horntäger. Sterben müste er mir ohn alle Gnade/von diesen meinen Händen! da müste ich ja ein rechter Stockfisch seyn/ wann ich allererst gerichtlich mit ihm verfahren/ allda meinen eigenen Schimpf sein Statt
und

und Landkündig machen / und dennoch ungewiß seyn solte / ob der Besudler meines Bettes es nicht auffs leugnen setzte/ mir den Beweiß schwer genug machte/und mich biß über die Ohrē in Weitläufftigkeit vertieffte. Jedoch den Fall gesetzt/das Gericht verführe kurtz uñ richtig in der Sache/ straffte auch meinē Beleidiger: wäre es mir dennoch gleichwol nit eine hertzliche Lust uñ Ehre (scil.!) dz ein solcher Gesell mir / vor meinē Augen / hernach herumgienge/uñ die verbübte junge Pursch wann er jhn sähe / heimlich sagete: schau! das ist der/welcher dē Herrn Leander gekrönet hat/ uñ jhm das Ochsen-Diadem aufgesetzet! wolte der Herr auch wol einen solchen/der jhn also behörnerte/ dafern er jhn in seiner Schlaffkammer ertapte/ungerochen paßiren lassen/und etwan gedencken / wie Monsieur Pickelhering newlich sagt: es sey eine menschliche Schwachheit/ wenn einem solche Hirsch-Federn wachsen? sterben müste er mir / sag ich noch einmahl/und hätte er tausend Hälse! könte ich jhn aber nicht auff der That betreten / wüste aber dennoch gewiß daß er mir das Weib deppnirt hätte: so solte er doch

doch auffs wenigste/ (wenn ich nur seiner könte habhafft werden/) sein Testimonium sampt dem Notariat davor bey mir ablegen/ und vor dem Scheer-Messer fallen lassen. Nachmahl möchte er mich verklagen/ da es jhn gelüstete.

Das wäre (sagte Polydor mit lachen) ein wenig zu hart gekapaunet! Den Notarium würde der Herz je auffs wenigst lassen passiren: weil nicht mehr zu besorgen/ daß er sich hernach weiter möchte immatriculiren. Betreffend aber die Frage: ob ich einem solchen das Leben schencken wolte? So spreche ich Ja: schwere doch gleichwol nicht dafür/ daß ich jhm nicht Arm und Beine/ mit einem Prügel lähmete/ und auß einem Venus-Rittter zum Krücken-Ritter schlüge. Auffs wenigste müste er vor eine gute Prügel-Suppen bey mir verzehren bevor ich jhn gerichtlich anklagte. Allermassen solches/ vor einigen Jahren/ einem Studioso begegnete: welcher mit seiner Wirthinnen anfieng zu galanisiren und jhr in Abwesenheit des Manns/ die Kost/

durch

durch eine unehrliche Nachtarbeit/abzuverdienen. Nachdem der Mann wieder heim kommen / und auß etlichen freundlichen Wincken gemerckt / daß sein schönes Citrönlein / so vorhin nicht im besten Credit bey jhm war / neue Freundschafft hätte gemacht: verbiß er seinen Zorn / um die beyde desto füglicher zu erhaschen. Solches ist jhm auch gelungen/vermittelst dieser List. Er gieng auß dem Hause / mit Fürwendung eines gewissen Geschäffts; und unvermerckt zur Hinter-Thür/wieder hinein; verbarg sich in einem Gemach/darauß er gar bequemlich achtung geben kunte/wer zu seiner Frauen Zimmer eingienge/ oder nicht. Was geschicht? Er hat kaum eine viertel Stunde allda/ wie eine mausende Katze/ gelaurt; da kommt mein ehrbarer verliebter Herz Studiosus heran geschlichen/ und macht sich zu der Fraw Wirthinnen/in derselben Gemach.

Der Wirth verzeucht noch ein wenig / um zu sehen/ ob er etwan gleich alsobald werde wieder herauß gehen: Weil das aber nicht geschicht; folget er endlich nach / nichts weniger jhm einbildend / als daß
diese

der gantzen Welt.

diese beyde so geschwinde sich solten in eine Action miteinander eingelassen haben. Aber der schändliche Augenschein wieß es auß: darum lieff er zu / im Grimm / ehe der junge Ehebrecher sich noch aufrichtete / erwischte denselbē bey der Gurgel / uñ hätte ihn gewißlich erwürget / dafern das Weib sich unterdessen nicht herfürgearbeitet / und ihrem Mann / aller Faust-Streiche ungeachtet / gewehret hätte. Gleich hierauff ergriff er den mitgebrachten Prügel / und schlug so ungestümmlich auff den jungen Buhler zu / daß derselbe Zeter und Mordio schrie. Zuletzt riß er auch seinen daselbst an der Wand hangenden Degen herab / und jagte den armen Teuffel / zum Hause hinauß: welcher / weil er die Pantoffel anfangs auß verliebter Höflichkeit / hernach aber unter den hartē Schmieralien auß Noth / vor dem Faulbett hatte stehen lassen / auff den Socken entspringen muste / und zum Hause hinauß lauffen. Bey diesem Ernst war das allerlächerlichste daß ihm der Racheyferige Haußwirth nicht einmal so viel Weile ließ / seine Hosen auffzunesteln: daher der gute Stumpf-

M   fer

ſer auch beyde Hände / zur Schutzwehr
ſo viel weniger gebrauchen können; ſintemal er/mit der Lincken/die gantz offen ſtehen-
de/und vom Wirth zerriſſene Hoſen / zu
halten / und alſo damit auff die Gaſſen zu
fliehen gedrungen ward. Welches er
dennoch ſelbſt unter ſolchen flüchtigen Ca-
preolen / nicht in acht genommen / auch hernach auf der Gaſſen/vor groſſem Schrecke/
nicht ehe gemerckt / als biß ihm das Gelächter und Geſpött etlicher Leute die Augen geöffnet.

Der junge Rotz-Löffel/ ſprach Leander/
iſt zwar ſpöttlich gnug abgefertigt: aber ich
hätte ihn gar nit entſpringen laſſen; ſondern ihm für die Hoſen/den Leib auff Stücken zerriſſen: ſolte es mich gleich / für Gerichte / etliche tauſend Reichsthaler haben
gekoſtet. Wiewol es meines Erachtens/
gantz unrecht iſt/einen Ehemann deswegē/
auch nur mit Gelde / oder Gefängnis zu
ſtraffen/dz er den Ehebrecher/ welcher ohne
das von Gott ſelbſt des Todes würdig erkant worden / auffgerieben.

Hierauff erfolgte vom Francabe dieſe Ant-

ſe Antwort. Ob gleich der Ehebruch an ſich ſelbſt eine groſſe und vieler Orten Tod-ſchuldige Miſſethat: gebührt doch der Obrigkeit die Rache. Denn ſo man das wolte zugeben/ dz ein Mann ſeine Frau/ oder derſelben Buhler/ dörffte umbringen; dörffte leichtlich manches unſchuldiges Weib bey einem eyferſüchtigen und argwöhniſchen/ſehr zu kurtz komm̃. Mancher/ der ſeinem Weibe gram worden/ und kein Gewiſſen hat/könte leicht ein ſolches Laſter auf ſie erdencken/ und unter ſothanem Fürwand ihr Mörder werden.

Nein/ verſetzte **Leander** / auß bloſſem eyferſüchtigem Argwohn / möchte ich kein Weib ſchmeiſſen/ wil geſchweigen erwürgẽ.

Das geſchicht dennoch aber offt/ ſagte **Ilciano**; bevorauß bey den eyfer-brennenden Italiänern. Wiewol ſie darum nit mit eigener Fauſt/ ſond'n gemeinlich/ durch ein Süpplein- od' durch andere Meuchelliſt/ ihnen vom Brod helffen. Die Frantzoſen argwohnen zwar ſo geſchwinde nicht: aber ſo der Argwohn bey jhnen Fewer ſähet; platzt er gemeinlich auff wie Büchſen-Pulver/ und gibt einen tödlichen Schlag.

M ij   Ihr

Ihr Frauen-Zimmer ist etwas freymüthiger Natur/plaudert/scherzet/und tanzet gern: darumb wird demselben nicht bald etwas verdacht; dafern nicht augenscheinliche Zeichen einer Leichtfertigkeit sich eräugnen.

Man find dennoch auch/ sprach Francade/manchen Frantzosen/der empfindlich genug ist/ und auff blossen Argwohn ein Spiel anhebt/ das ihn hernach zu spath gerewet. Andrer Exempel zugeschweigen; so hat solches die jämmerliche Ermordung der schönen Marggräfin von Ganges, in jüngst verwichenem Jahr/ erwiesen.

Was ist das für ein Unfall? fragte Feliciano; darvon habe ich nichts gehört.

Das glaube ich wol/ antwortete Francade: ich halte auch nicht/ daß derselbe/ in Teutschland vielen bekant und ruchbar worden sey. Mir aber hat unlängst ein fürnehmer/ graduirter/und ansehnlich-bewürdeter Mann den ganzen Verlauff/ so in Französischer Sprach von einem Befehlhaber in Languedoc/ an einem Edelman bey Hofe/ geschrieben/ zu lesen gegeben.

ben. Wolte gern anjetzo / was davon noch in meiner Gedächtnuß hafftet / erzehlen / wenn unser Herz Leander unterdessen nicht ungedültig würde / daß sein Discurs von der Selbst-Rache so weit von sammen gerissen wird.

Ey! sprach Philanthos; das kan nit schaden: vielleicht erkühlet unterdessen die Rach-Hitze in etwas / bey jhm.

Leander lächelte / und sagte: der Herr erzehle meinet wegen / so viel jhm beliebt: ich werde gern mit zuhören / und hernach / dafern je von der Selbst-Rache noch etwas übrig wäre / solches dennoch nicht vergessen. Zu dem wird sich solche Erzehlung allhie auch nicht uneben schicken; weil sie gleichfalls / wie ich vernommen / auff einer wiewol ungerechten Selbst-Rache beruhet.

Wol / sprach / Francade / so will ich den Handel / und zwar umbständlich / erörtern.

Gemeldte Marggräfin von Ganges ist jhrer Schönheit / und andrer zierlichen Gaben halben / für ein Wunderwerck der Natur geschätzet worden / welche jhr eben so hold/ als das Glück gewesen: sintemal diese beyde / Natur und Fortun mit gleicher Mildigkeit / sie begütert haben. Sie war eine einige Tochter des Herrn von Rossan und ein Enckel Marggrafen Johannis / Herrns von Nocheres, dessen stattliches Vermögen ihr / als einer Erbin / vermeynt war: hatte sich einer Außstewer von vier hundert tausend Pfund zu getrösten. In ihrer Kindheit/ hat man sie das Weisse Schloß zu nennen pflegen/ nach einem so genantem Landgut ihres Herrn Vattern: welcher ihr sehr frühe mit Tode abgangen; daher sie der Ahn=Herr / als ein noch zartes unerzogenes Fräwlein / zu sich genommen / und manchem grossen um sie werbendem Herren die Augen damit lieblich gekräncket hat.

Endlich ist dieses köstliche Rubinlein dem Marggrafen von Castellane zu Avignon, vom Himmel zum ehelichen Schatz verehrt: welcher ein junger Cavallier von so guter Gestalt und so edlem Stamm/ war/ als einer in Franckreich seyn könte; auch die Höflichkeit am Hofe seiner Frawen Mutter

der gantzen Welt.

ter Madame d'Ampus von Kindheit an eingesogen/ über das in allen rittermässigen Ubungen sich treflich qualificirt hatte. Dieses so schöne wolvergliechene Paar paarte sich/ im Jahr 1644. da das Beylager gehalten.

Nicht lang hernach/ ist die nunmehr verheyrathete Marggräfin/ auff eine Zeit/ bey dem Königlichen Hofe angelangt/ und ihrer unvergleichlichen Gestalt halben/ von männiglichen höchst verwundert/ und gepriesen: welche ihr auch die Ehre erworben/ daß nicht allein manche andere fürnehme Personen/ sondern auch seine Majestät der König selbst/ bey unterschiedlichen Gelegenheiten/ sie sehr gerühmt/ und solche seine gnädige Meinung desto heller zu erleuchten/ bey einem seiner Ballet sie mit einem Reyen geehrt/ und persönlich mit ihr getantzet. Gestaltsam ihr dann bey selbiger Occasion/ der Titel gegeben/ daß man sie die **Schöne Provintzerin** (le Belle Provençale) benamset/ und nachmals bey diesem Lob-Titel/ am Königlichen Hofe/ besser gekant/ weder bey der Nehmung

M iiij der

Die alleredelste Nach der Marggräfinnen von Castellane.

Auff eine andere Zeit / widerfuhr ihr die Ehre/ daß Königin Christina von Schweden sagte: Sie hätte in allen denen von ihr durchgereiseten Ländern / ihres gleichen an Schönheit nicht gesehen: und wenn der Himmel sie hätte männlich gebildet; würde sie ihr alle ihre Liebe und Huld / ja ihr gantzes Hertz haben geschenckt.

Philanthos sprach: Ohne zweiffel muß sie nit häßlich seyn gewesen/ nachdem mal diese Nordische Pallas ein so grosses Lob und gnädiges Auge auff sie geworffen. Aber dem Herrn gefalle weiter zu gehen/ uñ wo man die Gunst haben kan / ihre Gestalt ein weinig insonderheit zu entwerffen: damit wir hören/ ob solche Königliche Ruhm und Ehren-Sprüche/ auß rechtem Verdienst/ oder vielleicht nur auß Gnaden und angeborner Leutseligkeit hergeflossen. Denn solche gekrönte Personen lassen offt sehr viel Höflichkeit mit unterlauffen/ wann sie jemanden in ihre Gnade auffnehmen.

Nein/ antwortete Francade/ ich schätze / es sey wol rechter Ernst gewesen/ und haben ihre gute Gaben Fug und Anlaß gnug,

gnug darzu gegeben. Denn ihr Angesicht
war gantz vollkommen/ auß der massen
anmuthig/und so Majestätisch/daß nichts
darüber / so weiß wie Eyß und Perlen; aber doch auch zugleich mit einer leb-
hafften Röte so lieblich/ vermischt/ daß
man eine zierlichere Vermengung der Lilien
und Rosen/ auff einer Damen Wangen/
niemals gesehen: ihre Augen und Haarlo-
cken viel schwärtzer/ denn der edelste Mar-
mor/ oder Eben-Holtz; und dennoch ihre
Augenblicke so hellblitzend / daß man sie
kaum vertragen können/ und der jenige sie
nicht lange anschawen dörffen / welcher
von ihren Pfeilen nicht hat wollen verwundet seyn :: massen sie auch den zierlichsten
und sinnreichsten Poeten dieser Zeit eine
reiche Materi gegeben. An ihren Karmo-
sin rothen Lippen/ und holdseligem Mündlein / wusten auch die allerformir-süchtig-
sten nichts anders/als lauter liebliche Vollkommenheit und vollkommene Lieblichkeit/
zu finden. Die Nase hatte ihr wolstän-
diges und zierliches Ebenmaß/ gegen alle
andere Theile des Antlitzes/ und die aller-
anmuthigste Bildung von der Welt. Der

M v. gantz-

gantze Umstrich des Gesichts fiel gantz rundlich/gesund/lebhafft/liebreitzend/ und war gleichsam ein solcher Kreyß/ der mit seiner Anmuth alle der Anschawer Augen gleichsam an sich zauberte/ weil er alle Schönheiten miteinander zugleich in sich beschloß.

Ihre Rede floß unglaublich süß/ mit Majestät und Freundlichkeit/ mehr von Natur/ weder durch Fleiß/ getemperirt. Ihre Worte waren männlich: die gantze Proportion des Leibes gar ansehnlich/ihr Gang recht edel und Fürstlich/ihre Gesellschafft lustig und annehmlich/ ihre Natur gemeinsam oder Gesprächig/ ihr Gemüth ohne falsch/ohne Galle/ Grundfromm und Gütig.

Ob nun gleich/obgedachter massen/diese wunderschöne eine rechte Abgöttin des Frantzösischen Hofes/und ein solches Gestirn war/welches viel hundert Augen anbeteten: blieb doch vorbenanter junger Marquis von Castellane allein der glückselige Besitzer aller solcher Vollkommenheiten/ und lebte mit seiner Liebsten in den süssesten Freuden. Aber es wåhrte leider! nicht gar lang/

lang / da gab jhm und jhr ein betrübter Unfall die gröſſeſte Bitterkeit zu ſchmecken. Dann als er ſich einsmals / auff dem Siciliſchen Meer / befand; entſtund ein Sturmwind / welcher / nebenſt andern Frantzöſiſchen Schiffen / auch das jenige / ſo jhn führte / in den Grund ſchlug / und verſenckte. Worauß man denn urtheilen können / daß / (wie dem Frantzöſiſcher Erzehler dieſer kläglichen Hiſtori zu reden beliebt) ein gantzes Meer voll Waſſers vonnöthen geweſt / das Fewer einer ſo ſchönen Liebe zu leſchen.

Nach dem alſo / durch einen ſolchen Unſtern / dieſe Schöne zu Wittwen gemacht / iſt ſie / ohne Kinder / unter der Hand jhrer Frau Schwieger / der Madamen d'Ampus, eine Zeitlang bey Hofe verbliebē: endlich aber / auff Gutachten derſelbē / nach Avignon gezogen; um daſelbſt jhre Sachē in Richtigkeit zu fügen / und jhre Traurigkeit bey dem Herrn Groß-Vatter zu verſchmertzen. Gleich darauff kam ſie auff die Gedancken / ſie würde in jhrem Wittwenſtande / nirgends beſſer ſich könnē auffhalten / als in einem Kloſter: dahin ſie auch / ſampt jhrem

M vj   Kam-

Kammer-Jungfern/ sich begeben/ und von niemanden sehen lassen/ ohn allein von solchen Leuten/ mit denen sie jhrer Sachen halber/ nothwendig zu weilen muste reden.

Mitler weil wachten die bedeckte alte Flammen wieder auff; will sagen/ die Liebe und Begier ihrer vorigen Freyer. Alles was courtòsisch/ höfflich/ nett/ polit/ und geschickt/ war/ das schmückte sich jhr zu Gefallen/ und strebte nach jhrer Gunst/ in Hoffnung, dieser in der Nacht der verwittibten Traur/ glänzender Stern solte jhm einen tröstliche Blick/ ein erwünschtes Ja-wort zu winckē/ und dermaleins sein Ehe-Schatz werden. Unter allen solchē streitenden und zielendē Liebes-Schützen/ traff zuletzt der Marggraf von Ganges, Baron von Languedoc/ und Gubernator der Vestung S. Andre zu Avignon , allein den Mittelpunct/ nemlich das Hertz der Damen: welches sich jhm zu eigen ergab: und wurden die beyde/ im Jahr 1658: miteinander vermählet :: sie liebten sich in den ersten Jahren jhrer Ehe inbrünstig/ und seynd auch von Gott / mit Leibes- und

Liebes-

Liebes-Früchten/ gesegnet worden.

Ihre gewöhnliche Behausung war zu Avignon; ob sie gleich unterweilen/ auff etliche Monaten lang/ nach Ganges verreiseten: welches ein kleines Städtlein/ in Languedoc/ und unter besagten Marggrafens Herrschafft ist/ sieben Meilen von Montpellier/ und neuntzehen von Avignon.

Die Rosen ihrer Liebe blüheten eine gute Weil auffs allerlieblichste/ und erzeigte sich kein kalter Nord/ oder dürrer Ost-wind/ der dieselbe entblättert/ oder am Strauch des Ehestandes welck gemacht hätte: also daß der Marggraf von Ganges, an dieser seiner Liebes-Blumen/ gleichsam ein gantzes zeitliches Paradis zu haben schiene/ dem Glücke im Schoß/ der Holdseligkeit in den Armen/ der Frewde im Busem/ der Liebe mitten im Hertzen lag; und vollkömmlich hätte mögen vergnügt werden/ dafern ihrer beyder Liebe und Eintracht nur die Beständigkeit hätten zum Grund gehabt. Vielleicht wäre auch solche ihrer Liebe Rosen-Blühe in immer-frischem Glantze unverwelcklich geblie-

geblieben; wann die Marggräfin entweder eines niedrigern Standes/ oder von der Natur und Glück nicht mit so manchen Gaben begünstiget gewesen. Aber bey solcher Beschaffenheit/ war sie den falschen Freunden ein Dorn in den Augen und kunte diese liebliche Rose dem Kefer-Biß der Abgunst und Verleumdung nicht entweichen.

Ihre Gelegenheit/ stattliches Vermögen/ und wunderreiche Schönheit waren gar weit über gemeine Art und Weise erhaben/ ihr Gemüth viel zu edel/ frölich/ hell/ und klar/ daß sie hätte sollen Achtung geben auff die Finsternussen anderer nidriger oder geringerer Gestirne; will sagen/ auff solche Tadel-süchtige Leute/ welche in dem Sonnen-Strahl/ auch die geringste Stäublein bemercken/ und darüber ein tuncklesGesicht machen. Daher kams/ daß der Glantz ihrer Vollkommenheit vielen andern Personen in die Augen stach/ und grossen Schmertzen verursachte: sintemal sie ohne Neid/ den Vorzug/ dieser fürtrefflichen Damen/ nicht schauen kunten/ welchen ihnen der Himmel hatte versagt.

Leute

Leute die selbst nichts nutz sind/ ärgern sich an allem/ deuten alles zum übelsten; suchen auß allen Handlungen/ sie mögen gut oder böß seyn/ Ursach zu lästern und Verleumden/ wie die Spinne nicht allein auß bösen schädlichen Dämpffen; sondern auch wol auß gesundem Blumen-Safft ihre Nahrung und Gifft. Solche arge Spinnen krochen auch der schönen Marggräfinnen von Ganges nach/ spanneten ihre Netze und Gewebe auff dieses in einer frölichen/ jedoch unsträfflichen Freyheit/ fliegendes schönes Gold-Vögelein/ um selbiges dermaleins zu bestricken. Ja auß eben solcher ehrlichen Freyheit ihres lustigen Gemüths/ wirckten sie die Faden und Garnen/ zu ihrer Beruckung. Sie kunten nicht leiden/ daß ihre höfliche Gemeinschafft/ und freundliche Leutseligkeit/ ohne Verdacht und Anwerffung einer argwöhnischen Kletten/ so vorüber passiren/ und frey durchgehen solte: legten alles ihr Beginnen verkehrter Weise auß/ nach dem Antriebe ihres eigenen/ falschen/ eyfersüchtigen und neidischen Gemüths: und wolten diese noble hoch-begabte

gabte/ freygeborne Dame/ die der Himel/ allem Ansehen nach/ erschaffen hatte/ da so sie von der gantzen Welt solte verwundert/ und ihr als sein schönes Meisterstück vor Augen gestellet werden/ also tyrannisch und sclavisch eingesperret wissen/ als ob sie sich nicht solte/ ohne Laster und Untrew von jemanden können sehen lassen/ oder die Hoch-Schätzung und der Ruhm ihrer Fürtrefflichkeit gleich eine Galanisirung wäre.

Solchem nach feyrte solches Geschmeiß nicht/ mit gifftiger Zungen das Gemüth ihres Gemahls des Marggrafens anzustecken/ und daßelbe mit Argwohn und Mißtrawen anzufüllen: wiewol seine grosse inbrünstige Liebe/ anfangs ihrem Einhauchen keinen Platz geben wolte/ sondern seiner allerliebsten ein Beßers zutrawte. Die es denn auch nit anders um ihn verdiente/ und von keinem auffrichtigen Menschen/ sondern allein von Teuffelischen Unmenschen kunte verlästert werden. Sie war von Natur lehrsam/ und ließ sich gern weisen; aber doch/ mit einem gewissen vorbehalt: ließ sich zwar nicht ungern sehen; aber

aber darum nicht fangen: blieb in ihrer freyen Unschuld/ und unschuldigen Freyheit/ wie andere Personen ihrer Condition sich/ bey ehrliebenden Versammlungen/ zu verhalten pflegen: war freundlich; aber ohn Unterscheid / und sonderbahre Passion oder Zuneigung. Und wann es je auffs genawste gesucht/ wann es von der Strengheit selbst beurtheilet werden solte: könte man ihr weiter nichts/ als eine unbedachtsame jugendliche Unfürsichtigkeit fürwerffen; aber darum keines weges einigs Laster/oder Verbrechen. Nichts destoweniger hat die Boßheit ihrer Feinde dahin getrachtet/ wie sie in den lustigen Garten dieser Ehe Unkraut streuen/ und Feindschafft zwischen ihr und ihrem Eheherzen stifften/ ja/wo möglich / gar eine Ehescheidung zu wegen bringen möchten.

Es gibt eine Art verschmäheter Liebhaber/ die ihnen einbilden/ durch allerhand Mittel und Wege/ zu ihrem Zweck zu gelangen; wissen/ von allen Sachen/ weitlich auffzuschneiden; und doch in der That nichts leisten: kitzlen sich/ mit allerhand abentheurlichen Gedancken/ Wahn und
Phan-

Phantaseyen; verkauffen andern ihre Träume / närrische Grillen und Schwermereyen / für was wichtiges / für lauter Evangelien und Glaubens-Artickel / wann sie die Ehre und Tugend des Frauenzimmers dem Rauch ihrer eitlen Ruhmredigkeit / ihrer schamlosen Unbescheidenheit und ungestümmen Tollsinnigkeit / wünschen auffzuopffern.

Solche Gesellen mischeten sich vielmals unter die Gesellschafft andrer hochreputirter und wolqualificirter Personen / mit welchen die Marggräfin in ehrlicher Kundschafft lebte. Da steht nun unschwer zu erachten / wie sie nachmahls diesen Auffschneidern über die Zunge springen / sich auf allerhand Weise außmustern und durchhecheln lassen müssen; wann sie nur die geringste Gelegenheit gefunden / sich der Verschmähung halber an ihr zu rächen.

Man hält insgemein dafür / daß die Ohren eines Ehemanns / wider den Stachel der Verleumbdung / allenthalben wol vermacht seyen / wann die Ehre der Frauen dadurch will gefähret werden: und daß der jenige weder ein gar zu guter Freund /

noch

noch gar zu hefftiger Feind sey/ der die ver-
haßte Mühe auff sich nimt/ jhm jhr miß-
verhalten anzusagen: nichts desto weniger
fanden sich solche grobe und unverständige
Leute/ welche dem Marggrafen von Ganges diesen üblen Dienst erwiesen/ und auch
geneigtere Ohren bey jhm antraffen/ weder
vorhin: pflantzten also einen Unlust und
Mißtrawen in sein Gemüth: worauff sein
Hertz/ gegen der Gemahlin/ kaltsinnig/ ja
zu letzt gar wie Eyß ward/ und hingegen
mit Widerwillen und feindseliger Eyfersucht erfüllet: da sie gleichwol solche Ver-
wandlung seines Hertzens so bald nicht
merckte; ohnangesehn jhr die heimliche List
und tückische Boßheit jhrer Feinde nicht
allerdings verborgen war.

Sie hat sich/ sampt jhren Auffwarterin-
nen/ eine Zeitlang sehr übel befunden/
nach einem gegessenen Milchraum/ darinn man jhr ein wenig Mäuse-Gifft/ wie
auß glaubwürdigen Anzeigungen erschienen gestrewet hatte: welches zwar/ so wol
wegen der gar zu geringen Quantität/ als
insonderheit darum/ weil mans unter eine Speise gemischet/ welche diesem Gifft
wider-

widerstrebt/ nicht starck genug war/ sie unter die Erde zu bringen; aber dennoch so boßhafft/ daß es ihr und allen denen/ welche nebenst ihr von der Milch gessen hatten/ grosse Pein und Schmertzen verursachte.

Damals erinnerte sie sich der Beschreibung ihrer Geburtsstunde oder Nativität/ so sie zu Paris/ durch einen sehr gelehrten Stern-Weisen/ ihr hatte stellen lassen/ daß ihr dieselbe einen gewaltsamen Todt dräwete/ und zwar von der Hand eines Menschen/ welcher ihr nechster Verwandter.

Diese Begebenheit gab ein grosses Gerücht/ beydes zu Avignon, und anderswo: jedweder discurirte davon/ nach seinem eigenen Gutdüncken: sie aber selbst ließ gar keine Zeichen einiges Argwohns oder Verdrusses spühren: sondern trieb offt unterm Gespräch/ ihre Kurtzweil und Schertz damit.

Ob sie vielleicht an des Herren Abbts und des Ritters von Gange, ihrer Schwäger/ Freundschafft einigen Nebel/ Verdunckelung und Ringerung vermerckt;
kan

kan man zwar so eben nicht wissen: das aber ist gewiß/ daß/ wie man sie angetrieben nach Ganges zu ziehen/ ihr solches auffs allerhefftigste zu wider gewest: und wofern jemals einige Kaltsinnigkeit und Widerwill/ zwischen ihr und ihrem Gemahl sich eräugnet; so hat solches nie klärer herfürgeleuchtet/ weder bey Vorfallung dieser Reise. Unterdessen machte der Tod ihres Anherrens/ daß von Nocheres, sie zu einer reichen Erbin aller dessen Güter: und verursachte/ daß man nothwendig zu Avignon bleiben muste/ und nicht wohl sich von dannen konte entfernen: welches dann dem Wunsch der Marggräfin so weit fügte/ daß ihr Gemahl/ der Marggraf dessen Sinn sonst immerdar nach Languedoc stund/ allda zu bleiben/ sich bemüssigt fand. Jedoch damit es ihnen beyden möchte nach Willen ergehen; theileten sie sich eine Zeitlang von ander/ und wandte sich ein Theil hie/ das ander dorthin.

Endlich/ als die Zeit herbey nahete/ daß dennoch die Marggräfin muste reisen: beschloß sie/ zu Avignon, ein Testament zu machen/

machen/ohne Vorbewust jhres Eheherrn:
setzte darinnen jhre Frau Mutter zur Erbinnen aller jhrer Verlassenschafft ein/ und gab derselben vollomenen Gewalt/ über alle jhre Güter zu disponiren/ nach beliebiger Willkühr/ und dieselbe solcher gestalt/ wie es jhr gefallen würde/ jhren Kindern zu verschaffen: Deren zween waren; nemlich ein Söhnlein / so zwischen fünff und sechs Jahren! und ein noch viel jüngeres Töchterlein.

Solches Testament hat sie/ etliche Tage hernach/ vor der Obrigkeit zu Avignon, und in Gegenwart vieler andrer fürnehmer Personen mit einer offentlichen Erklärung bekräfftiget/ und vermittelst derselben nit allein solchen jhren letztē Willen geratificirt; sondern überdas in bester Form/ geprotestirt/ daß im fall sie ausserhalb Avignon sterben/ und sich alsdenn ein anders jüngeres Geschäffte oder Testament findē würden; selbiges letzte hiemit vor gantz ungültig erklärt/ auch/ als falsch und betrüglich/ gantz und gar verworffen seyn solte: gestaltsam sie deswegen dieses rechtmässige Testam/ent mit jhrem eigenen Blut/ unter-
schrie-

schrieben hätte. Solches alles brachte sie vor/ mit Worten von grossem Nachdruck und Gewicht/ ja mit den aller kräfftigsten/ so ihr immermehr wolten einfallen.

Bey dieser Fürsehung/ ist es allein nicht verblieben: sondern sie hatte unten in ihrer Truhen zwantzig Pistolen oder Dublonen verwahrt; umb dieselbe vor ihrer Abreise von Avignon, einigen Barfüssern außzutheilẽ/ mit dieser außdrücklichen Bedingung und Bitte/ selbige solten für sie beten/ daß Gott ihr die Gnade wiederfahren liesse/ sie nicht sterben zu lassen/ ohne Geniessung der H. Kirchen-Sacramenten; es möchte auch geschehen an welchem Ort es wolte. Und dieses recommendirte sie ihnen / mit einer so beweglichen Art und hefftigem Eyfer / daß es schien/ die äusserste Noth hätte sie dazu gedrungen / und das Unglück geahnt/ welches ihr hernach würde begegnen.

Ihre liebsten Freunde/ und alle gute Bekandte haben einhällig bezeugt/ daß sie niemals sich von ihnen / mit grösserem Wehmuth und mehrern Thränen beurlaubet habe/ als dieses mahl: da sie/ mit so ungemeinen leydmüthigen Worten/ dieselbe be behütet / und jhren Abscheid von jhnen genommen / daß man sich über jhre so ungewöhnliche Geberden und Reden nicht gnugsam verwundern können.

Endlich / wie der Tag jhres Auffbruchs gekommen; hat sie sich auff die Reise begeben / mit jhren Kindern / sampt dem übrigen Haußgesinde; ist auch in dem Schloß jhres Eheherzen / mit sonderbarer Höflichkeit / und ungewöhnlicher Frewde-Erzeigung bewillkomet worden. Jhre Schwieger Madame de Ganges, eine der klügesten und Tugendhafftesten Frawen des gantzen Reichs / die jhr von Hertzen günstig / und eine Ursach war / daß man jhr desto grössere Ehr und Freundschafft erwiese / holte sie ein und empfieng sie / mit sehr freundlichen Worten / und was die Worte nicht völlig außsprechen konten / wie lieb / nemlich wie angenehm und erfrewlich jhr jhre Ankunfft wäre / das musten die Frewdenthränen vollends außbildē / und zu erkennen geben. Jhre Herrn Schwäger thaten desgleichen / und verhiessen / nach aller Möglichkeit / jhr allerhand ergetzliche Zeit-kürtzungen zu machen / um zu verhüten / daß
jhr

ihr die Einsamkeit nicht verdrießlich fiele. Der Marggraf von Ganges welcher schier täglich den Sinn mit der Lufft veränderte/ hat sich insonderheit frölich erzeigt/ seiner Liebsten alle Liebe und Behäglichkeit geleistet. In Summa: es vereinigte sich alles mit einander/ ihr diese Residentz angenehm zu machen/ und allen Verdruß/ alles Sehnen nach Avignon, und den Liebsten Freunden/ auß dem Sinn zu bringen.

Nach dem sie ungefehr vierzehen Monaten in solchem Frewden-Leben zugebracht; muste der Herr Marggraf von Ganges zu seinen Staats-Geschäfften sich bequemen/ und eine Reise nach Avignon und S. Andre thun in hochwichtigen Geschäfften: Madame de Gange, seine Fraw Mutter/ verreisete gleichfals nach Montpellier/ und wohnete daselbst/ mit ihren zween jüngern Söhnlein / welche alda studirten: also daß/ im Schloß Ganges von Stands-Personen niemand blieb/ an die Fraw Marggräfin / und ihres Herrn zween Brüder/ der Abbt und der Malteser Ritter: denn der jüngste/ hielt sich zu Malta/ auff.

Selbige zween Brüder / suchten den Schein zu gewinnen / als ob jhr höchstes Verlangen wäre / den Hoff und jhre Familie in geruhlichem Stande zu erhalten: liessen demnach / allem Ansehen nach / jhre fürnehmste Sorge seyn / der Fraw Marggräfinnē alle Sorge / Langweil / und Kümmernuß / auß dem Hertzen zu reissen: conversirten derhalben offt und vielfältig / mit jhrer Geschweihe / und leisteten derselbē bey jhren Spatzier-Gängen / vielmals Gesellschafft. Da sie dan / die Guthertzige jhnen jhr Hertz entdeckte / und auß angeborner Auffrichtigkeit / so in allen jhren Discursen herfürleuchtete / jhnen jhr grosses Mißfallen und Hertzleid offenbahrte / über dem Affenspiel / so das Glück mit jhr bißhero getrieben / nach dem die Boßheit jhrer Feinde / über die Liebe / Frieden und Glückseligkeit jhrer Ehe mit dem Herrn Marggrafen / jhrem Gemahl / getriumphiret hätte.

Solches jhr außzubilden / brachten die besten Worte / und lauter Honig schnürte Reden vor /· um sie zu überreden jhr Herr Bruder / der Fraw Marggräfin

nen Ehe-Schatz/hielte niemanden für einē grössern Feind/als einen solchen / der zwischen jhnen einigen Unwillen/ oder böse Ehe/stifften wolte: mit dem Anhang/sie solte ein Exempel jhrer Generosität blickē lassen/ und jhn/so wol auß danckbarlicher Erkantnuß als auß liebreicher Affection verbinden/ daß er jhr ferner die übrige Zeit seines Lebens alle Ehr / Liebe / und Auffwartung erwiese: welches geschehen würde/ so fern sie das zu Avignon gemachte/und jhrem Eheherren zu grossem Nachtheil gereichende Testament wiederrieffe/ hingegen aber ein anders auffrichtete/ darinn er besser würde bedacht; und zwar inter wärender seiner Abwesenheit: um jhm bey seiner Wiederkunfft:desto grössee Ursach zu einer unvermuthlichen Frewe zu geben/und sein Hertz mit jhrer Huld unaufflößlich zu verstricken/ daß es unöglich durch einige Gewalt/ auch durch e Nägel und Klawen des Todes selbst nit nte von jhr gerissen werden. Dieser Fürg war kaum so bald gethan/ als die willige jhn beliebet/und noch desselbi Tages zu Werck gestellet. Die gute

Herrn

Herrn wolten das Eissen nicht kalt lassen werden / bevor es geschmiedet; noch der Marggräfin/ so bald sie nur die willfährige Antwort von ihr erhalten/ einen Augenblick Zeit einraumen/ sich recht darüber zu besinnen; sondern daß sie gleich alsobald ihren Worten Krafft und Würckung gäbe: und bewegten dieselbe/ mit einer solchen arglistigen Höflichkeit dazu / welche auch wol einen eyssernen/ will geschweigen den wächsernen Sinn eines zarten Frawen-Bildes hätte sollen lencken und beugen. Also schien ihr Verlangen gestillet/ und in ihrer Famili die Frewde gleichsam von newem geboren/ welche zuvor erstickt und erfroren war/ durch die Mißverständnussen so man eine geraume Zeit hero, zwischen dem Marggrafen und seiner Gemahlin/ hatte verspühret: die nunmehr / mit grosser Ungedult/ ihres Liebsten Wiederkunfft verlangte; um ihn/ durch den Mund seiner eigenen Herrn Brüder/ zu erfrewen/ mit Erzehlung dessen / was sie in seinem Abwesen zu seiner Vergnügung und Erhaltung des Hauß-Friedens / hätte gethan.

Mitler-

Mitlerzeit hielt sich der Marggraf stets auff zu Avignon, oder anderswo/ wo die Nothdurfft der Sachen seines Gegenwart erforderte. Andrer Seiten/ bemüheten sich seine Brüder/ der Marggräfinnen allen Verdruß so zu benehmen/ so jhr Gemüth empfinden könte/ an einem so einsamen und für aller Gemeinschafft jhrer guten Bekandten gleichsam verschlossenen Ort. Sie bedienten dieselbe/ auffs allerfleissigste/ und trachteten jhr den Wahn fest einzupflantzen/ jhre Gütigkeit und Willfahrung hatte sie/ zu solcher Auffwartung/ gäntzlich verpflichtet.

Nach diesem hat die Marggräfin etliche Medicamenta brauchen wollen; um sich/ gegen die Regungen des Gebluts so der Frühling in dem menschlichen Leibe/ pflegte verursachen/ zu verwahren; und also den 17. May/ 1667. zu Einnehmung solcher Artzeney bestimmt. Solchem nach brachte man jhr/ morgens in aller Frühe/ einen Purgier-Trunck/ welchen sie hatte/ durch jhren gewöhnlichen Hof- und Leib-Medicum/ ordnen und zurichten lassen: wie man jhr aber denselbē presentirte; wolte sie te sie jhn nicht außtrincken: gab vor/ es wäre jhr gar zu sehr zu wider/ einen so dicken Tranck hineinzuschlingen: und nahm anstatt dessen/ auß einer Büchsen in jhrer Laden etliche Pillen/ deren sie sonst vorhin sich wohl mehr gebraucht.

Nie hat man grössere Sorgfalt gesehe/ weder jhre Schwäger (oder Manns Brüder) diesen gantzen Vormittag über/ an sich liessen erhellen/ zu vernehmen/ wie die Artzeney würckte/ und jhr bekäme? wie es um jhre Gesundheit stünde? Worauff die Marggräfin allezeit nach gewöhnlicher Höflichkeit/ sehr freundlich geantwortet.

Nach Mittag wünschte sie in jhrem Gemach Gesellschafft zu haben; ließ deßwegen sieben oder acht Jungfrawen des Orts zu sich laden; damit sie sich/ mit denselben in gutem Gespräch/ möchte ergetzen. Gestaltsam sehe auch erschienen/ und mit aller Ehrerbietigkeit/ und inbrünstiger Liebe/ womit sie sonst jederzeit jhr unter Augen giengen/ jhr auffwarteten. Der Abbt und sein Bruder/ der Ritter/ von Ganges, waren auch dabey.

Bey

Bey dieser Lust-Versammlung hatte sich der Himmel doch gleichwol so gar nit überall außgehellet/ daß man nicht hätte zu weilen einige trübe Wölcklein erwittert: will sagen / es kunten die äusserliche Geberden das Gesicht der Sprachhaltenden und kurtzweilenden so gar frölich nit verstellen/ es kunten die lieblich-lächlende Augen/ das Antlitz so gar nit außwölcken/ auffklären/ und gantz liecht machen; daß nicht bey einem und andern / jemahlen ein ernßhaffter dunckler Blick / als Verrähter und Zeugen eines gewissen innerlichen Anligens/ wäre mit untergeloffen: welches besagte Brüder kaum mit grosser Mühe wusten zu verbergen; wiewohl ihre Fraw Schwägerin/ die Marggräfin/ zwey oder dreymahl einen sehr artlichen Schertz darauß machte. Der Chevalier saß auff dem Fuß-Schemel ihres Betts / und bemühete sich mit grossem Zwange/ seinen trawrigen Unmuth zu vertreiben/ durch allerhand Possen/ uñ schalckhafte Redē/ damit er die Marggräfin auffzoch: Der Abbt gab nit acht auf sich / wuste sich bey gegenwärtiger Gelegenhet nicht recht

recht zu schicken / noch einen solchen Af．
fen der Frölichkeit zu spielen / wie sein
Bruder / er veränderte seine Weise und
Geberde so offt / daß unschwer darauß zu
schliessen war / sein Hertz müste / von einer
hefftigen Unruhe / bedruckt seyn.

Uber vier Stunden hernach läst die
Fraw Marggräfin von Ganges eine Col‐
lation aufftragen; um ihre Gesellschafft
damit zu beschencken: aber weder die Da‐
moisellen / noch die beyde Schwäger
hatten Lust etwas zu versuchen; sie allein
aß / mit gutem Appetit / desto besser.

Nach dem die Uhr fünff geschlagen :
schickten sich alle die Jungfrawen mit höf‐
licher Beurlaubung / zum Abtritt. Der
Abbt stellete sich / als wolte er denselben
das Geleit geben / biß unten ins Schloß
hinab: also daß der Chevalier (oder Ritter)
unter allen Gästen allein bey jhr in der
Kammer blieb / und nichts anders that /
als daß er am dussersten Ende jhres Bett‐
Schemels saß / in der Postur / Stellung
und Gebärde / eines Menschens / der in
sehr tieffen Gedancken steckt. Jedoch kam
der Abbt / des Wegs / den er gegangen war /
bald

der gantzen Welt.

báld wieder zu rúck: aber mit einem solchen Gesichte und Geberde/ dafür sich auch der allerhertzhaffteste solte entsetzt haben. Er hatte keinen Hut auff: seine Augen sahen so verwirret/ dürstlich und schreckhafft/ daß sie/ wie die Marggräfin nachmals hat erzehlt/ den vollkommenen Abriß eines grausamen Anblicks des Teuffels/ oder einer höllischen Unholdinnen/ gar eigentlich fürstelleten. Seine Arme hielt er außgestreckt/ und in einer Hand ein Pistol/ in der andern ein Glas mit Gifft. Die Thür schmiß und schloß er hinter sich alsobald zu, nahete sich darauff/ in solcher schönen Postur/ zu seiner Geschwey vors Bette/ und blieb zween Schritte weit vor ihr still stehn: vielleicht ihr die Weil zu lassen/ daß sie ihn/ in solcher erschrecklichen Gestalt und Presentirung recht möchte betrachten.

Der Ritter griff/ bey solchem Anblick/ zum Degen/ und erregte zugleich der armen verlassenen Marggräfin hiedurch einen Wahn und Hoffnung / er würde in dieser Noth/ ihr Schirm und Stab seyn. Aber ach! als sie deswegen ihre Augen auff ihn warff; er dugneten sich/ in seinem Angesichte/

N v.

sichte / viel unglückseelige Zeichen eines bösen verderblichen Fürsatzes: welcher ihr auch alsobald / durch den Verrätherischen Mund des Abbts / erkläret wurde / vermittelst dieser seiner eigenen Worte: Madame! ich wil nicht viel Complementen machen; sondern euch hiemit fein kurtz und rund angedeutet haben / daß ihr Augenblicks sterben müsset. Derhalben wehlet euch / ohne Verzug / auß dreyen eins: entweder dieses Fewer / oder dieses Schwert oder dieses Gifft: die euch zu solchem Ende bestimmet seynd.

Sterben / sprach sie / ihr Herren? Ach! was habe ich euch leides gethan / dz ihr mich also wollet tractiren / und tödten in dem Zustande und Alter / darin ich bin? Ist einer unter euch / der sich über mich hat zu beschweren? Ey! ihr Herren! besinnet euch wol / was ihr thut. Lieber! sage mir doch / um welcher Ursach willen / soll ich sterben? Wollet ihr dann ohn alle Gnade / Mitleiden und Erbarmen / mit mir verfahren? Ich
bitte

bitte tausendmal/um Verzeihung/so fern ich euch womit habe erzörnet: aber um Gottes willen / jhr meine lieben Brüder! bedenckt euch eines bessern/und tödet mich nit. Ach! ich kan in diesem Stande/ darin jhr mich gesetzt/ weiter nichts. Erbarmet euch meiner! ich beschwere euch/ ach! ihr Herren! erbarmet euch über mich.

Solche bewegliche und demüthige Bitte/ so auß dem schönsten Munde der Welt herfür kam/ hätte auch wol einen Donnerstrahl mitten in seinem Streiche sollen aufhalten/ uñ zu rücke wenden: aber diesen verteuffelten Bösewichtern kunte sie das steinerne Hertz gar nicht erweichen. Macht fort / fort Madame! antwortete der Chevalier (rechter zu sagen der Ertzbube) Was sollē so viel Worte und Ceremonien? Wir habē nit viel Zeit übrig zu verlieren. Es muß nur seyn! haltet uns nicht lang auff! machts kurtz.

Hierbey ist zu erinnern/ dz die Marggräfin jederzeit eine sonderliche Neigung und Wolgewogenheit/ zu eben diesem Ritter getragen/ und jhm gar offt etwas/ von jhrem

rem erspartem Gelde / geschenckt; ja nur noch allererst vor wenig Tagen / dem undanckbaren Guckguck / mit einem WechselBriefe gewillfahret / und eine ansehnliche Summa Geldes vor jhn bezahlt: weswegen die Trostlose hoffte / er solte sie jetzo dessen geniessen lassen / und an statt eines Mörders / jhr Erlöser seyn.

Aber zu letzt / da sie sahe / daß alles vergebens und kein Flehen hafften / keine Thränen etwas bey diesen unsinnigen und rasenden Menschen / verfangen wolten: verliehe sie jhnen einen zornigen Blick / seufftzete gar tieff / hub jhre Hände auff gen Himmel / um denselben zum Zeugen dieser schändlichen Verrätherey und Untrew anzuruffen; griff endlich nach dem Glase mit dem Gifft / nahm solches an / von dem schönen Herzen Abbt / und setzte es an den Mund. Unterdessen / daß sie solches leidiges Gesundheit-Träncklein außneigete; hielt der eine jhr die gespannete Pistol / der andere den Degen an die Gurgel; biß sie den tödlichen Safft eingeschlungen / und jhr der Angstschweiß vor der Stirn lage. Jedoch tranck sie alles auß / und verschüttete
nichts /

nichts/ohn allein etliche wenig Tropffen/
welche ihr von dem äusserem Rande des
Glases in ihren Busem fielen/ und bald
zu erkennen gaben/ was für eine durch-
dringende Krafft und Gewalt sie hätten:
angesehn das Fleisch/ darauff sie gefallen/
alsobald schwartz und außgefressen wurde;
so wohl/ als auch ihre Lippen/ über welche
das höllische Gifft war hineingeflossen.

   Weil aber der Chevalier (hatte mich
schier verredt und Schelm gesagt nach-
demmal er sich jenes Titels so gar unwür-
dig gemacht) in acht genommen/ daß gleichwohl noch das allerdickste und die rechte
Grund-Suppe von dem Gifft-Truncke
(der auß dem Arsenico oder Hüttenrauch/
und höchst-graduirtem Mercur gemischet/
und in Scheidewasser ein zunehmen war)
unten am Boden des Glases sitzen blieben: nahm er die Mühewaltung/ solches
Neiglein und Uberbliebenes/ mit einem
Spähnlein fein sauber auffzurühren/ und
vorn an den Rand zu schieben: reichte ihr
darauff das Glas zur Stunde wieder/ und
sprach: da! Madame! das Neiglein
muß auch hinunter! nebenst noch andern

dern schändlichen Läster-Worten / welche der Frantzos so dieses beschriebē/ Wolstándigkeit halber verschweigt.

Sie nahm solches herbe Restlein gleichfals zu sich: schluckte es doch gleichwol nit hinab; sondern behielt es/ im Munde/ und senckte das Haupt auff ihr Kopff-Küssen nider / mit einem solchen Geschrey / wie die jenige zu geben pflegen / denen der Tod auff den Hals tritt: ließ also dieses Bißlein zum Munde wieder heraußin die Ley-Tücher gehē/ und sagte zu den verfluchten Meuchel-mördern/ man solte ihr auffs wenigste einen Beicht-Vatter zum Trost lassen kommen; damit sie stürbe / als eine Christin/ und nicht als eine Verzweiffelte. Hierauff liessen sie dieselbe / in solchem erbärmlichen Zustande/ ligen / giengen zur Kamer hinauß/ und sperreten dieselbe hinter sich zu/ mit allem Fleiß. Folgends ist der Vicarius des Orts (welcher fünff und zwantzig Jahr lang/ ihr Haußgenoß gewesen/ uñ selbiges mal/ in einem andern Theil des Schlosses sich befunden) von ihnen beordret worden/ nach ihr hinzugehen/ und zu sehen/ wie sie würde verscheiden.

Als

Als unterdessen die trübseelige Marggräfin/ welche mitten in solcher Angst und Bestürtzung/ gleichwol allezeit ihrer guten Vernunfft mächtig blieb/wahrgenommē/ daß ihre Barbarische Verfolger hinweg / und leicht erachten konte/ sie würden bald wiederkehren: beschloß sie zum Fenster hinab zu springen/und dem letzten Gewalt ihrer Tyranney zu entfliehen / oder auffs wenigste ihnen den Gefallen nicht zu thun/daß sie vor ihren Augen stürbe.

Solches Fürsatzes/legte sie hurtig einen alten nichtsnutzigen taffeten Rock an / zu Bedeckung ihrer Blösse: in Betrachtung/das einige Hemd/ welches sie an hatte/ würde schwerlich ihren Leib gnugsam verhüllen: gab sich also/durchs Fenster/welches auf den Schloß-Platz sahe/und ungefähr zwey und zwantzig Schuhe hoch von der Erden war/hinunter. Sie wolte sich über Kopff hinab werffen ; und würde ihr ohn zweiffel / von dem sehr unebnen/ harten / und mit einem Hauffen grosser Steine beworffenem Pflaster/ gar unsanfft gebettet worden seyn : da nicht der Priester eben wäre drüber zugekommen

men/und hinzugeloffen/ sie bey dem Zipffel ihres Rocks auffzuhalten/ als welches er nur annoch einig allein kunte erwischen. Weil aber solches Flecklein viel zu schwach/ daß es den gantzen Leib möchte erhalten/ welcher allbereit seinen Schwung zum Abstürtzen genommen hatte: riß es/ und blieb dem Geistlichen in der Hand. Nichts destoweniger gerieth diese/ wiewol nur geringe/ Hinternus des Vicarii/ wodurch er ihre Unterfahung suchte zu hemmen/ dem armen Weibs-Bilde zu einem grossen Glück: denn er richtete und wandte/ unter solchem Anhalten/ ihren Leib so füglich/ daß sie darüber gerad auff ihre blosse Füsse fiel/ und anders keinen Schaden nahm/ ohn daß die Schenckel ein wenig auffgeschärffet wurden: da man doch sorgte/ ihr würde der Schedel zerschmettert und der gantze Leib gequetschet werden.

Der Geistliche/ (von dem die Marggräfin nicht sonders viel hielt/ und welchen man in Verdacht gehalten/ daß er von diesem Mord-Handel nicht aller dings rein) hat ihr alsobald einen Krug mit Wasser/ entweder auß Unfürsichtigkeit/ oder auß

Boß-

Boßheit/ nachfallen laſſen / welcher am nechſten Fenſter dabey geſtanden/ auch ſo mächtig groß und ſchwer geweſen / daß er der gefallenen Damen ohn zweiffel das Haupt eingeſchlagen hätte/ da er nur noch ein paar Finger-breit demſelben näher gefallen wäre.

So bald die Arbeitſelige ſich auff dem Bodem ſahe; ſteckte ſie hurtig das äuſſerſte Ende eines von ihren Haar-Flechten ſo tieff in den Schlund / als ihr immer möglich war: um dadurch ein Brechen zu erregen. Welches dann auch gar glücklich angangen/ und durch die Speiſen/ ſo ſie vor ungefehr zwey Stunden hatte zu ſich genommen/ gewaltig befordert worden.

Nach ſolcher Entladung und Magen-erbrechen (welches eine Sau ihr wolte zu Nutz machen; wiewohl zu ihrem groſſen Schaden; ſintemal ſie ſchier auff der Stelle darvon geborſten) richtete ſich die Marggräfin geſchwinde auff / und verſuchte zu entrinnen: fand aber den Schloß-Platz allenthalben verſperret: wandte ſich derhalben nach dem Quartier des Marsſtalls zu; hof-

hoffend/allda am leichtesten davon zu kommen. Aber es war auch da alle Außflucht verstopfft: darauß jhr dann nunmehr unschwer zu erachten stund/ daß jhr der hohe Fenster-Sprung wenig würde zu statten komme/ und weiter nichts geholffen hätte/ als daß sie in einen etwas geraumern Verhafft wäre gerahten/ weder sie vor in jhrer Kammer gehabt; ja daß sie nur allezeit in frische Verzweifflungs-Stricke fiele.

In solcher Angst wird sie eines Stall-Knechts ansichtig/ welcher eben auß dem Schlaff daher kommt; laufft eilfertig zu jhm und spricht: Mein Freund/ ich bitte dich/ um Gottes Barmhertzigkeit/ rette mir mein Leben! ach ich bin vergeben/ mit Gifft! ich beschwere dich/ verlaß mich nicht! laß dich meines elenden bedrengten Zustands erbarmen/ und sperre mir den Marstall auff.

Derselbige Stall-Knecht ist/ bey dieser Begebenheit der allerredlichste Kerl im gantzen Schloß gewesen/ und hat/ auß seinem groben Hirn alle Leutseligkeit herfürgesucht/ welche alle die andern hatte verlore.

Er

Er legte ihr die Hand ehrerbietig unter den Arm/ führte sie/ durch den Marsstall/ zu etlichen Weibern des Orts/ und zeigte denselben alsofort an/ man hätte ihr Gifft eingegeben; mit Ermahnung/ sie solten ihr eilig zu Hülffe kommen.

Mittlerzeit/ gieng der Pfaff/ nach dem er ihre Flucht wohl beobachtet/ zu ihren boßhafften Schwägern hin: welche ihr darauff von Stund an nachfolgten/ und überlaut rieffen/ sie wäre von Sinnen kommen/ gantz närrisch worden; und solches rührte her von der Mutter Kranckheit. Also wuste das gemeine Volck/ welches sie bey solcher Zeit/ da es schier halb Nacht/ in solcher Verwirrung/ mit zerstreweten Haar/ blossen Füssen/ daher lauffen/ und Hülffe schreyen sahe/ fast nicht/ was sie darauß machen solten.

Zuletzt hat der Chevalier de Gange sie/ unter dem Hauffen ihrer Begleiterinnen/ nahe beym Hause des Herrn von Prats, ertappt/ angepackt/ und mit Gewalt dahinein gerissen/ auch sich bey ihr darinn versperret. Gleich selbigen Augenblicks/ nahm der Abbt die Thür-Schwelle ein/

le ein/trutzte mit der Pistol in der Hand/uñ
drawete ohn unterlaß denselben/wie einen
Hund/zu erschiessen/der sich würde herzu
nahen: wolte also verhindern/daß nicht
irgends einer diesen bedrängten Damen
zu Hülffe käme; und unterdessen dem
Gifft Zeit erwerben/ daß es seine Würckung thun/ und ihr das Hertz abstossen
möchte.

Zu allem Glück fügte sichs/ daß dazumal des Herrn von Prats Behausung eine
Gesellschafft von Frawen gegenwärtig/
welche des Tages kommen waren/ seine
Liebste zu besuchen. Unter denen/befand
sich eine/die man Mademoiselle Brunelle
benamste/des Schultheissen selbiges Orts
Ehefraw/welche der Marggräfin behende
eine grosse Schachtel mit dem Electuario
Orvietani in die Hände stieß/darauß sie allemal etwas zu sich nahm/so offt der Cavallier/welcher wie ein besessener Mensch
auff und nieder spatzierte/ ihr den Rücken zu wandte. Es machte immittelst
auch das andere gegenwertige Frauenzimmer anstalt/der armen gedrngsteten Marggräfin hülfflich beyzuspringen: und weil
sie

sie inständig begehrte / man solte ihr zu trincken geben / reichte ihr eine ein Glas mit Wasser; das sie gar begierlich hinein schüttete/ um das Fewer / und die grosse Hitze zuleschen / so der Gifft und Wider-Gifft in ihrem Leibe angezündet hatten.

Aber der Tyrannische Cavallier / welcher alle Mittel und Wege suchte/ihr Leben vielmehr zu kürtzen/weder zuverlängern/ schlug und brach, ihr /mit der Faust / das Glas für dem Mund in Stücken: wandte sich hiernechst /zu den andern Frawen / und sagte: Sie würden ihm einen grossen Gefallen thun / wan sie lieber so lange einen Abtritt nähme/biß seine Geschwey sich wider ein wenig besönne;als dz sie da stünden / wie Zuschawer und Zeugen ihrer Thorheit: betheurte daneben/ er wäre vielmehr selber darum Da/ ihrer nothdürfftigen Angelegenheit und unglückseligen Zustandes halber / alle dienliche Anstalt und Mittel zu verfügen.

Als die arme Marggräfin solche seine Bethewrung hörte/ machte sie ihr einige Hoffnung/ dieser Unbarmhertziger würde vielleicht in sich gangen oder je noch zur

Barm-

Barmherzigkeit/durch ihre bewegliche und demüthige Erinnerung/ zu bewegen seyn: bat demnach selbst / das Frawen-Zimmer wolte ihr die Gelegenheit lassen/mit dem Cavallier allein zu reden / und deswegen sich so lang in ein anders Gemach begeben: welches jene gethan. Hierauff tratt die Hochbeleidigte/ deren Augen in Thränen schwammen/ und deren Angesicht ein rechter Spiegel des innerlichē Wehmuths/ Angst und Schmertzens war/hinzu; warf sich für dem Grausamen / auff die Knie/ mit gefaltenen Händen / und redete ihn also an:

Mein Herr/und lieber Bruder/wollet ihr denn kein Mitleiden haben/ mit mir? Gehet euch mein Jammer dann nicht zu Hertzen? da ich doch jederzeit ein so gutes Hertz zu euch getragen / euch so auffrichtig geliebet habe / ja noch zu ewren Diensten/mein Blut lassen wolte. Ihr wisset wohl / daß ich jederzeit mein Bestes gethan/ meiner wohlgeflissenheit euch würcklich zu versichern: aber ach! wie habt ihr michs
gleich-

gleichwol jetz lassen geniessen? warum habt jhr mich/ ohn allen Verdienst/so übel getractirt?Was werden die Leute darzu sagen? Was wird die Welt/ von diesem Handel/reden? Ach! mein Bruder! in was Elend und grosses Unglück bin ich gerahten! womit habe ich/ solches zu leiden verschuldet?Aber doch nichts destoweniger/ wann jhr mich eines Mitleidens würdiget/und mir mein Leben rettet; so schwere ich/ bey meinem Theil des Himmelreichs/dz ich nimmermehr dessen wolle gedenckē/ was biß hieher ist vorgangen; sondern vielmehr allezeit euch ehrē/und werth halte/als meinen Beschirmer/ und guten Freund.Und was dergleichen flehentlicher Worte mehr gewesen.

Diese klägliche und zugleich holdseilige Bitte / die mit vielen Stoßseufftzern vergesellschafftet/ mit einem gantzen Bach von Thränen gewässert war / solte vielleicht ein grimmiges Wunder-Thier besänfftiget / ja der Grausamkeit selbsten das Hertz gebrochen/und zur Höfflichkeit

lichkeit geneigt haben: aber des wilden Unmenschens Ohren blieben verstopfft/ und sein Gottloses Hertz gar verstockt. Ja er ward vielmehr rasend/ vor lauter Ungedult/ daß das Gifft nicht so boßhafft wäre/ wie er/ und der Marggräfinen nicht so geschwinde den Gar-auß machen wolte/ wie sein Wunsch begehrte: gedachte demnach/ bey diesem Trawer-Spiele/ die letzte Handlung selbst / mit eigener Hand außzuführen/ und den Geist/ welcher auß einer so liebseligen huldreichen Wohnung des Leibes also ungern scheiden wolte/ mit Gewalt herauß zu stossen. Er zuckte seinen Degen/ der sehr kurtz war/ so leise und unvermerckt/ daß es die Verfolgte nicht eines gewahr wurde/ hielt jhn in der Hand/ wie einen Dolchen; und in dem sie also mit beyden Knien auff der Erden ligend/ jhm mit auffgehabenen Händen flehete/ gab er jhr zween grimmige Stiche; einen in das rechte Brüstlein; den zweyten nahe bey der Kählen / und nicht weit von den Claviculis, oder beyden ersten Rieben / zwischen dem Anfang der Brust und Ende des Rückgrads so bey den Schultern ist.

Hie-

der gantzen Welt.

Hierüber richtete sie sich eiligst auff/ und schrie: **Rettet! Rettet! man bringe mich um!** und flohe unter solchem Zetter-Geschrey/ gerade auff die Thüre/ zu. Aber der verfluchte Mörder setzte gleich nach/ und versetzte ihr noch fünff Stösse/ mit dem Degen; gäntzlichen Vorhabens/ ihr/ sampt der Stimme/ das Leben zu nehmen/ und den völligen Rest zu geben. Welches auch zweiffels-fern geschehen; im Fall die Klinge/ mit dem letzten Stoß/ nicht zersprungen/ und der vordere Theil/ sampt dem Gefäß/ ihm in der Faust; die Spitze aber ihr/ in der Schulter/ steckend blieben wäre. Worüber die hefftig verwundete Dame zur Erden fiel/ und in ihrem Blute zu ligen kam/ welches von allen Seiten herfür rieselte/ und durch das Gemach hinfloß.

Weil dan der Meuchelmörderische Bößwicht vermeynte/ sie hätte nunmehr gnug/ und würde wol nimmermehr lebendig wieder auffstehen; gieng er hin/ sahe sich um nach dem Abbt/ welcher noch immerzu draussen auf der Thür-Schwellen stehend/ mit der Pistolen in der Faust die Wache hielt;

hielt; und sprach zu demselben: Retirons-nous Abbé; l' affaire est faite! Abbé! laß uns gehen! jetzt ist der Handel außgemacht! sie hat ihren Theil!

Alle die Weibs-Bilder / welche immittelst auff die Seite / und auff der Marggräfinnen Begehren / in die nechste Kammer gewichen waren / kamen auff solches Geschrey / eilends herauß / lieffen hinzu / fanden die Armselige auff dem Pflaster außgestreckt / in ihrem Blute schier gantz ertränckt / und einen so schweren Athem ziehend / als ob sie allbereit mit dem Tode rünge. In Anschawung dessen / rissen sie / vor Verdruß und Leid / ihre Haare auß dem Kopff / daß sie solchem Unglück / nicht wären zuvor gekommen / und diese Gewaltthätigkeit nicht hätten verhindert. Eine aber unter dem Hauffen / welche solches jämerliche Spectacul etwas genawer betrachtete / merckte / d[aß] [die] Marggräfin ihre Augen öffnete / und [auch] noch einiger Hülffe fähig wäre: lief derhalben auffs Fenster zu / und schrie der gantzen Nachbarschafft zu / um hülfflichen Beysprung / mit Versicherung / die Marg[gräfin] sey noch nicht tod,

Da solches die abgetrettene beyde Mörder draussen hörten; kam der Abbt plötzlich wieder zu rück/ lieff in dasselbige Hauß/
wie ein Lebendiger Teuffel/ stürmete mittē
zu den schwachen Weiblein ein/ so die töd-
lich-verwundte Marggräfin eben auff ein
Bette zu legen/ und in etwas zu erquicken/
bemühet waren: setzte der allbereit halb-
todten Damen/ die annoch in der Hand
führende Pistol an die Brust/ und also gleichsam den Zahn des Todes recht
ans Hertz/ auff daß er ihr denselben/
welcher bißhero so gar nicht anbeissen
wollen/ mit Gewalt möchte hinein/und
hingegen das Leben herauß treiben. Aber
die Pistol/so ehrlicher war/als der leichtfertige Bößwicht/ welcher sie also wolte miß-
brauchen/ versagte nit allein: sondern es er-
grif ihn auch Damoiselle Brunelle, beym
Arm/uñ erkühnte sich/ihm das Ziel zu ver-
rücken. Worauff sie selbst das Ziel seiner
Faust ward; welche ihr zur Rache der
Verhinderung einen starcken Streich ü-
ber den Kopff und ins Angesicht versetzte. Hernach wolte er sich derselbigen

Pistol/

Pistol/ an statt einer Mord-Keulen bedienen/ und der todt-schwachen Marggräfin damit den Kopff zerschmettern: aber solchem seinem abscheulichen Fürnehmen widersetzte sich die getrewe Brunelle abermal hertzhafft/ so wol/ als alle andere ihre Gesellinnen/ mit gesampter Hand/ und zwar so männlich/ daß sie ihn mit Gewalt zur Kammer hinauß rissen/ ja endlich gar zum Hause hinauß gestossen/ auch solche Ehren-Titeln ihm nachgeworffen/ wie ein solcher Ertzbub werth.

Hiernechst erzeigte sich ihr Schutz-Engel/ die diensthaffte Brunelle, sehr bemüht und sorgfältig/ das zu ihren Wunden herauß dringende Blut ihr zu stillen; auch sie die Verwunde selbst/ eine grosse Standhafftigkeit. Denn nach dem sie sich ein wenig wieder erholt/ und gesehen/ daß die dienthaffte Weiblein so viel zu schaffen hätten/ ihr die Trummer vom zerbrochenem Degen/ so annoch in der Wunde hafftete/ auß der Schulter zu ziehen; ermahnte sie dieselbe hertzhafft/ sie solten ihr den Fuß wider den Rücken setzen/ und also dieselbe mit Gewalt herauß reissen.

Inmittelst nun alle diese Weiber so ge-
schäfftig und eyferig waren/ der Verwund-
ten mit Rath und That beyzuspringen /
welche fast ohn unterlaß/ so wol geist- als
leibliche Artzeney-Mittel begehrte; beschlossen die Mörder/ weil sie sahen daß es Nacht
(Denn es wahr ungefehr zwischen neun und
zehen Uhren/ da sie diese Tragœdi vollends
außzumachen getrachtet) in Auberas, einer
andern Landschafft/ so ihrem Bruder /
dem Marggrafen / gleichfals gehörig/und
eine Meil von Ganges ligt / ihre Nacht-
Ruhe zu nehmen/wo man anders den Namen der Ruhe solchen übel-bewusten Menschen zu eignen darff) Als sie daselbst angelangt; hat es / wie der Schultheiß selbiges
Orts/gerichtlich außgesagt/wenig gefehlt/
daß sie einander schier selbst nicht hätten er-
würgt/ vor Verdruß und wütender Un-
gedult/ über ihre/ so-ungeschickte Anstalt/
und Zubereitung: als die da vermeynten/
es wäre eine Schande/ daß sie dem Handel so närrisch angefangen/ und mit allen
ihren mühsamen Unterfahungen ein so
schwaches Weibesbild nit hätten können
tod machen; und einander die Schuld des
O iij   Miß-

Mißlingens beymessen wolten. Jedoch wurden Pilatus und Herodes bald wieder Freunde: und nach dem sie sich weitlich miteinander abgeworffen/ gescholten/ uñ geschmähet; ward endlich dieser Accord zwischen ihnen getroffen; sie wolten noch einmahl wieder umkehren/nach dem Hause des Herrn von Prats, und das arme Schlacht-Schaff vollends gäntzlich auffopffern; wolten und müsten durchauß sterben sehen die jenige / welche so gern leben wolte / und den halsstarrigen ja im Leibe gleichsam verstockten Athem / mit äusserster Macht / heraußstürmen: wurden aber doch wiederum wenig gemacht/ durch ihr eigenes böses Gewissen/ welches sich vielleicht fürchtete/ es dürffte nicht wol ablauffen; und durch die Zweifelmüthigkeit/ die gemeinlich solche Ubelthäter/ in ihren Anschlägen / pflegt zu zerstrewen und verwirren.

Unterdessen ist das Geschrey für den Burgermeister von Ganges erschollen/ welche derauff/ mit einer Anzahl bewehrter Leute/ in der Behausung des Herrn von Prats erschienen/ und der so wol ge-

gerichteten Marggräfin ihre schuldige Dienste angeboten. Welche da sie derselben Gegenwart in ihrem Gemach/ erblicket; von ihnen/ wider allen ferneren Gewalt beschützet zu werden begehret/ auch die Zusage erhalten hat / daß sie solches thun wolten/ nach aller Möglichkeit. Gestaltsam sie darauff alsobald das Hauß/ mit einem Hauffen gewaffneter Mannschafft starck besetzt haben/ zu ihrer Sicherheit.

Noch dieselbige Nacht über (denn was fleucht leichter umher/ als das Gerücht?) ist diese schreckliche That/ in der ganzen umher ligenden Gegend / überall ruchtbar worden: und seynd gleich mit anbrechendem Tage unzehlich viel Personen von Qualität zu Ganges angelangt; haben der Marggräfin ihr hertzliches Mitleiden / und erbittertes Gemüth wider die Mörder/ gar höflich angedeutet. Die beyde Baronen von Semenes / und Ginestous, als die allernechste Nachbarn waren/ unter solchen Cavallieren / die allererste/ so ihr grosses Leidwesen über dieses Unglück derselben zu erkennen gaben /

O iiij   und

und sich zu allen freundlichen Diensten gar leutselig erboten. Der Freyher von Tressan, als oberster Schultheiß von Languedoc / befand sich gleichfals in dieser Nachtbarschafft: und ließ durch ernstlichen Befehl / daß man den Meuchelmördern allenthalben solte nachsetzen / seinen Eyfer und Haß wider dergleichen schändliche Frevel-Thaten / klärlich leuchten: um so viel desto mehr / weil solches sein Ampt erforderte.

Aber man hat diese verrätherische Blutschuldner nicht mögen erhaschen: sintemal sie allerhand Abwege gesucht / und endlich nahe bey Agde zu Schiffe begeben / um zu gehen / wohin sie ihr Stern oder Unstern würde geleiten. Mitlerzeit hat man nach Montpellier geschickt / Aertzte und Wund-Aertzte von dannen zu holen: welche auch in kurtzer Frist / angekommen.

Der Marggraf von Ganges war zu Avignon, und wolte eben gerichtlich / wider einen seiner Diener / verfahren / welcher ihm zwey hundert Kronen hatte entwandt / als ihm diese böse Zeitung ward angesagt. Es schien / gleich würde er von Sinnen kom-

kommen/wie man den gantzen Verlauff
jhm erzehlte: schwur wol tausendmal/sei-
ne Brüder solten keinen andern Scharffrichter haben/als jhn selbsten: verzog doch
gleichwol/den Tag über/und den folgenden halben Tag: besuchte in dessen etliche
seiner guten Freunde zu Avignon; und
sagte jhnen/von dieser bösen Mähre/gleich-
wol nichts.

Wie er nun endlich zu Ganges angelangt; hat er begehrt/seine Gemahlin zu
sehen: welche etliche Geistliche allbereit gegen dieser Zusammenkunfft/hatten unter-
richtet/wie sie sich dabey hätte zu verhalten. Bey seinem ersten Eintritt ins Ge-
mach/geberdete er sich sehr übel/da er sie
in solchem Zustande sahe ligen: fieng an zu
schreyen/heulen/und die Haare außzu-
rauffen.

Sie empfieng jhn anfangs/mit ziem-
lich-freyen Worten/welche jhr der billige
Argwohn in den Mund gelegt: sagte/er
solte sehen/wie seine schöne Hertzen-Brü-
der sie hätten getractirt! jedoch brachte sie
solches alles/mit so grosser Bescheidenheit
und Beweglichkeit vor/daß man nie höff-
O v lichere

lichere noch Hertz-durchdringlichere Reden gehört/ und dem Marggrafen/ im Fall er an dieser That schuldig wäre / die Erinnerung solcher Worte gewißlich die allergröffeste Marter seyn würde/ so zu erdencken: sintemal auch der allerundanckbarste / gröbeste und unempfindlichste Mensch/vor Rewund Leyd/ davon sterben müste.

Und was hiebey am meisten zuverwundern; so hat ein andächtiger Missionarius ihr mit einem sonderbaren Eyfer zugesprochen/ und zu Gemüth geführt / daß der Marggraf von Ganges sehr hoch betrübt und zweifelmüthig wäre / wegen etlicher Worte/ so sie hätte lassen fallen / und vielleicht nit gnugsam zuvor erwogē. Worauff sie ihm eine offentliche Satisfaction gegebē/ ihn tausendmal um Verzeihung gebetē/mit gar liebreichen Wortē angeredet/ auch ihm die Hand gereicht / mit freundlichern und günstigern Geberden / weder man hätte sollen meynen; danebenst gebetten / er wolte doch solche übelauffgenommene Worte vielmehr ihrer grossen Leibes-

Schwach-

der gantzen Welt.

Schwachheit zumessen / als für einen Abbruch seiner Ehren halten. Uber welche ihre demüthige Abbitte sich männiglich verwunderte.

Solche ihre Gnugthuung wolte hernach der Marggraf ihm weiter zu Nutz machen / und eine gute Erklärung zu seinem Vorteil / bey ihr außwürcken / dadurch das jenige möchte auffgehoben werden / was sie ihrem / zu Avignon gemachtem Testament beygefüget hatte / und hingegen die nähere Donation, so seine Brüder/wie obgedacht/ ihr abgepracticirt / der Vice-Legat und seine Beampten aber dennoch / in Krafft der vorigen mit eigenem Blut unterzeichneten Protestation/vor ungültig erklärt hätten/ Krafft gewinnen. Aber sie antwortete darauff / mit grossem Muth: sie hätte nichts zu ändern / an allem dem / was allbereit zu Avignon wäre gemacht: sondern selbiges solte ihr warhaffter letzter Will seyn und bleiben. Wodurch sich gleichwol der Marggraf nicht hat lassen abhalten / von seiner Sorgfalt / und Fleiß / ihrer in dem Hause des von Prats, fleissig zu pflegen/ und zu warten.

Der Marggräfin Fraw Mutter/ Madame von Roſſan, ſäumete nicht lang/ nach dem der Marggraf von Avignon abgereiſet/ bald nach ihm gleichfals in Begleitung einiger fürnehmer Perſonen/ hinzuziehen/ uñ ihre Tochter zu ſehen: erſchrack aber über alle maſſen/ da ſie dieſelbe/ unter den Händen ihres Mannes/ des Marggraſens erblickte: wider welchen ſie geredt hatte alles/ was ihr ihre Gedancken hatten in den Mund gelegt; es mag nun gleich zugetroffen haben/ oder nicht. Und was ſie noch vielmehr befremdete/ war dieſes/ daß ihre Tochter ihr bittlich zumuthete/ ſie wolte doch ihren Herrn/ den Marggrafen/ (nach gewöhnlicher Weiſe) umfangen/ und ſich freundlich gegen ihm erweiſen. Welches ihr ſo verdrießlich zu Hertzen gieng/ daß/ obgleich ihre Tochter in einem Adglichem Zuſtande begriffen/ ſie ſich dennoch nicht kunt überwindē/ bey ihr zu bleiben; ſondern/ nach zwey oder dreyen Tagen/ wieder heim zog/ wie ſehr auch die Tochter bat/ bey ihr zu verharren: Denn ſie kunte den Marggrafen nicht länger vor jhren Augen sehen.

Als die hinweg; begehrte auch die Marggräfin nicht länger zu bleiben: sondern bat/ man möchte sie lassen nach Montpellier führen: weil es jhr hefftig zu wider wäre/ in einer solchen Gegend zu verharren/ da jhr jhre Mörder stets in Gedancken und gleichsam vor Augen schwebten; und hingegen dort jhrer Schwachheit/ mit nothwendigen Mitteln/ fuglicher und geschwinder könte an die Hand gegangen werden. Aber die Aertze gaben jhr zu verstehen / es würde jhre Gelegenheit noch zur Zeit eine so stärcke Bewegung nicht leiden/ und jhr die äusserste Lebens-Gefahr darauff stehen. Also hat sie sich weisen lassen; auch jhren Mördern/ nach unzehlig-vieler Leute Bezeugnuß/ die an jhr begangene Ubelthat/ auß Christlichem Hertzen verziehen; und das heilige Nachtmal inbrünstig begehrt; wie imgleichen die letzte Oelung; aber zuvor offentlich zu beichten begehrt/ und selbige Beicht/ mit so hertzlicher Rew und Andacht abgelegt/ daß allen/ die es mit angehört/ die Thränen zu den Augen herauß gedrungen. Der

Der Priester / welcher ihr das Sacrament reichen wolte/machte sie gewaltig perplex: denn es war eben der jenige / welchen die Meuchelmörder hatten zu ihr in ihre Kämmer geschickt / da sie den Gifft eingetruncken; und nie bey ihr in gutem Concept gewesen: gestaltsam sie ihm solches auch fein dürr und auffrichtig jetzo unter die Augen bekant/ und gebeten/ er wolte ihm lassen gefallen / die Hostie mit ihr zu theilen welche er ihr presentirte: auß Forcht/ daß ihre Feinde nicht irgend / unter derselben / ihr abermal eine Tück möchten spielen. Jedoch bezeugte sie nochmals / in Gegenwart dieses ihres Gottes (wie der Frantzos es nennet / als ein Römisch-Catholischer / welcher die wesentliche Wandlung glaubet;da es doch wunderlich lautet/ daß entweder an dem heiligen Göttlichen Leibe Christi/oder an der blossen Gestalt des Brods/ ein Gifft solte hafften können; und also hierauß nothwendig erfolgt/ es müsse im Heiligen Abendmal nicht allein die Wesenheit des allerheiligsten Leibes / sondern auch ein Körperliches Wesen des Brods seyn/ weil es einmal wahr

und

und unlaugbar ist/ daß ein und andrer Münch die Hostie habe vergifftet / und wie jener Teutscher bald empfunden/ die Speise des Lebens zum Tode gegeben) Gottes spreche ich/ welcher aller Hertzenkündiger wäre/ daß sie/ von Grund jhres Hertzens/ allen jhren Feinden verzeihete und vergäbe/ ohnangesehn dieselbe jhr hätten wollen beydes jhre Ehre und Leben rauben. Sie rieff auch denselbigen an/ zum Zeugen des unschuldigen Wandels in ihrer Ehe: wiederholte folgends alle jhre Entschuldigungen/ und höffliche Verzeihungs-Bitten/ gegen ihrem Gemahl/wegen alles dessen/was sie etwan wider ihn häte geredt/so wohl bey dieser/ als vorhin bey anderer Gelegenheit. Kurtz zu sagen: man hörte sie/ anders nichts reden/ dann wie einen holdseligen sanfftmüthigen Engel/von einer Materi darinnen auch die härteste und schwerste Reden für erträglich und billig hätten passiren mögen.

Jhrer viele/ walche sie zu besuchen kamen/ schmeichelten jhr/ und lobten jhre wunderliebliche Gestalt/sprechend/sie hätte noch nie so schön gesehen / als jetzo ; wie es denn in
der

der Warheit sich also auch verhielt: aber sie gab ihnen zu vernehmen/ daß ihr solches unzeitige Lob gar nicht angenehm/ sondern ja so sehr/ als alle andere Eitelkeiten des Lebens/ zuwider wäre; und brachte gleichfals solche ihre liebkosende Lobsprecher/ auff ihre Meynung/ daß nemlich die äusserliche Schönheit eine flüchtige und hinfällige Waare, und derhalben nicht sonders hoch zu achten wäre.

Ihre Kinder stunden ihr zu beyden Seiten/ und wurden von ihr mit sehr freunlichen Worten zu allen Tugenden ermahnet: auch danebenst offt mit Thränen gebeten/ sie solten nach ihrem Todte für sie als ihre arme Mutter/ Gott fleissig bitten. Der Knabe dräwete/ wann er würde groß und erwachsen seyn/ wolte er die Gottlose That/ so seine Vättern an der liebsten Mutter hätten verübt/ rächen/ oder das Leben nicht haben: aber sie hieß ihn einhalten/ mit dergleichen Reden/ und solche böse Gedancken fahren zu lassen; ihn vermahnend/ daß er ihrem Exempel folgen/ und ihnen von Hertzen verzeihen solte/ ja in allem vielmehr forderlich und dienstlich seyn / worinn sie seiner Hülffe würden bedürffen.

Dieser grausame Handel ist endlich für das Parlament von Tolose kommen/welches über eine so unerhörte That fast sehr erschrocken/und ob gleich keine Klage deswegen geschehen / dennoch auß löblichem Eyfer der Gerechtigkeit / auff seinen eigenen Kosten / den Herrn Catalavi zu einem Commissario in dieser Sache verordnet hat. Dieser geschickter Herr/ der sich jederzeit sehr auffrichtig erwiesen/ und durch seinen klugen Verstand/ so wol auch guten Fleiß/sonderbaren Ruhm erlanget/ist alsobald / nebenst etlichen ihm in dieser Commission zugegebenen Befehlhabern / verreiset / und zu Ganges angelanget: da er die Marggräfin zu sehen begehret; aber gleich des ersten Abends seiner Ankunfft nicht hat können mit ihr zu reden kommen: weil sie allbereit ruhete. Folgenden Tages / hat sie ihn / nach seiner Wieder-Anmeldung / zu sich hinein bitten lassen/sehr höfflich bewillkommet/und ihm ihren kläglein Zustand zu erkennen gegeben/

Die alleredelste Rach

geben/ mit vielfältiger inständiger Bitte/ er wolte befördern/ daß sie von diesem Ort hinweg käme / welcher ihr hefftig verleitet/ und entgegen wäre. Er versicherte sie/ der gantze Hoff zöge ihm ihren Unfall sehr zu Gemüth/ und würde ihr Gericht und Gerechtigkeit lassen widerfahren: befahl hiernechst / daß jederman/ keiner außgenommen / hinauß gehen solte; auf daß er mit ihr allein absonderlich sprachen könte. Solche Unterredung währete bey anderhalb Stunden: nach welcher er auß Beysorge/ sie möchte sich/ durch gar zu langes reden/ allzu sehr abmatten/ seinen Abtrit genommen/ nechst Versicherung daß er morgendes Tages/ sie wieder sehen/ und weiter mit ihr Sprache halten wolte.

Bald hernach aber begunte sie/ sich etwas übler zu befinden/ und schwächer zu werden/ weder vorhin: brauchte zwar Klistier; brachte aber dennoch die gantze Nacht/ in grosser Unruhe/ zu: welches ein gewisser Vorbott ihres herbey nahenden Todes gewest: welcher ihr/ des andern Tages/ (war der Sontag/ 5. Junii neuen Kalenders) ungefehr um vier Uhr gegen Abend/

Abend / ihre grosse erbärmliche Schmertzen und Unruhe / so gegen dem herbey nahendem Ende dermassen zugenommen / daß es allen Beywesenden sehr mitleidig zu Hertzen gangen / endlich abgekürtzet / und in die ewige Ruhe verwandelt. So häßlich ist das schönste Bild zugerichtet worden; so kläglich um ihr holdseliges Leben gekommen!

Kaum waren ihr die Füsse kalt worden; als gleich der Herz Catalan / welcher zwölff Soldaten von der Garde des Gouverneurs / zehen Leibschützen / und einen Herrold / bey sich hatte / und solche seine Leute hinein ins Schloß des Marggrafens von Ganges schickte; um sich dessen Person gefänglich zu versichern / wie auch des Pfaffens / und etlicher andrer von dem Hofgesinde. Die Außgecommandirte fanden besagten Marggrafen / in seinem Schloß-Saal / gantz allein / und zwar sehr Melancholisch: deuteten ihm ihre habende Ordre an / und begehrten / er solte mit ihnen ziehen. Er antwortete / sonder einige Bestürtzung: er wäre gantz willig und bereit / zu gehorsamen / ja ohne das gewillet dahin

dahin zureisen/um die Mörder seiner Frawen/im Parlament/zu verklagen. Man forderte von jhm den Schlüssel zu seinem Gemach: den er also fort von sich gegeben: und hierauff/nebenst den andern/weg geführt worden in die Gefängnußen der Rente-Kammer von Montpellier.

Allda ist er angelangt/auff einer gemiedeten schlimmen Schind-Meer= und alles Volck/ ohnangesehn es schon Nacht gewesen/zugeloffen/ jhn zu sehen. Gestaltsam deswegen für allen Fenstern/Liechter hingen/damit man jhn/unter der grossen Menge derer/ so jhn gebracht/ ersehen könte. Da muste er nu sich weitlich von dem gemeinem/ungehaltenem Pöfel/anschreyen/ schelten/schänden/und lästern lassen/ mit solchen Schmähe=Worten/ die einem jedweden das böse von jhm erschollene Geschrey/und der Zorn ins Maul gab: denn gemeintlich in Volckreichen Städten sonderlich in Franckreich und Niederlanden/ das Herz Omnis-Gesindlein/ mit seinem Läster-Maul/ dem Urtheil und Recht vorgreifft. Welches jedoch in dieser so verhaßten Sache/ nicht zu verwundern

dern: weil man solchen seinen gefänglichen Einzug für eine Uberweisung der Schuld achtete; da sie jhm doch gleichwol noch erst solte erwiesen werden.

Im Gegensatz / ward die abgeleibte Marggräfin ihrer Schönheit und Tugenden halber/ von allen Damens zu Montpellier/ höchlich beklagt; so wol/ als im gantzen Languedoc/ und allen umherligenden Provintzen.

Etliche Stunden nach ihrer Scheidung/ hat man ihren Leichnam geöffnet/ und befunden/ daß das Gifft eigentlich die rechte Ursach ihres Todes gewest; sintemal daßelbige ihr alles Eingeweide durchgefressen/ und das Gehirn aller schwartz gemacht. Weswegen man sich/ über die gute gesunde und starcke Natur dieser lieblichen Kreatur hat verwundern müssen/ daß sie/ eine so lange Zeit/ widerstehen können dem Gewalt eines solchen Giffts/ welches auch ein Leu schwerlich hätte länger/ als ein paar Stunden/ sollen außdauren. Was die Wunden betrifft; ob zwar derselben viele und unterschiedlich; seynd sie dennoch so gefährlich nicht gewesen / daß sie deßwe-

gen

gen nothwendig hätte müssen sterben.

Dieses befremdete die Anwesenden/ bey ihrem Tode/am meisten: Daß derselbe gähling herzu nahete/ zu solcher Zeit/ da man seiner nicht vermuthete/ sondern vielmehr eine gute Hoffnung ihres wieder-genesens anfieng zu schöpffen: Zumal/weil sie niemals so schön im Angesicht geschienē/auch die Sterlein ihrer Augen nie heller gespielt und geblinckt/ noch ihre Rede frischer gefallen/als eben damals/ da der letzte Feind und Verheerer aller lieblichen Schönheiten vor der Thür gewesen.

Madame von Rossau / ihre Fraw Mutter/ tratt in den Besitz aller ihrer Güter/nahm sich auch der Sachen offentlich mit an/ um solche mit allem Ernst wider die Thäter fortzusetzen.

Der Her Catalan hat gleichfals keinen Fleiß gespahrt/ von allen Orten Bericht einzuziehen/ darauff er den Proceß stellen/ einrichtē und gründen möchte: wie er dann den Marggrafen selbsten: bald nach seiner Gefänglichkeit/ verhört/ auch hernach/ da er denselben zum andernmal geexaminirt/
gantzer

der gantzen Welt.

gantzer eilff Stunden ungeruhet darüber zugebracht.

Von Montpellier / hat der Gefangene / nebenst den andern Mitverhäffteten / nach Tolosa sollen geführt werden. Ob er nun allda schuldig oder unschuldig erkant / verurtheilt / oder loß gesprochen sey; das hat man noch zur Zeit nicht erfahren. Vielleicht ist / allem vermuthen nach / ein langer Proceß darauß geworden: weil ein so fürnehmer und hochansehnlicher reicher Marquis ohn zweiffel alles daran setzen wird / seine Ehr und Leben zu retten; und seine Unschuld an den Tag zu bringen / oder seine Schuld unter dem Schatten der Unschuld zu verstecken.

Hiemit schloß Francade seine Erzehlung / und fieng Leander an: Daß ist gewißlich eine grausame That / und hat zweifels ohn / auß einem Argwohn ihren ersten Ursprung. Aber von einer so schändlichen Selbst-Rache halte ich nichts. Was nicht den Namen einer gerechten Rache verdient; das wird unter die Zahl meiner edelsten Selbst-Rache gar nicht auffgenommen. Ich muß aber wiederum auff meinen vorigen

gen Discurs kommen/ und nochmals / jedoch mit wenigem nur behaupten/ daß wo eben nicht alle die erzehlte Arten der Selbst-Rache/ jedoch gewißlich etliche / mit dem Titel der Alleredelsten/ billig zu ehren seyn.

Das Duelliren / Kolben- und Faust-Recht/ imgleichen die Macht des Vaters oder Ehemans/ einen Ehebrecher/ oder ehebrechendes Kind zu tödten; hat der Herr Polydor/ als ein rechter Zäncker (dieses sagte er in Schertz) ziemlich schwartz gemacht: damit sie nur seiner Gerichtlichen langweiligen/verdrießlichen/und unnützlichen Rache/ der Krantz/ welchen er ihr auffgesetzt/ nicht vom Haupt falle. Aber an den andern/ nemlich an der Keuschheit-Rache/ an der ritterlichen Beschirmung einer Gewalt-leidenden Damen/ an der tapffern Abtreibung eines/ der mir entweder mein Blut/ meine Gerechtigkeiten/ oder dergleichen/ etwas nehmen will/ wird solche seine Lästerungsfarbe dennoch nimmermehr kleben; sondern vielmehr eine solche/ wodurch die alleredelste Gestalt der Rache abzunehmen steht.

Daß ich aber dieses/ mit so vielen Worten/

ten behaupten solte; wie er; laß ich wohl bleiben: man wird mich für entschuldigt halten; meine Rhetoric ist im Kriege geblieben. Uberdas gibt es nur der Sachen eine böse Muthmassung/ wann man sie mit vielen Worten will ankleiden. Darum soll mein Beweiß in drey oder vier Worten bestehen.

Die Selbst-Rache zu üben/ ist der hundertste Mensch nicht tauglich; fürnemlich solche/ deren vorhin Meldung geschehen. Ein fauler/ liederlicher/ verzagter Tropff/ und feige Memme/ wird sich/ wann man ihm ein Maulbierlein zu fressen gibt/ nicht leicht wehren: sondern wol die Courage haben/ noch einer etliche dazu vorlieb zu nehmen: aber/ in welchem Menschen ein edles Gemüth wohnet/ der läst ihm nicht zweymahl auff der Nasen spielen; sondern schmeist tapffer um sich/ wie ein muthiges Roß/ das hinten und vorn außschlägt/ wenn es der Wolff angreifft.

Diese Fähigkeit ist nur den edelsten Menschē angeboren/ und gemeinlich/ durch das Glück/ ihnen bestätiget. Je höher einer ist/ je hurtiger er mit der Selbst-Rache herauß

Die alleredelste Rach

herauß wischt. Gestaltsam allerdings die verbotene Selbst-Rache auch von dem Gerichte selbsten / hohen und edlen Personen deswegen vielleichter verziehen wird / weil ein ehrlicher / tapfferer Rittersmann viel übler sich kan schimpffen und beleidigen lassen / als ein geringer unedler Mensch. Jedoch will ich dadurch keine verbotene Rache preisen; sondern allein desto besser bescheinigen / wie die gerechte Selbst-Rache hohen und heroischen Gemüthern / von der Natur gleichsam zu eigen gegeben sey.

Der hochschwebende Adler wird sich nicht zaghaffter Weise / in sein Nest verstecken / oder einen holen Felsen zum Schlupf-Winckel erwehlen / wann er einen fremden wilden Raub-Vogel wider sich / von fernen / daher fahren sihet: er wird sich rüsten / denselben mit seinem Schnabel / als wie mit einem Schwerd / und mit den Klawen / als wie mit einem Schilde / zu begegnen. Aber den Sperber treibt die Forcht in den Schatten dicker Bäume oder Hölen. Also weiset auch ein tapferer Mann / wenn ihn Gewalt und Unbillichkeit wollen angreiffen / nicht den Rucken; sondern spornen

nen und Klawen ; Zumal weil jhm die Vernunfft sagt / es sey besser / eine Wunde / durch einen Defensiv-Streich / abzuwenden; als einzunehmen / und allererst das Gericht hernach / um Heilung des Schadens / anzusprechen. Einen solchen läst man nachmals wol zu frieden. Niemand unterstehet sich über einen so hohen scharffstechenden Zaun zuspringen: aber über die nidrigen / will ein jeder.

Hastu deinem Feind reblich von der Haut getrieben: hast du / ohn weibisches Klagen / ohne Molestirung der Obrigkeit / dir selbst in billigen Fällen geholffen / selbst den jenigen / so dir etwan in dein Hauß oder Güter eingefallen / über Hals und Kopff herauß geschmissen; hast du das Glück und Hertz gehabt / eine bedrengte / und von unbillicher Gewalt verfolgte Unschuld / mit eigener Hand und Rüstung / schirmen und erretten: so werden dir ohne zweiffel Ruhm und Ehre auff den Fuß folgen / und dich allenthalben begleiten. Und wie jener tapffre Linckhändler sich bey jedem Tritt / seiner Reputation erinnerte: also klebt / an eines jedweden resolvirten

P ij Ca-

Cavalliers Fuß-Tritt/Respect; ja ein jeglicher Rechtschaffener Mensch zehlet alle seine Schritte/ vor Verlangen/ ihm näher zu kommen/ und seiner Kundschafft zu geniessen. Man zeugt den Hut noch eines so tieff/ vor ihm/ weder vor andern seines gleichen. Uberall schallet sein Lob: jederman rühmet ihn/ seines frischen Hertzens halben. Könige und Fürsten steuren sich/ auff die Hand solcher wackerē Leute/ und vertrawen ihnen ihr Leben am liebsten; ja tausend mahl lieber/ als einem der zwantzig mal/ vor Gericht einen Rechts-Zanck gewonnen. Man befordert und erhebt sie zu Diensten/ und ansehnlichen Kriegs-Chargen: zumaln weiln man/ an ihnen bey einbrechender Gefahr frembder Waffen/ die Officirer und Vorfechter hat.

Wo eine fürnehme Stadt/ oder ein grosser Herz/ Gräntz-Oerter und einen solchen Nachbarn hat/ mit dem es offt Strittigkeiten setzt; da setzt man solche Befelchhaber/ die von bekandter Resolution und wann Freundlichkeit nicht hafften will/ der Gewaltsamen Uber-Vortheilung alsbald

bald mit der blancken Spitze zubegegnen/ gewohnt sind. Also gar/ daß man auch allerdings die frische Duellanten/ um jhres Muths willen/ vor andern/ außklaubt/ und wie starcke grimmige Rüden/ an dergleichen Gräntz-Plätze verlegt/ wo man sie nur kan haben. Denn warum kompt mancher Oberster so bald zu Dienste/ warum so viel Wart-und Gnaden-Gelder/ von Königen und Fürsten; ohn dieweil er einer zehen/ zwantzig- oder dreyssig mal zu Pferde/ oder zu Fuß gekämpffet/ und seine trutzigen Gegner den Degen im Leibe umgekehrt/ oder jhn mit einer Kugel gefället?

Muß man derhalben nicht sehen/ auff das/ was grosse Herrn in diesem Fall/ durch Urtheil/ oder Proscriptionen und durch Thätungen/ dusserlich vor der Welt zuweilen solchen Duellirern dräwen: sondern vielmehr auff das/ was sie thun. Muß gleich einer darum/ daß er den andern kalt gemacht/ eine Zeitlang den Hof meiden: so nimt jhn anderswo ein fürnehmer Herz/ dem dergleichen frische Brüder sehr willkommen sind/ mit beyden Händen auff: und danckt jener hernach Gott/ wann er

P iij   jhn

ihn einmal/ mit guter Manier/ nur wieder an seinen Hoff/ zu sich kriegen kan / und dem andern entziehen.

Gibt nun die Selbst-Rache einen solchen Glantz von sich/ auch in verbotenen Kämpffen; wie ungleich heller wird sie in gerechten Fällen stralen/ und zu respectiren seyn! sie macht/ daß des Menschen Nam/ wann er selbst schon unter der Erden ruhet / dennoch unter den Lebendigen in rühmlicher Gedächtnuß blühet/ in reputirlichen Schilden und Wapen/ der Nachkommenschafft zu unsterblicher Ehre und Nutzen pranget: welche gemeinlich ihr adliches Geschlecht/ Land-Güter/ und Ehren-Titel einem solchen tapffern Urahn-Herzen zu dancken hat / und ihn so offt noch im Grabe lobet/ als offt sie sein Bildnuß anschawet.

Die heilige Schrifft selbst nennet solche hertzhaffte Leute / redliche Männner: weil sie/ vor ihre Haut und gerechte Sache sich redlich wehren/ und so wol das ihrige, als auf begebendē Fall auch das Algemeine tapfer beschützen. Zu ewigem Nachruhm vermeldet sie es dem Samma/ welcher an
den

dem Heroischen Kleeblatt oder dreyen Davidischen Helden der dritte war/ daß er mitten auff das Stück Linsen-Ackers getretten/ die Philister geschlagen / und es errettet habe.

Unter den sechtzig Cavallierern / welche die Schlaff-Kammer des König Salomons bewahrten/ seynd gewißlich auch nit wenig verschramte gewesē (wie König Gustavus sonst den tapffern Pfaffenheim zu nennen pflegen) oder die vor dem andern einen guten Paragraphum gegeben. Ich besorge dieser König habe auch / zu seinen Rittern/ keine geschmirte/ balsamirte/ pulverisirte Stutzer / Damen-Caressirer/ und Ballet-Täntzer; sondern unerschrockene Jünglinge außgelesen/ die das Lob gehabt/ daß ihnen die Fuchtel nicht in der Scheiden befroren/ und etwan manchem Araber auff der Reise den Kehr-ab gegeben.

Also haben vormahls unsere Teutsche Keyser / Könige und Fürsten stets solche Leute/ die sich nicht weich finden lassen / wie die Perlen außgesucht / und zu des Länder Besten gebraucht. So man auch / noch heutiges Tages/ der für-

nemb-

nembsten Generaln und Kriegs-Obersten ihrem vorigen Leben nachfragen solte: würde sich finden/ daß die meisten zuvor/ in ihren eigenen Sachen/ unterschiedliche mal blanck gestanden/ bevor sie den Platz die allgemeine zu verfechten überkomen haben.

Weil dann die rechtmässige und ritterliche Selbst-Rache nit allein für sich selbst edel ist / dazu von edlen/ muthigen/ und gewaltigen/ insgemein herrühret; sondern überdas Edelleute/ Ritter/ Freyherren und Grafen machen kan/ in dem sie bey den alleredelsten die meiste Gunst finden: so schliesse ich billich: die gerechte Selbst-Rache/ sey die alleredelste.

Als **Leander** hiemit auffhörte: lösete ihn Gentian ab/ mit dieser Rede. Ich weiß es anders nicht/ als des Herrn Leanders sonderbarer Modestie und Höflichkeit zuzurechnen/ daß er bey Erzehlung vieler Ursachen/ welche eine Selbst-Rache erlauben/ die Königin und oberste Princessin aller derselben nicht mit genant; nemlich die Kriegs-Rache: denn weil er selber ein Kriegsmann gewesen; hat er vermuthlich lieber die alleredelste Art der Selbst-
Rache

Rache verschweigen/ als einen Schein der Ruhmredigkeit dadurch veranlassen wollen. Unterdessen muß dennoch die Warheit nicht verholen/ noch die allerhelleste Fackel der Rache/ also unterm Scheffel versteckt bleiben.

Gleich wie nun die Selbst-Rache gar füglich/ in eine offentliche/ und eigene oder besondere/ abzutheilen stehet: also halte ichs billig/ mit der offentlichen Selbst-Rache/ das ist/ mit der Kriegs-Rache; und kan mir nicht wol einbilden/ daß eine edlere solte zu erfinnen seyn/ als eben diese. Bedienen sich der selbsteigenen Privat-Rache die edelsten Leute/ wie mein Herr **Leander** gedacht: so muß diese je tausendmal edler und fürnehmer seyn / weil sie Königen und freyen Republicken dienet/ und ihre ursprüngliche Quelle recht mitten auß dem Hertze der Majestät nimt. Denn durch offentlichen Krieg seine Rache zu suchen/ ist den Privat-Personen wol verboten.

Meine Herzen lassen sich nicht befremden/ daß ich mich unternomme die Kriegs-Rache vor die Alleredelste zu bekennen; welche doch durch einen so schädlichen M...

ster / nemlich durch den Krieg / der Land und Leute verheeret / und alles mit Glut und Blut überschüttet / vollenzogen werden muß. Ich begehre darum den Krieg an ihm selbst nit zu loben: sondern stimme / meines Theils / gar gern das Lied mit an: Da pacem Domine, in diebus nostris! **Verleih uns Frieden gnädiglich / Herr Gott zu unsern Zeiten!** aber wenn es gleichwol nit anders seyn kan; weil der Mensch allhie leider / so wol ausser- als innerlich im Streit leben muß: so befinde ich mich genöthigt der Kriegs-Rache den allerhöchsten Adel zuzusprechen: weil in außwendiger Verfolgung / sie nechst Gott / unsere beste Beschützerin ist / und den Krieg selbsten am allerbesten dämpffet: sintemal redliche Kriege eben darum geführt werden / damit der Kriege einmal auffhöre / und einem sicheren Frieden endlich das Land räume.

Auß Gifft wider den Gifft / köstliche Artzeneyen zu machen / das braucht keinen Artz von gemeiner Erfahrenheit: also wissen allein haupt-kluge und erfahrne Reichs- und Land-Aertzte / Krieg mit Krieg zu vertreiben. Und was die täglichste Gestalten /

die

die grösseste Gefahr/ das äusserste Elend/ Plünderung/ Raub/ Flüchten / Angst/ Tod und Verwüstung gebiert; wird billig für das Edelste geachtet/ so es zu Gottes Ehren / zu Vertheidigung einer gerechten Sache gereicht/ und standhafft erduldet wird.

Denn das sey ferne von mir/ daß ich auch nur spielender und schertzender Weise einen Krieg rühmen solte/ der auß blosser Ehrsucht/ oder Thranney und Vortheilhafftigkeit wird angefangen: wie zwar leider/ Gottes! bey heitigen Leufften/ solches unter uns Unchristlichen Christen/ die meisten Kriege erweckt. Nein! dafür behüte mich Gott! die Kriegs-Rache/ so von mir will die Alleredelste gegrüsset seyn/ muß warlich andere Ursachen haben; damit sie den Herren der Herrschaaren/welcher den Streit regirt/ und das Kriegs-Schwert wendet/ wohin jhms gefällt/ zum obersten Patron und Gefährten habe. Diese so hoch edle Rache will wahrlich nicht/ auß kühner Vermessenheit/ Stoltz/ und Ehrgierde/ auch nicht um liederliche Lumpen-Händel/ und Kinderspiel/ seyn angefangen:

gen: Das Recht der Natur und Völcker muß gebrochen/ der König und sein Volck höchlich geschmähet und beleidiget / die wahre Religion verfolget seyn / die gemeine Freyheit des werthen Vatterlandes am schwachen Faden hangen/ die Weiber und Kinder geschändet und ermordet seyn/ oder in Gefahr stehen/ erwürget zu werden; die Verträge und Bündnüssen müssen einen grossen Riß bekommen haben/ ehe mans zur Friedens-Ruptur kommen läst / und das Martialische Rach-Schwerd auß der Scheiden ruckt.

Es sollen sein allerhand gütliche Ersuchungen der Satisfaction vorhergehen/ alle billige Friedens-Mittel vorgeschlagen werden: will das nichts verfangen/ so sey es endlich/ in Gottes Namen gewagt! wer solches nicht beobachtet/ sondern in unnöthige Kriege sich einflechtet; der ringt nach Verwüstung/ die ihn und sein Land ja so leichtlich / als des Feindes/ treffen kan. Der tapffere Georg von Fronsberg pflag zu sagen: Je mehr Feinde/ je mehr Ehre und Glück; doch soll man sich ohne Noth in keinen Krieg mengen: 1. damit die

die Unschuldigen nicht mit darunter leiden müssen: 2. die Soldaten in kein ruchloses Leben fallen; 3. die wolverdienten nicht übel belohnt werden. Man darff der Schlangen nit den Finger an den Angel stossen; sie sticht doch noch wol; die KriegsGefahr nicht reitzen / sie kompt wol ungefordert. Alle rechtschaffene Printzen und gekrönte Häupter lassen es / in diesen Fall / sehr wol an sich kommen / und führen des Glorwürdigsten Käysers Caroli V. Manier / von dem sein eigener Herr Bruder / Ferdinand der Erste / sagte: Mein Bruder ist nicht leicht auff den Esel zu bringen: kompt er aber einmal drauf; so ist er nicht leicht wieder darvon zu bringen.

Ein verständiger Herr wird gleichfals zuvor wohl bedächtlich seine Kräffte erforschen: Quid valeant vires? und wann er den Körper seines Reichs bey gar zu schwacher Constitution fühlet; lieber gelindere Mittel brauchen / weder solche scharffe / die er nicht außdauren könte; lieber ein Stück Geld dem Feinde in den Rachen werffen / als Scepter und Kron hazardiren; lieber

ein

ein Stück Landes / als das gantze Land / verlieren: da es anders nur um Land und Leute / und nicht um die Freyheit des Gewissens / oder andere schwere Sachen zu thun ist.

Wann nun die Kriegs-Rache solcher Gestalt auff einen guten gerechten und festen Fuß gegründet / so trage ich ferner kein Bedencken / sie die Alleredelste zu tituliren / und eine rechte wahre Brunnquelle des rechtschaffenen Adels / als der seinen rechten Ursprung nicht auß hundert tausend Kronen / sonder auß ritterlichen Actionen wider den Feind / gewinnen muß. Denn diese Rache / die erfordert gleichsam den rechten Kern / das rechte Hertz / Marck / Wesen und Außzug aller trefflichen Qualitäten. Sie will nicht mit blinder und rasender Furi; sondern mit fürsichtiger Vernunfft angeführt seyn / und wie das Einhorn / ihren Stoß zwischen den Augen führen. Sie erfordert nicht nicht allein einen grossen Gewalt / sondern auch grossen Witz / spitzfinnige Verschlagenheit / geschwinde Kriegs-Rencke / außbündig gute Anschläge / und Blitz-schnelle Execution;

also

alſo/ daß das leuchten und anzünden an
ihrer Fackel ſchier der Winck und Streich
des Schwerts/ ſchier ein Ding ſey. Die
Verſchwiegenheit/ muß alle ihre glimmen-
de Kohlen bedecken und auff dem Heerd
eines getrewen Hertzens/ unter ihrer A-
ſchen ſo lang verbergen/ biß ſie eine rechte
Flammen geben können/ die mit einem
guten Winde der Gelegenheit auff das
Feindliche getrieben werde. Ahenthalben
gibt ihr die Behutſamkeit das Geleit/ um
zu verhindern/ daß kein Irrthum ſich
einſchleiche: weil im Kriege der Fehler nicht
zweymal ſtatt findet.

Keine/ unter allen menſchlichen Hand-
lungen/ wird man finden/ dazu mehr erfahrne und liſtige Köpffe/ mehr Kunſtrei-
che/ mehr ſtreitbare Hände gebraucht werden; weder bey der Rache des Krieges. Um
dieſes Aas ſamlen ſich die weltliche ſcharf-
ſichtige Adler/ auß fernen Landen/ herbey.
Hie iſt der rechte Muſterplatz aller hertzhaf-
ten und unerſchrockenen Creaturen! Hie
das Lager der Leuen und Leoparden! hie
laſſen ſich die reſolvirteſte unter den Men-
ſchen/ und das muthigſte unter den Thie-
ren/

ren / nemlich das edle ritterliche Pferd / gebrauchen. hie bey Außführung einer solchen gerechten Kriegs-Rache / treffen allerdings die unsichtbaren Geister / Engel und Teufel / die himmlische Thronen und Herrschafften mit den Fürsten und Gewaltigen der Lufft / zusammen; und bemühet sich jedwedes Theil seinem Anfang/ jenes der Gerechtigkeit / dieses der Ungerechtigkeit / den Sieg zuzuspielen; biß der oberste Fürst des Heers den Außspruch thut / welchem er solle heimfallen.

Am allermeisten aber probiret sich allhie die Tapfferkeit; hie hält sie ihre beste Ritter-Schul. Denn was forchtsam / was schrecklich / was grausam / was schmertzlich / ja was auch elend / jammer- und erbärmlich ist; das muß der Mensch allhie überwinden. Hie zeucht ihm die Gefahr des Todes / in mancherley Gestalt / unter Augen: bald mit einer Donner- und Blitz-gebenden Kartaunen; bald mit Fewer-speyenden Musquetten und Karabinern; bald mit langen Piquen; bald mit dē blancken zweyschneidigen Schwert / oder krummen Sebel. Dort ligt ein Hauffen ertwung-
tet /

ter / gemetzelter / mitten vonander geschossener / zerschmetterter und gestümmelter Leichnam: da ein verhungerter / oder an der Pest kranck ligender Soldat: da ein armes Städtlein oder Dorff / durch Tyranney des Feindes / in der Aschen! das alles heist uns diese edle Rache / um gemeiner Wolfahrt willen / verachten / und dem Feinde desto redlicher darvor auff die Haut zu greiffen: In Betrachtung / es sey besser / ein Glied / dann den gantzen Leib verlieren.

Solches alles auffzubringen / erfahrne Obersten und Generalen / und versuchte wolmundirte Soldaten / anzunehmen; kostet warlich kein geringes.(Wiewol ich bekennen muß / daß bey diesen verderbten Läufften die Reuter / so durch thewre Kunst in der Lufft daher reiten / viel Kostbarer leider! unterhalten werden / als die auff der Erden wider den Feind reiten müssen) wieviel solte es doch wol kosten? möchte mich irgend einer fragen. Ich antworte / mit allen verständigen Kriegs-Obersten: daß ein paar Millionen nicht klecken; sondern die
Sum-

Summa gantz ungewiß sey/ biß der Friede das Facit mache.

Ey! eine thewre Rache! dörffte mancher sprechen. Freylich wol thewr! und noch hundertmal thewrer / wan man so viel tausend menschlicher Bluts-Tropffen/ dazu rechnet/ so darüber vergossen werden/ deren einer billig kostbarer / als ein Rubin zu schätzen ist. Darum dann kluge Feld-Obersten dieselbe auch mit Vortheil zu kauffen trachten; den Feind nicht allein mit Waffen / sondern auch/mit Abschneidung der Lebens-Mittel/ mit Hunger/ Fewers/ und Wassers-Noth/zu dämpffen/sich bemühen. Will aber das Glück und die Gelegenheit den Sieg nicht wolfeiler geben; so muß man / im Gegenhalt / auch die Unschätzbarkeit der Waaren betrachten / so dadurch behalten werden: nemlich Kron und Scepter / die gemeine Freyheit des Vatterlandes/ des Gewissens/ und die Erhaltung so vieler tausend Menschen/ ja die gantze allgemeine Wolfart und Ruhe des Landes.

Wann eines seyn muß; so ist besser/ Leib und Leben / Haab und Gut /, als und Blut/

Blut / für Gott / Ehre / und für das Vatterland auffgesetzt; weder hernach in stetiger Gefahr des Todes / in schändlicher Dienstbarkeit / in unsicherem Frieden gelebt / und Weib und Kind der tyrannisirenden Boßheit in den Rachen gegeben.

Hätte Gott nicht eine tapffere Schutz-Rache in Teutschland geschickt; wie fein würde es menschlicher Vermuthung nach / jetzo doch / mit den Protestirenden / wol stehen; wieviel Kirchen und Kirchen-Diener würde man doch noch wol übrig haben? Hätten die Hugenotten in Franckreich / nicht die Kriegs-Rache zur Hand genommen / der Genuisischen Faction und andern / nicht endlich den Kopff geboten: sie wären längst daselbst in ein Bockshorn getrieben. Der Spannische Wüterich / Hertzog von Alba, solte die in Wasser liegende Niederlanden gar in Blut versencket haben; da fern die Fürsten von Uranien und Nassau nicht einen Muth gefaßt / und den höchst-bedrängten / grausamst bewüteten Niderländern ein Fähnlein der künfftigen Freyheit auffgerichtet hätten. Ungarn und Teutschland sässe / vor dem Türckischen

Blut-

Bluthunde / jetzo noch in höchster Gefahr / ja vielleicht gar in der Ruin: da nicht die Kriegs-Rache ihm wäre wäre unter Augen getretten / und so wol mit Christen-als Türcken-Blut / das Fewer seines Grimms hätte gelescht.

Nunmehr haben wir dennoch Gott lob! auff ein so kurtzes jedoch starckes Krieges-Wetter die Friedens-Sonne / welche so warm und lieblich scheinet/ daß sie die Blume eines Kauff-Handels auß Teutschland und Ungarn nach Constantinopel herfür gelockt.

Mit dieser Blumen/ sprach Felictano/ dörffen wir zwar nicht viel prangen: Sie hat noch zur Zeit wenig Früchte getragen: und wer weiß / ob sie nicht ehester Tagen / gäntzlich verwelcket / oder verfault / weil man sie mit gar zu viel silbernem Spreng-Wasser begiessen muß?

Nun wolan; versetzte Gentian; ob gleich dieser mittelmässiger Handel Krebsgängig würde: so dörffen wir doch alle die schwere Schäden/ die Land-Verheerungen/ die Stewer der Römer-Züge/ die Schwächung und Lähmung anderer

Kauff-

Kauff-Handel / die Verblühung der Künste / Wissenschafften / und andre Unfugen / solcher verderblichen Türcken-Fehde nunmehr nicht befahren; sondern können die Entübrigung deffen allen / für Gewinn rechnen.

So vermeine ich auch / Franckreich und Hispanien dörfften so bald noch nicht einander wiederum die Hand gegeben / und sich verglichen haben; dafern nicht eine andere / von unterschiedlichen Orten heran blickende und auff allen Fall sich fertig haltende Kriegs-Rache demselbigen Kriege ein Bedencken verursacht / und jhn bemüssiget hätte / sich einmal nach der Scheiden umzusehen / damit nicht noch mehr Schwerter geblösset würden / und mit ins Spiel kämen.

Solchem nach kan die Kriegs-Rache gar füglich verglichen werdē / mit dem Sicilischē Feuer-Berge Aetna, oder dem Neapolitanischē Brenner Vesuvius. Deñ gleich wie gemeinlich diese grausameGebirge / obē zu jhrem Munde herauß Feur und Schwefel speyē / auch an der einen Seite grosse ungeheure Steine / Rauch und Dampf in die Lufft

Lufftwerffen/ jemalß auch wol gantze Bäche von zerschmoltzenē Mineralien von sich schiessen; doch aber nichts destoweniger / an der andern Seiten / lustige Gepüsche / Schattenreiche / kühle Wäldlein / und grasende Schaff-Heerden / auch rings umher fröliche WeinGärten / und fruchtbare Ländereyen geben: also macht es auch die alleredelste Rache des Kriegs: von vornen blitzet und donnert sie / läst Fewer / Schwefel und Blut regnen: trägt aber den gemeinen friedlichen Wolstand endlich auff dem Rücken / und erzeigt sich eben darum so unruhig / daß jederman heut oder morgen / unter seinem Feigenbaum und Weinstock / desto sicherer ruhen mögt.

Wo dieses Absehen nicht dabey ist; da ist sie auch des Alleredelsten Titels nicht werth / und soll billich die alleredelste Kriegs-Rache heissen. Denn wer nur auß bloßer Begier / sein Müthlein in der Feinde Blut zu kühlen / und dessen Land in die Asche zu legen / sich zu Krieges-Rache rüstet / dazu den Krieg gantz barbarisch führet / die ergebenen nicht leben läst / die
Un-

der gantzen Welt.

Unschuldigen sampt den Schuldigen erwürgt Weiber und Kinder / und unmögliche alte Greysen / unbarmhertzig durchs Schwerd fallen / ersticht / erschiesset / zertriet / schändet / zum Krippel hauet / die Gefangene in ewige harte Dienstbarkeit und Sclaverey stoßt: der über keine redliche Rache; sondern zeugt ihm vielmehr selbsten die himmlische Rache über den Hals.

Wir seynd Christen / und keine Heyden / Teutsche / und keine Türcken oder Indianer / und Menschen-Fresser: daß wir uns unschuldigem Blut / solten eine Augenlust schöpffen / oder uns an der überwundenen Qual und Marter ergetzen.

Ich erinnere mich / sagte Feliciano / weil mein Hertz der Indianer gedenckt / was Pietro della valle, im letzten Theil seiner Reiß-Beschreibung auß Goa / berichtet / von den Indianischen Völckern / so in Calicut / und daherum wohnen: daß wenn zween Könige wider einander zu Felde gehen / eines jeden Kriegsleute sich sonderlich wol fürsehen / des andern Theils seinen König nicht umzubringen / ja so gar auch dessen Sonnenschein der bey ihnen so hoch /

Die alleredelste Rach

hoch/als eine Königliche Leibfahne geachtet wird / nicht zu verehren. Weil sie darvor halten / es sey eine grosse Sünde/ seine Hände mit eines Königs Blut zu besudeln; und über das der jenige/ so den Todschlag oder die Verletzung begienge / sich in gar grosse Gefahr und unüberwindlichen Schaden stürtzen würde / wegen der Schuldigkeit/ so dem gantzen Reich obligt/ den erlegten und verwundeten König zu rächen/ mit gäntzlicher Außrottung der Feinde: darüber alsdenn nothwendig ein Theil müste gantz consumirt, und auffgerieben werden.

Worauß erscheinet (dz gleichwol die Indianer so gar rachgierig nicht seyen; in dem sie so fleissig dergleichen Verbitterung suchen zu verhüten / Gentian sagte. Ich habe zwar so eben auf diese Ost-Indier nit gedeutet; sondern vielmehr auff die West-Indianer / welche mit ihren Gefangenen sehr grausamlich umspringen/und dieselbe entweder fressen / oder ihren Göttern opffern: aber nichts desto weniger blickt auff dieser Ost-Indianer grausame Rachhitzige Art hierauß herfür/ daß sie die blosse

Qual

Quetschung ihres Königs / oder dessen Sonnen-Schirms / mit Vertilgung der gantzen Nation rächen wollen. Andere Ost-Indische Nationen aber handeln noch wol grausamer miteinander: in dem sie die gefangene Könige / sampt allem Königlichem Frawen-Zimmer / gemeinlich umbringen.

Ihnen gehen aber die Sineser / wie in der Klugheit / also auch an Leutseligkeit / gegen den Gefangenen vor: ohn allein in Bürgerlichen Kriegen; da sie offt gantze Familien / umb einer hohen Person willen / außrotten / und auch die Leichen in den Gräbern nicht ruhen lassen / sondern dieselbe herfürziehen / und offentlich fustigiren. Ihre allerbitterste und feindseligste Rachgier aber geben sie / durch dieses Zeichen / zu erkennen: wenn sie eines überwundenen und erschlagenen Fürstens Hirn-Schal / mit Vernis überziehen / und nachmals dieselbe zum Trinckgeschirr brauchen. (Vid. Martin. Martini lib. 5. Sinic. Histor. p. 143.)

So ihnen ihre Eltern / im Kriege getödet worden; werden sie die Rache auch nicht

nicht leicht lassen verrauchen. Der Sinische junge König Fuchao hat sich hoch verschworen seines Vatters Holii Tod zu rächen/ und deswegen einen eigenen Menschen bestellet / der in seinem Pallast/ so offt er seiner ansichtig worden / überlaut ihm zuschreyen müssen: O König! hast du es auch vergessen/ daß dein Vatter/ von Könige Yue erschlagen? (idem lib. 4. p. 128.)

In Europa / und zwar/ in dem lustigsten Theil desselben / in Welschland/ hat man ehemahlen auch viel Rach-erbitterte Grausamkeiten verübt; fürnemlich bey den Zeiten der unterschiedenen Anhangs-Partheyen zwischen den Guelphen und Gibellinen. Da sich unter andern/ begeben / daß angeregte Gibellinen in der Statt Pisa/ die Waffen ergriffen/ und das Hauß Hugulini Pisani, eines der Guelphischen Parthey zugethanen Obristen/ gestürmet. Nachdem sie sich dessen/ wiewol mit blutiger Hand/ bemächtiget/ und dabey des Hugolini Vettern/ welcher die Einkunfft bestritten / umgebracht; ward Hugolinus selber/ nebenst seinen zweyen Söhnen/ und drey andren Vettern

Vettern von jhnen gefangen genom̃en/in einen starcken hohen Thurn verriegelt; alle die Schlüssel aber in den Fluß Arn geworffen: woselbst der Unglückselige Vatter/ bevor er die Tage seines Elendes beschlossen/vor seinen Augen / und in seinem Schoß / seine beyden Söhne von Hunger muste verschmachten sehen. Und was noch mehr/ so konte er / von diesen grausamen Leuten / nicht erhalten / daß man jhm einen Priester/zu Anhörung seiner Beicht/erlaubte; wie hefftig er auch darum schrie und rieff: sondern muste also Trostloß seinen Geist auffgeben.

Solches ist keine edle / sondern Bestialische/ja gar teuffelische Rache. Die Kriegs-Rache / so entweder ein König / oder auch dessen Soldat/ gegen den Feind vornimt/ soll einig allein zur Beschützung des Landes / Befestigung des wacklenden gemeinen Wesens/und Wiederauffrichtung des zerfallenen Friedens zielen. Wann sie solche Grentzen nicht überschreitet; so müssen sich auß schuldigster Danckbarkeit/ alle andre bißher erzehlte Rache/ sonderlich die Gerichtliche/für jhr neigen/jhr die tapf-

Q ij fre

fre Hand küssen / als eine allgemeine Beschirmerinn / und auß einfältigem Munde bekennen/ die **Krieges-Rache** sey die alleredelste.

Feliciano gab hierauff dem **Philanthos** einen Winck / und zugleich diese Worte: Mein Herr / was sagt er darzu? er gibt/ wie ich heute gespühret habe / einen grossen Liebhaber der Blumen / und schöner Gärten; ich auch. Solten nun wir beyde wol Ursach haben/die Krieges-Rache alleredelst zu heissen / welche, ob sie gleich noch so gerecht / dennoch gleichwol nur ein schmertzhafftes Brand-Eissen ist / auß den schönsten Gärten und Aeckern / eine Wüsteney/ und Renneban / der wilden Thiere / ja auß den Gottes-Häusern manchesmal Geschütz-Stellungen / oder Roß-Ställe machet.

Philanthos antwortete: Ich finde mich gar nicht genöthigt / des Herrn **Gentian** seiner Meinung zu huldigen. Darum ist ein Ding nicht gleich das alleredelste / ob es schon bey den edelsten und höchsten Personen im Schwange
gehet/

der gantzen Welt.

gehet / und nicht wider die Gerechtigkeit laufft / ja ob auch gleich die alleredelste Sachen / als Freyheit und Religion / dadurch beschützet werden : sonst auch die Leibhüter der Könige edler seyn / dann manche fürnehme Befehlhaber / Reichs- Hoff- und Geheime Räthe : sintemal ihnen die Potentaten ihr Leben anvertrawen. Was recht edel seyn soll; das muß was rares und von ungemeiner Begebenheit seyn. Krieg- und Kriegs-Geschrey hören wir leider! alle Tage; sehen auch wie / wann hie eine Rachflamme gelescht / dort eine newe wiederum empor schlägt. Wolte Gott / man könte auch der allergerechtesten Kriegs-Rache / als eines nothwendigen Ubels / gäntzlich / überhaben seyn! Wolte Gott daß alle Schwerter zu Pflug-Scharen / die Sebel zu Sicheln / die Spiesse zerschlagen / und die Heer-Wägen mit einem friedlichem Frewden-Fewer verbrannt werden müsten! Ich wolte gern mit unter den ersten seyn / und mich nicht schämen / auff diesem meinem Rücken selber ein Bündlein Holtzes zuzutragen.

Q iij

gen. Wenn das Edel heisset/ so man unterm Schein einer Land-Defension/ den Bauren schindet/ den Bürger tribulirt und brandschätzet: so muß ich gestehen die heutige militarische Rache sey gewaltig edel. Aber ein solcher Adel wohnet auch unter den rauberischen Tartarn/ ja unter den Wölffen/ und andern wilden Raub-Thieren.

Eben so wenig Rares finde ich/ an der privat Selbst-Rache/ und an der Rache des Gerichts/ ob gleich diese letzte an ihr selbsten sonst Lob-würdig. Lieber! was solte denn doch wol die alleredelste Rache seyn? Mich dünckt/ es wird uns niemand besser die Warheit reden/ als der weise Narr Diogenes. Als denselben einer fragte: wie er sich doch am allerbesten möchte/ an seinem Feinde/ rächen? antwortete er: **So du dich haltest/ als ein Tugendhaffter und ehrbarer Mann.** Mit diesem Narren will ichs in dieser Frage auch halten.

Wer sich eines rühmlichen Wandels befleißt; der stehet ihm selbsten sehr wol für/ und quälet seinen Feind zugleich dadurch

der gantzen Welt.

Durch am allerhefftigsten. Denn so der Feind und Abgönner unser schön stehendes Korn auff dem Acker/unsere frölige und dick-beträubelte Weinberge/unsre wol eingerichtete Güter/nit ohne Hertzleid/vorbey reiten kan: wie viel wird es jhm weher thun/ wann er unsere Person selbst/mit den wahren Gütern und Gaben/geschmückt sehen muß!

Bey den Arabern/ und sonderlich denen/ die an dem Persischen Meerbusem wohnen/ gibt es eine gemeine Art der Rache/ welche die Leute / des Landes das Hertz-Fressen nennen. Und geschicht also. Die Zauberin sihet den jenigen/ dem sie auffsetzig ist/ eine gute Weil starck an/ brummlet etliche teufflische Worte dabey/ und richtet damit so viel zu Wege/ daß dieselbige Person/ ob sie gleich noch so gesund und starck/ doch alsobald in eine unerkentliche und unheilbare Kranckheit fält/ und als schwindsüchtig wird/ ja in kurtzem abnimt und stirbt.

Ehe Philanthos dieses / zu seinem Vorsatz/bequemte und applicirte; schüttelten Leander und Gentian die Köpffe/

Q iiij   sahen

sahen einander an/ und lachten/ damit anzeigend/ daß sie solches vor ein Mährlein hielten. Als aber Feliciano solches merckte; benahm er jhnen solches Mißtrawen/mit dieser Bestätigung. Die Herren/ sagte er/ seyen versichert/ daß es gantz gewiß sey/ was der Herr Philanthos jetzt geredet: also gar/ daß die Vetteln/ nach dem sie das gantze Hertz/ oder nur einen Theil desselben fressen/ die Kranckheit also einrichten können/ daß der Tod allgemach und langsam oder geschwind und in wenig Tagen/ folgen muß. Und bilden jhnen diese Leute ein/ wann sie ihre Worte sprechen/ so fahre das Hertz und Eingeweid dem Menschen auß dem Leibe; welches sie nachmaln einfressen.

Ich würde mich aber nicht erkühnen/ den Herrn Philantos/ hierinn so kühnlich zu vertretten/ wann es nicht Pietro della Valle, im vierdten Theil der Reise auß Combru (Fol. 705.) mit folgender Geschicht bestetigte. Im Jahr 1622. am 16. Octobris/ ward allda eine solche alte Arabische Hecate/ Namens Meluk, angeklagt/ daß sie einem Jüngling

ling / in Ormutz geboren / der ein Christ gewesen / aber zur Mahometischen Gottesläsierung abgefallen war / das Hertz gefressen hätte: auß Rachgier / weil er vorher mit ihrer Tochter Gemeinschafft gepflogen / nachmals aber derselben sich geäussert. Wiewol nun anfangs diese Hexe nichts bekennen wolte: jedoch / als man ihr mit dem Tode drawete / und sie zu der Richtstatt führte; bat sie ihrer zu schonen / versprechend / dahin zu trachten / daß dem Menschen wiederum möchte geholffen werden.

An einem andern Ort selbiger Gegend / ist ein dergleichen Hexen-Meister gefänglich einkommen: der seine Mißhandlung bekant hat. Der Portugisische Gubernator daselbst wolte sich solches Hertzfressens vergewissern / fragte den Ubelthäter: Ob er ihm getraute / das innere Theil einer Wasser-Melonen / ohne Eröffnung oder Zerspaltung / zu fressen; gleich er mit dem Hertzen eines Menschen thäte? Der Trudner sagte / Ja. Worauff man eine solche Frucht herbey brachte. Welche dieser

von

von ferne / eine gute Weil / und starrend ansahe / auch unterdessen seine Zauberwort murmelte; und endlich anzeigte / nun hätte er sie gantz gefressen. Als darauf die Schale der Melon geöffnet wurde / befand sich im Werck / daß sie gantz leer war. Der Satan ist ein tausend Künstler. Wiewol ich gern zugebe / daß dieses Hertz-fressen / bey einem Gott wolbefohlenem Christen / ihm nicht angehen würde. Aber mein Herr Philanthos bediene sich jetzo dieser Erzehlung weiter / nach seinem Belieben / nach dem sie verhoffentlich nunmehr in ein besseres Credit gebracht.

Mir / sprach jener / bringt es endlich geringen Schaden und Abbruch in meinem Vorhaben / da man gleich solches nicht glauben wolte: angemerckt / ich es nur Vergleichungs-weise anziehen / und so viel sagen wollen: daß gleichfals Glück und Tugend eine artliche Verzauberungs-krafft bey sich führen / dem mißgünstigen Feinde das Hertz weg zu fressen / in dem sie ihm in sein Neidsüchtiges Auge mit ihrem hellen Glantz so hell hineinleuchten / und so scharff stechen: oder vielmehr / daß der Neid selber

der gantzen Welt.

selber sein eigenes Hertz jhm durch Anschauung des Beneideten Wolverhaltens / abnage.

Dieser Rache hat sich Plinius der jüngere etlicher massen bedient/ als ihn seiner Verleumder einer/ mit hönischē Stichel-Worten angegriffen: in dem er sich gestellet/ als gienge es jhn nicht an / und desto emsiger der Geschicklichkeit und Ehrbarkeit nachgetrachtet. Nachmals hat sichs gefügt / daß der Verächter geförchtet/ er möchte es jhm gedencken/ und nun/ da er Mittel und Ansehen dazu hätte/ wiederum einträncken: weswegen er sich gedemüthiget/ und gebeten / jhn dieser oder jener Worte nicht entgelten zu lassen. Worauff jener aber gar großmüthig geantwortet: Er hätte es gantz nicht gemerckt/ noch achtung darauff gegeben.

Also pflag Augustus rühmlich zu sagen: er empfinde über Schmähekarten und Paßquillen/ keinen Zorn; hüte sich aber/ daß das/ wessen sie jhn bezüchtigten/ nicht wahr würde. Die Tugend ist dieser alleredelsten Rache Triumph-Wagen: auff welchem alle Lob-würdige Leute sie/ mit geneigten

neigten Augen sitzen/und ihren Verleumdern zur Schande und Verweiß/in grosser Glori und Herzlichkeit daher fahren sehen.

Bey dieser Rache/ kan ich wol versichert seyn/ daß ich mich nicht versündige/ sondern vielmehr dadurch bey Gott und ehrliebenden Menschen Gunst und Wolgefallen erwerbe. Diese Rache verzehrte dem neidischen König Saul das Hertz/ da er dem sieghafften Zehen Tausend-Schlager die gefährlichste Parthey-Gänge wider die Philister vorschlug/ in Hoffnung/ ihn also zu fällen; jener aber hingegen sich klüglich und heroisch hielt/ beydes beym Auß- und Einziehen. Diese Rache brennet allen Tyrannen die Augen/ daß sie die hohe Meriten und Geschicklichkeiten eines Ministers/ mehr förchten und hassen/ weder lieben.

Hingegen erfrewet und erquickt sie das Gemüth dessen/ welcher also ohne Ursach und um seiner Fürtrefflichkeit willen/ gehasset wird: weil er weiß/ daß/ je unsträfflicher sein Wandel und je preißlicher seine Handlungen erfunden werden; je stärcker die

Schamröte dem Feinde herfürbringen müsse. Darum schätzt es Apollo/ beym Trajano Boccalini vor eine grosse Gnade und Barmhertzigkeit/ wann ein Printz seinen Feind auß dem Wege raumt: auff daß er/ durch Anschauung der Victorien uñ Glückseligkeit seines Gegentheils/ nit alle Stunden und Augenblick tausenderley Hertzleyd außstehen müsse. Schilt auch gar sinnreich König Heinrich IV. den allerrachgierigstē: weil derselbe/ durch das grosse Glück/ seine Feinde von Tage zu Tage mehr betrübet; in dem er sich der vornemstē Tugenden/ als der Gerechtigkeit/ Freygebigkeit/ Gottesfurcht/ und anderer/ je mehr und mehr beflissen/ und ihnen damit das gebrante Leyd angethan hat.

Durch diesen Weg der Rache/ gehen alle Christliche und tugendhaffte Leute. Denselbigen nachzufolgē/ werde ich mich glückselig schätzen: und nit besser gerochen/ als wenn mein Beleidiger/ durch sein eigenes Gewissen überzeugt wird/ ich sey der Beleidigung nicht werth gewesen. Weil nun die wenigsten/ aber auch zu gleich die Tugendhafftesten sich auff eine solche Rache legen:

R behar-

beharret/ bey mir der Schluß/ sie sey die allerdelste.

Der Hertz ist auff dem löblichen Wege/ sprach Francade/ welcher zu der alleredelsten Rache führet. Er hat jhm eine sehr edle Rache/ mit der weise/ fürgesetzt; jedoch meines Bedünckens/ die alleredelste noch nicht erreicht/ welche ich nicht weitläufftig/ durch Rednerische Umschweiffe/ sondern durch eines und anders Exempel / fürzustellen gesonnen.

In der Portugallischen Stadt Praga/ haben zween Jünglinge einer Jungfrawē jhr Hertz zugleich in Liebe ergeben; die auch einer Tugendhafften Liebe/ jhrer Leibes- uñ Gemüths Schönheit halben/ werth gewesen / und deswegen unter solchen beyden Verliebten dem jenigen das freundlichste Gesicht verliehen/ welcher der frömmste uñ sittsamste; des andern Gespräch und Auffwartung aber geflohen/ wie die Taube und Habicht/ und die Henne den Hüner-Geyer. Deswegen beneidete aber Astardo seinen Seiten-Buler so teufflisch/ daß er etliche Mördersbuben zu sich nahm/ und dem unschuldigē Melintes/ da jhm dieser einsmals bege-

der gantzen Welt.

begegnet/bey liechtem Tage / seinen Degen etlichemal durch den Leib stieß: welcher auch darüber gesuncken / und nach dem er Gott gebeten/seinen Beleidigern gnädig zu seyn/ alsobald Todes verblichen.

Nach der Tollkünheit / überfällt den Mörder/Furcht und Zittern/ dz er fleucht/ und auß Gottes sonderbarer Schickung/ wiewol unwissend/in des entleibten Melintes seiner Mutter Hauß springt: welche auch so gutherhig ist/ und jhn in einen Behalter verschließt/ weil sie von jhm vernomen / er dörffte/von den Häschern und Schergen/ seines begangenen Unglücks halben / gesucht werden.

Es währt aber nit lang / da bringt man jhr jhren einigen liebstē Sohn todt/uñ mit vielē Wunden durchgraben/ins Hauß/uñ wird zugleich/wegen des Thäters/ bey jhr/ nachgefragt. Trette mir hie der beste Redner auf/und verspreche/eine getreue Mutter/ die den Sohn jhres Leibes in jhren Armen tod ligen/und seine Wunden/mit dē Blut jhres verletztē Hertzens/das ist/ mit den alerschmertzlichsten Zehren/beschütten muß/ zu stillen und bereden/ daß sie den Mörder

R ij   nicht

nicht entdecke/ der in jhrer Gewalt! Gottes-
furch aber und Barmhertzigkeit vermögen/
in einer augenblicklichen Betrachtung /
mehr außzuwürcken/ weder die gantze Red-
Kunst/ mit tausend Worten. Manche hätte den Ertzbuben bey den Haaren herfür-
gerissen/ und den Schergen in die Hand geworffen: was thut aber diese hier? Sie strei-
tet eine Weil mit jhr selbsten/ ob die gerechte
Rache/ oder die Christliche Verzeihung solle den Vortritt haben; komt endlich auf die
Gedancken/ jhr liebstes Kind werde/ durch
des Mörders Tod/ doch nit wieder lebendig; sie aber sey eine Christin/ und deßwegē/
auch jhre ärgsten Feinde mit Gutthat ver-
bunden; wolle jhm derhalbē die versprochene Sicherheit nit brechen / und weiset also
die Häscher mit ertichteter Unwissenheit ab.

Wie es aber Nacht geworden; gehet die
Hochbetrübte hin/ zu dem zittrenden Tod-
schläger/ und deut jhm an/ es sey jhr einiges
liebstes Kind / welches er so leichtfertig ermordet habe; und ob jhr wol die Rache al-
lernechst jetzo zur Hand stehe; wolle sie doch/
um Christi willen/ jhm verzeihen.

Astardo verwundert sich solcher Wun-
der-

der-würdigen Tugend fält vor jhr auf die Knie/küsset jhr die Füsse/und bedanckt sich/ nebenst versprechen / er wolle von Hertzen Busse thun/und bey Gott stets für sie bitten. Hierauff läst sie jhn/ mit frieden von sich.

Was dünckt euch jhr Herren/wann einer/der/an seine Feinde/ die Oberherrliche Rache geübt/ imgleichen einer der sich/ in zulässigen Fällen/ selbst gerochen / wie auch einer / der durch seine Tugend dem Feinde ein Rach-Stachel in den Augen zu seyn beflissen/ für den Richterstuhl Christi selbst/ mit dieser Frawen tretten solte: welchem würde das Lob der alleredelsten Rache doch wol werden zuerkant? Die wolthätige Rache/ lieben Herren! das das ist die alleredelste? Das ist die Rache/ so dem Beleidiger glühende Kohle auff sein Haupt schüttet/jhn vor seinem Gewissen beschämt/ zu Schanden macht/daß er in sich schlägt/ und sich selbst verurtheilen muß/er habe Unrecht gethan/habe Ursach hinführo in dessen Diensten zu leben/der jhm Gutes um Böses vergolten.

Ich bekenne/dz dieses sehr schwer fällt: aber je schwerer je edler ist es. Es ist eine kaum menschliche/sondern fast Göttliche Tugend.

R iij   Ihrer

Die alleredelste Rach

Ihrer viel scheiten zwar das Gern-verzeihen/ die freiwillige Vergebung/ und wolthätige Rache/ eine Kleinmüthigkeit/ so den verzagten weichmüthigen Weibern besser anständig/ als Männern. Wer jhnen viel davon sagt/ der wird gemeinlich/ mit der Antwort abgefertigt: Wann ich eine Predige wil hörē/ so ist die Kirche davor Thu einer dem Pfarherrn nur selbstē etwas Leydes, wir wollen sehen/ wie schön er verzeihē werde. Ja man find jhrer/ die wol das Hertz habē/ am allerersten außzutrumphen. Uñ was der Vorwürffe mehr/ womit man diese Ehrwürdige Leute/ um eines und andern seines Verbrechens willen/ alsdenn durchzuhechlen weiß.

Aber solches Urtheil ist gar falsch/ und durch die Erfahrung längst widerlegt/ welche zeuget/ dz solches vielmehr die allergroßmüthigsten und Tugendhafftesten Cavalliers/ ja Fürsten und Herzen gethan. Zur Zeit/ als die Stadt Rochelle in Franckreich so hart belägert war/ gab der fürnehme Ritter und Herz de la Nove, welchen so wol seine tapffere Klinge/ als Feder (sintemal er
gar

gar schöne Politische und Militarische Discurse geschrieben) berühmt gemacht/ eine treuherzige Ermahnung/ die Stadt solte sich/ mit ihrem Könige/ vergleichen. Das verdroß einen zornigen alten Prediger daselbst/ namens la Place, so hart/ dz er diesen Herrn/ da er auß dem Rath gegangen/ mit Schelt- und Schmähworten/ biß zu seiner Wohnung verfolgte/ ja zuletzt denselben gar an den Hals schlug.

Ich besorge/ unser Herr Leander/ dörfte geschwinde/ in selbiger Faust-Sprache geantwortet haben. Allermassen denn auch etliche des Herrn de la Noue Edelleute schon bereit waren/ solchen Frevel an dem Hugenottischen Pfarrherrn zu rächen. Aber der Beleidigte selbst wehrete ihnen solches/ und ließ den so eyferigen und Faustfertigen Alten zu seiner Ehefrauen führen/ mit Befel/ sie solte seiner pflegen. Wie Aubigni (Tom. 2. Histor. lib. 1. c. 9.) in Beschreibung gedachter Belägerung gedencket.

Von dem Marquis Ludwig Monzaga/ schreibt Possevinus (Lib. 6. Hist. Mantuan.) daß demselben sein Bruder/ Carolus/ nach dem Leben getrachtet/ ja auch/ auff

R iiij   offent-

offentlicher Gassen/ durch einen Meuchelmörder jhn mit einem Schuß hefftig verwundet: dennoch gleichwol habe jener diesem verziehen/ jhn auß der Gefängnuß loß
gelassen/ und ehrlich unterhaltẽ/ auch nach
dem er gestorben/ ansehnlich zur Erden be-
stattet/ und überdas seine Kinder vätterlich
versorget. Dadurch er dan einen viel herrli-
chern Ruhm erlanget hat/ beydes bey Gott/
und der Nachzeit/ als wann er jhm hätte/
wolverdienter massen/ den Hals genommen.

Dieser Adel der wolthätigen Rache ist so hell-
gläntzend/ daß er auch so gar den blinden Heiden
etlicher massen in die Augen geschimmert. Der
gerechte Aristides/ als er/ um seiner Tugend und
Gerechtigkeit willen/ muste ins Elend wandern/
bat die Götter/ mit auffgehabenen Händen/ sie
wolten doch die Athenensische Republic dermassen segnen und felicitirẽ/ daß jhnen Aristides nimmer wieder in den Sinn käme. Wiewol sie jhn
drey Jahr hernach/ da Xerxes auff Griechenland
ansetzte/ wiederholen liessen. Plutarchus meldet
(in Lacon.) Es sey ein Laconischer Jüngling/ von
seinem Camaraden/ im Zweykampf tödlich verwundet worden: weswegen seine Freunde jhn be-
suchet/ und versprochen/ sie wolten seine Wundẽ
mit des Verletzers/ Tode rächen: da habe der
Verwundete geantwortet:

Jhr

Ihr solt mit nichten solche Unbillichkeit verüben! denn eben das hatte ich im Sinn ihm zu thun; wann er mir nicht wäre zuvor gekommen.

Ich bin zwar nit in Abrede/ daß die Rachgier auß einem Hochmuth entspringe; sondern unterschreibe gar gern den Spruch Augustini: Ut velint homines vindicari, superbia facit (Serm. 41. in Johan.) Die Hoffart machts/ daß die Leute sich gern rächen wollen. Aber darauß folgt keines wegs/ daß die Verzeihung und wolthätige Rache auß Kleinmüthigkeit herrühren solte. Den Hochmuth und Großmüthigkeit sehen einander gleich/ wie Schwartz und Weiß. Solte ich darum verzagt heissen/ wann ich den Biß eines Vernunfftlosen Thierleins/ das Bellen eines Hundes/ das Anschreyen eines unverständigen stolzen Esels nicht gleich wieder mit einem Biß/ oder rachgierigen Gegen-schreyen/ sondern an statt eines Prügels/ oder Steinwurffs/ mit einem fürgeworffenen Stücklein Brods bezahlete? Nun ist aber ein Schmähesüchtiger un beleidiger/ gleichsam ein thierischer Mensch: warum müste ich sampt ihm eben so thierisch/ eben so wild/ und einer Bestien Affen werden?

In der Rache/ stellet man sich seinem Feinde gleich: in der Verzeihung aber überhebt man sich über ihn. Die angethanene Schmach verzeihen und vergessen/ ist eine grosse Gnade von Gott; mit Wolthun vergelten/ ein Triumph der alleredelsten Gemüther; und keine gemeine/ sondern

recht

recht Königliche Tugend. Das muß Keyser Friederich der vierdte/ oder wie andre wollen/ der dritte/wol verstanden haben; als er/ nach Uberwindung derer von Güntz in Ungarn/ bey füglichster Gelegenheit der Rache/zu den seinigen gesprochen: Wir haben heut ein grosses Werck verrichtet: jetzo aber stehet uns noch ein grösseres bevor; nemlich daß wir uns selbst überwinden/ den Geitz und die Rachgier zäumen. Das war Keyserlich geredt! Ludwig der XII. ward/ nachdem er zur Frantzösischen Kron erlangt/ von etlichen angehetzt/wider die/so ihn/da er noch Hertzog von Orleans gewesen/offendirt hatten; beantwortete sie aber auch mit dieser recht Königlichen Stimme: Der König in Franckreich ist zu gut darzu/daß er des Hertzogs von Orleans seinen alten Haß solte büssen und rächen!

Die Juristische Facultät der Conimbricenser in Portugall/hatte sich/ beydes mit Worten und Schrifften/wider König Philippum von Hispanien vergriffen/und so wol auß Canonischen/als Keyserlichen Rechten/jhm das Recht zur Kron Portugall hart gedisputirt. Darum/ als Portugall nun in seiner Gewalt war; riethen viel Spanier/er solte diese nur Aufruhr erweckende Academie zu Grunde richten. Seine Großmütigkeit aber rieth ihm viel ein anders: welcher er auch hierinnen allein Gehör gab/und diese hohe Schul vielmehr in seinen Schutz nahm/auch den jenigen Professoribus/welche ihre Feder so hefftig wider ihn geschärffet/nit allein verziehe; sondern ihnen
auch

der gantzen Welt.

auch ihre richtige Besoldung verschaffte und sie allgemach zu höhern Würden beförderte: wie Connestaggius (lib. 5. de Conjunct. Portug. & Castell.) mit mehrerm erzehlet. Hat also ohne zweiffel dieser großmächtige König damals zu Gemüth geführet/ was Isidorus Pelusiota (Lib. 3. epist 7. ad Antioch. Scholast.) schreibt: Acceptarum injuriarum memoriam retinere, haud generosi est animi; verùm improbi ac miseri. Der empfangenen Beleidigung gedencken/ ist keines edlen heroischen Muths/ sondern eines liederlichen und elenden Gemüths Eigenschafft.

Gehe nun einer hin und verachte dieses/ als eine Kleinmüthigkeit/ was die allergroßmüthigsten Majestäten/ zum Schein und Edelgestein ihrer Generosität/ gebrauchen! komme eine Rache unter der Sonnen herfür getretten/ und wage sich mit dieser/ in eine Vergleichung! der Feind selbst wird sie für die Alleredelste bekennen müssen/ nachdem sie ihm nicht mit eisernen Fesseln und Banden/ wie ein Hencker/ sondern mit Seiden und Gold/ als eine Fürstinn oder Königin/ seinen Mut gebunden und gefangen genommen. Meine Gebühr wird seyn/ mir/ durch Unbilligkeit/ keine Feinde zu machen: nöthigen sie aber sich selbst zu mir? durch Freundlichkeit sie zu überwinden.

Daß dieses die alleredelste Rache sey/ wüste ich noch viel außführlicher zu behaupten/ da uns nit die zum Untergang neigende Sonne einen Winck gäbe/ diesen Discurs einmal auffzuheben/ und den Ruckweg zu suchen/ so wir anders heut nit ausser Nürnberg wollen übernachten. Unser

Die alleredelste Rach
Unser Herr Feliciano aber w
Theil der alleredelsten Rache pra
Philanthos; in dem er die Molest
heut gemacht/nach/wie vor/ mit
vanchiren/und uns verzeihen wird
lange auffgehalten. Mit diesen W
gantze Gesellschafft auff. Jener be
len höflichen Reden/ihm wäre ih
lieb/und das Gespräch noch viel
Jedoch (sagte er zu letzt) war je etn
diges an ihrer Visite/und hingege
keit ihnen von mir solte erwiesen se
ich mir keine andre Rache/ohn die
jetzt der Herr Francade für die
schätzt; nemlich die Ehre zu haben
ren noch offters allhie in meinem
lein/sehen und besser accommodir
heute geschehen. Wozu ihnē dann
keit stets bevor bleibt.

Sie versetztē solches/mit geziem
und bedanckten sich der erwiesener
lerfleissigsten. Dabey denn insont
thos die sonderbare Leutseligkeit r
vom Herrn Feliciano/gleich anfa
des annemlichē Blumen-Discurs
welcher sich darauf erbot/ihm ga
cher Willfährigkeit/zu erscheinen
Garten-Blumen an ihm würde
den. Hiemit stiegen sie/so wol/als
in die Kutschen/ fuhren auff d
und ein jeder in sein Losa

E N D E

www.ingramcontent.com/pod-product-compliance
Lightning Source LLC
Chambersburg PA
CBHW032012220426
43664CB00006B/218